Elogios para *Después de*

«Después de la infidelidad es un libro mag[...]
autoayuda que hemos leído, y demuestra q[...]
ciencia y experiencia con el público de un [...]
—*Behavior Therapist*

«Este libro es extraordinario debido a la perspectiva que ofrece en
cuanto a por qué sucede una infidelidad, cómo afecta a ambas personas
en el matrimonio y, lo más importante, de qué modo puede el proceso
de sanidad conducir a una pareja a unos niveles de intimidad que nunca
habían experimentado».

—Dr. Kelly D. Brownell, director de
formación clínica, departamento de
Psicología, Universidad de Yale

«Una guía esperanzadora y sensible para la sanidad».
—Dr. John Gray, autor de *Los hombres
son de Marte, las mujeres son de Venus*

«Para las parejas casadas o que viven juntas y quieren reconstruir su
relación después que uno de los dos haya tenido una aventura, este manual
riguroso y perspicaz será eminentemente práctico [...] Este sabio libro llena
un vacío en la estantería de la autoayuda».
—*Publishers Weekly*

«Aunque en una relación [dañada] es posible que la pareja solo vea el dolor,
la desconfianza y las cenizas de su amor, la psicóloga clínica Janis Abrahms
Spring ofrece otra visión: la chispa de una relación más profunda y fuerte».
—*Plain Dealer* (Cleveland)

«Después de la infidelidad está lleno de puntos de vista fundamentales,
consejos prácticos y ejercicios para tratar con la ira y reconstruir la
confianza. Como terapeuta en práctica, la doctora Spring reconoce la
importancia de ofrecerles ayuda a ambas partes mientras se reconstruyen
a sí mismas y a su relación después de una aventura».
—Dra. Dana Crowley Jack, autora de
Silencing the Self: Women and Depression

«La doctora Spring posee una extraordinaria combinación de claridad, sabiduría, espíritu y corazón. Este es un libro extremadamente útil y sanador: un regalo para todos nosotros».

—Dra. Harriet Lerner, autora
de *The Dance of Anger*

«Un libro excepcional para parejas que lidian con las consecuencias de una infidelidad. La doctora Spring otorga sabiamente la misma consideración a las emociones, dudas y preocupaciones tanto de la parte herida como de la parte infiel».

—Dr. Jeffrey Young, autor de
Reinventing Your Life

«La doctora Spring provee ejercicios específicos a fin de reconstruir la confianza, y esboza con maravillosa y honesta delicadeza los pasos para comenzar a sentirse cómodos de nuevo el uno con el otro en lo afectivo y lo sexual. La escritura es clara y sencilla de comprender. Este no es un libro de autoayuda que constituye una fórmula, sino uno que toma en cuenta las diversas riquezas y confusiones de nuestras intrincadas relaciones personales».

—*Woman*

«Este es un libro muy sabio y se lo recomiendo a los clientes que están intentando recuperarse de una infidelidad, ¡y también a los que están considerando cometer una!».

—Dra. Ellen F. Wachtel, autora de *Treating
Troubled Children and Their Families*

«Escrito en un estilo sensible y compasivo, que le habla con claridad al lector. Definitivamente recomiendo *Después de la infidelidad* como un recurso valioso para clientes y mediadores».

—*Mediation News*, Academy
of Family Mediators

«Si haces el trabajo que la doctora Spring sugiere, terminarás teniendo una relación de pareja mucho mejor que la que habrías imaginado».

—Dra. Constance Ahrons, autora
de *The Good Divorce*

Después

de la

Infidelidad

HarperCollins *Español*

DESPUÉS

de la

INFIDELIDAD

Sanando el dolor y restableciendo la confianza cuando la pareja ha sido infiel

◆

JANIS ABRAHMS SPRING, PH.D.
CON MICHAEL SPRING

HarperCollins *Español*

Se reconoce con agradecimiento el derecho para reimprimir las siguientes porciones del material protegido por derechos de autor:

Ilustración por Bruce Eric Kaplan. Copyright © 1993 *The New Yorker* Magazine, Inc. Todo los derechos reservados.

Grown–Ups por Cheryl Mercer. Copyright © 1988 por Cheryl Mercer. Reimpreso con permiso de Putnam Publishing Group.

«The Hug» de *The Man with Night Sweats* por Thom Gunn. Copyright © 1992 por Thom Gunn. Reimpreso con permiso de Farrar, Straus & Giroux, Inc.

Private Lies: Infidelity and the Betrayal of Intimacy por Frank Pittman. Copyright © 1989 por Frank Pittman. Reimpreso con permiso de W. W. Norton & Company, Inc.

Silencing the Self por Dana Crowley Jack. Copyright © 1991 por Dana Crowley Jack. Reimpreso con permiso de Harvard University Press.

The Technique of Marriage por Mary Borden. Reimpreso con permiso de Doubleday, una división de Bantam Doubleday Dell Publishing Group, Inc.

Women Who Run with the Wolves por Clarissa Pinkola Estés, Ph.D. Copyright © 1992, 1995 por Clarissa Pinkola Estés, Ph.D. Reimpreso con permiso de la autora y Ballantine Books, una división de Random House, Inc.

DESPUÉS DE LA INFIDELIDAD © 2015 por Janis Abrahms Spring
Publicado por HarperCollins Español® en Nashville, Tennessee, Estados Unidos de América.
HarperCollins Español es una marca registrada de HarperCollins Christian Publishing.

Título en inglés: *After the Affair*
© 1996, 2012 por Janis Abrahms Spring
Publicado por HarperCollins Publishers.

Editora en Jefe: *Graciela Lelli*
Diseño: *Caitlin Daniels*
Traducción y adaptación del diseño al español: *www.produccioneditorial.com*

ISBN: 978-0-82970-222-4

Impreso en Estados Unidos de América

15 16 17 18 19 DCI 9 8 7 6 5 4 3 2 1

A mis mejores compañeros:
Aaron, Max y Michael

CONTENIDO

Contenido

AGRADECIMIENTOS

Cuando comencé a impartir seminarios acerca de terapia de pareja, dejaba quince minutos al final para intercambiar opiniones acerca del tratamiento de la infidelidad. Poco a poco, una vez que fui viendo claro que no se había escrito casi nada acerca de cómo ayudar a las parejas que estaban tratando de recuperarse de una aventura, decidí enfocar mis charlas y mi práctica privada en este tema, y escribir este libro.

Al principio obtuve reacciones encontradas. Los pacientes y los terapeutas decían: «Genial. ¿Dónde puedo conseguir una copia?». Los amigos comentaban: «¡Qué emocionante! Vamos a celebrarlo». Los conocidos señalaban: «Gracias a Dios que eso no tiene nada que ver conmigo». Los editores me decían: «Sí, definitivamente hay necesidad de un libro así, ¿pero habrá alguien tan valiente como para tomarlo y comprarlo?». Mientras buscaba a un editor, descubrí que más de uno tenía miedo de dedicarse a esto, no fuera a ser que provocara problemas en sus relaciones. «Tengo un buen matrimonio», me dijo un editor. «Tengo miedo de que este material nos infecte». Por fortuna, una vez que HarperCollins compró el libro y mi marido, Michael, accedió a escribirlo conmigo, todos lo apoyaron.

No sabía lo que significaba, ni lo que conllevaba, escribir un libro. Ahora lo sé. Y, siempre que entro en una librería o una biblioteca, me siento maravillada por el increíble gasto de tiempo y energía que tanta gente ha hecho para poner por escrito sus ideas.

Me adentré en este proyecto pensando que era una experta, pero mientras más personas entrevistaba y más parejas trataba, más aprendía. Como dice Anna en *El rey y yo*: «Tus pupilos te enseñan». Al escuchar a mis pacientes y otras personas que han soportado una traición o han tenido una aventura, llegué a comprender de qué modo los individuos manejan y resuelven —o fracasan al resolver— sus crisis de infidelidad. Su franqueza y el escrutinio propio hicieron posible que reconociese patrones en lo que la gente experimenta y lo que necesita ser sanado.

Hay muchas personas a las que me gustaría darles las gracias por ayudarme a completar este libro, incluyendo a los mentores y colegas que me formaron. Cuando acababa de salir de la facultad, el doctor Aaron T. Beck, fundador de la terapia cognitiva, permitió que me sentara a su lado y le observara supervisar a los estudiantes en el Centro de Terapia Cognitiva. Me enseñó cuándo intervenir y cuándo permanecer en silencio, cuándo criticar una creencia y cuándo dejarla pasar. Me proporcionó un modelo de terapia y una carrera que me han ayudado a convertirme en una terapeuta eficaz. También me sentí afortunada de que me supervisara el doctor David D. Burns, quien me enseñó con humor e ingenuidad muchas estrategias para ayudar a la gente a cambiar. Le extiendo un profundo reconocimiento al doctor Jeffrey Young, quien integró la terapia cognitiva con otros modelos establecidos y expandió considerablemente su eficacia a la hora de tratar con más problemas clínicamente intratables. Él revisó con minuciosidad secciones de este manuscrito, ofreciendo comentarios detallados acerca de cómo nuestra infancia afecta lo que somos hoy. Mi agradecimiento a los doctores Richard Stuart, Neil Jacobson, Norman Epstein, Don Baucom, Chris Padesky y David Bricker, todos los cuales han fomentado mi aplicación de los principios cognitivo-conductuales al tratamiento de las parejas en dificultades. También estoy en deuda con las doctoras Kathryn E. Hertlein y Kimberly Young por proveer referencias actuales sobre la infidelidad y la adicción al cibersexo.

Claire Quigley de la Biblioteca Pública de Westport y Kristina Coop de la Universidad de Carolina del Norte me proporcionaron gran parte de la asistencia bibliotecaria e investigativa que necesitaba.

Mientras los demás seguían debatiendo las posibilidades de venta de este libro, mi agente Chris Tomasino permaneció a mi lado y me animó. También se leyó todo el manuscrito y me ofreció sugerencias editoriales inteligentes. Su asistente, Jonathan Diamond, siempre estuvo dispuesto a ayudarme.

Les agradezco a Peternelle van Arsdale y Janet Goldstein, mis editoras de HarperCollins, por guiarme en el proceso. Mi gratitud también a Clio Manuelian, mi publicista, por su entusiasmo contagioso; a Kristen Auclair por manejar incontables detalles editoriales; a Guy Kettlehack por su ayuda en la preparación de la propuesta; y a Scott Gould de RLR, mi agente, por esta segunda edición.

Un agradecimiento especial a Gail Winston, mi amiga y editora en ambas ediciones. Gracias también a su asistente, Maya Ziv, y a Diane Burrows por su apoyo inestimable.

También les agradezco de todo corazón:

A mis padres, Dolly y Louis Lieff, por los años de sacrificio a fin de darme una gran educación y animarme a desarrollar mi propia voz.

A mi hermano Joel, por ser un alma gentil y velar siempre por mí.

A mis hijastros, Declan y Evan, por su sabiduría y todos los buenos momentos que hemos compartido juntos lejos del ordenador.

A mis hijos, Max y Aaron, que han traído risas y significado a mi vida. Soy muy afortunada por haber vivido estos años con ellos a mi lado.

Y a mi marido, Michael. ¿Existe una actividad más íntima que escribir un libro con alguien? Respeto (y envidio) su ojo perfeccionista y su mente extraordinariamente clara. Echaré de menos esas horas sentados hombro con hombro frente al ordenador luchando encarnizadamente por una palabra o un concepto. Le agradezco todo el tiempo que le ha entregado a este manuscrito y su naturaleza maravillosamente buena, que nos sostiene.

INTRODUCCIÓN

¿Puede una pareja sobrevivir a la infidelidad?

Como psicóloga clínica que ha tratado a parejas en dificultades por treinta y cinco años, respondo que sí: siempre que cada uno de ustedes esté dispuesto a mirarse con honestidad a sí mismo y a su pareja, así como a adquirir las habilidades necesarias para verse a través de esta crisis demoledora.

Puede ayudar que te recuerdes que no estás solo. Las estadísticas varían ampliamente, pero según uno de los estudios más recientes y acreditados, hasta 37% de los hombres casados y 20% de las mujeres casadas han sido infieles.[1] Nadie sabe los porcentajes exactos; estoy segura de que alguien que le miente a su cónyuge también puede mentirle al investigador. Sin embargo, incluso según los cálculos más conservadores, podemos decir con algo de seguridad que en Estados Unidos una de cada 2.7 parejas —más de 21 millones— ha sido afectada por la infidelidad.[2]

¿QUÉ CONSTITUYE UNA INFIDELIDAD?
¿Debe una infidelidad incluir el coito? ¿Y qué hay de un beso? ¿Y qué de una comida?[3]

No intento responder a estas preguntas, porque al final lo que importa es lo que te importe a ti. Una ruptura de la confianza depende enteramente de lo que ustedes acuerden... o de lo que pensaste que acordaron. Casi todos se sentirían traicionados por una pareja que hubiera tenido relaciones sexuales con una tercera persona, ya fuese una aventura de una sola noche o como parte de un enredo emocional a largo plazo. No obstante, muchos de ustedes también se sentirían traicionados, y ciertamente amenazados, por otros comportamientos íntimos: un abrazo, por ejemplo, o el envío de una docena de rosas blancas. Hace cinco años una de mis pacientes llamada Sharon se quitó la blusa y le mostró los pechos al mejor amigo de su marido. Nunca fueron más allá, pero ambas parejas han estado luchando con esta violación desde entonces.

En esta segunda edición he añadido un capítulo sobre la «nueva» infidelidad: la electrónica o cibernética. El capítulo 10 te ayudará a determinar lo que constituye una infidelidad en el ciberespacio y te dará las herramientas que necesitas para negociar tus diferencias.

TRES JUICIOS QUE NO HAGO

1. *No hago juicios globales acerca de si las infidelidades son, en sí mismas, buenas o malas.* Lo que puede ser un impulso para uno de ustedes puede resultar devastador para el otro y destruir la relación. Sin embargo, he averiguado que una aventura continua, sin el consentimiento de ambas partes, perpetúa la disfunción en una relación y hace casi imposible forjar un apego íntimo. Si eres un compañero infiel que se toma en serio la reconexión, deberías, creo yo, dejar a tu amante.

2. *No los separo a los dos en víctima y victimario, traidor y traicionado.* Cada uno de ustedes debe aceptar su parte correspondiente de responsabilidad por lo que ha ido mal. En vez de asignar la culpa, animo a cada uno a enfrentarse a esas partes de sí mismo que han conducido a la aventura, y a cambiar de un modo que reconstruya la confianza y la intimidad. Eso no significa que los haga igual de responsables por la infidelidad: nadie puede hacer que otra persona se descarríe. No obstante, les pido a ambos que se hagan responsables de lo que creó ese espacio para que otra persona se interpusiera entre ustedes.

3. *No sugiero que deberían permanecer juntos sin importar nada más, ni que deban salir huyendo porque se sientan infelices.* En vez de eso, invito a cada uno a que explore conmigo su razón única para conservar o abandonar a un amante, para elegir renunciar o comprometerse de nuevo. Su decisión debería ser premeditada y estar bien considerada, no basarse solamente en los sentimientos. Sus sentimientos, por cierto, pueden traicionarlos.

UNAS PALABRAS ACERCA DE LA ELECCIÓN DE LOS TÉRMINOS

A lo largo del texto me refiero a las partes como *herida* o *infiel*. La parte herida es la persona de la relación primaria cuya suposición de monogamia ha sido violada. La parte infiel es la que ha tenido la aventura. Fue difícil elegir calificativos para estas personas. Es verdad que la parte infiel puede sentirse igualmente herida en ocasiones. Sin embargo, por lo general es aquel cuyo compañero se desvía el que experimenta una sensación de devastación mayor. No categorizo a las partes como *traicionada* o *traidora*, ya que estas palabras implican cierta rectitud o condenación moral y ponen la carga de responsabilidad sobre uno de los dos, cosa que casi nunca es el caso. Me refiero a la persona con quien tú o tu pareja han tenido la aventura como el *amante* o *la persona de la aventura*. Como norma, uso el término *amante* cuando hablo con la parte infiel y la aventura sigue viva. Uso el término *persona de la aventura* cuando hablo con cualquiera de las dos partes y quiero dejar a un lado las connotaciones románticas que tiene la palabra *amante* y proteger los sentimientos de la parte herida.

Las citas y los casos de estudio a los que me refiero a lo largo del texto son sacados de mis años de práctica, pero he ocultado todas las identidades para no violar ninguna confidencia.

¿PARA QUIÉN ES ESTE LIBRO?

Escribí *Después de la infidelidad* en primer lugar para cualquier pareja que quiera explorar la posibilidad de reconstruir su relación luego de que uno o ambos hayan sido infieles. Esto incluye a matrimonios o parejas en unión libre, heterosexuales o del mismo sexo. Intento dirigirme al herido y al infiel con el mismo peso.

Mi libro también es para:

- personas cuya relación ha terminado como resultado de una infidelidad, están pasándolo mal superando la experiencia, y desean comprender por qué la relación no sobrevivió y qué deberían aceptar como su apropiada responsabilidad en lo que fue mal;
- personas que quieren comprender mejor la infidelidad que vivieron en sus familias durante la infancia a fin de evitar patrones de comportamiento similares en sus propias relaciones;

- profesionales y líderes espirituales que tratan con individuos y parejas afectados por la infidelidad;[4]
- personas que estén pensando en tener una aventura y deseen comprender sus sentimientos mejor antes de dar cualquier paso irremediable;
- personas que quieran analizar bien las ventajas y desventajas de revelar una infidelidad terminada;
- personas que no tienen intención alguna de revelar su infidelidad terminada, pero aún quieren reconstruir su relación y aprender de sí mismas;
- personas que sospechen que sus parejas pueden estar siendo infieles, pero nunca se han enfrentado a ellas;
- parejas que estén luchando con secretos, mentiras y otros problemas de confianza aparte de la infidelidad;
- parejas que quieran aprender a lidiar con los desencantos inevitables de la vida conyugal antes de renunciar.

TRES FASES EN LA SANIDAD

Este libro te guía a través de tres fases identificables —algunos las llamarían campos de minas— mientras reaccionas, confrontas y te recuperas de la aventura.

La primera fase: normalizar tus sentimientos

Una vez que la infidelidad ha sido revelada, es probable que ambos se sientan arrastrados por un vendaval emocional, la parte herida abrumada por una profunda sensación de pérdida, la parte infiel afectada por las emociones y decisiones en conflicto. Espero que ponerle nombre a tus sentimientos te haga ver que no estás loco ni eres inestable, que los demás han experimentado el mismo dolor y la misma confusión, y que no estás solo.[5]

La segunda fase: decidir si comprometerse de nuevo o abandonar

Antes de que tus emociones puedan calmarse, necesitas enfrentar la incertidumbre de si deseas quedarte o marcharte. Al explorar tus opciones, serás capaz de tomar una decisión sensata basada en tus circunstancias y necesidades. «¿Qué puedo esperar del amor?», «¿Debo confiar en mis sentimientos?», «¿Cómo puedo saber si mi compañero es bueno para mí?». Estas son la clase de preguntas que te ayudaré a responder.

La tercera fase: reconstruir tu relación
Si decides comprometerte de nuevo, es probable que vayas a pasar meses, incluso años, trabajando para restaurar la confianza y la intimidad. Al revisar algunas estrategias contigo espero darte herramientas para:

- descifrar el significado de la aventura y aceptar tu justa carga de responsabilidad en el asunto;
- decirle adiós al amante;
- recuperar la confianza (si eres la parte infiel), o comunicar qué necesitas para confiar de nuevo (si eres la parte herida);
- hablar de tal modo que le permita a tu pareja escuchar y comprender tu dolor, y escuchar de tal modo que anime a tu pareja a sincerarse y ser vulnerable contigo;
- reconocer cómo puede que hayas sido dañado por experiencias en tus primeros años de vida, y cómo puedes evitar que esas experiencias contaminen tu relación hoy;
- gestionar las diferencias e insatisfacciones para que puedan permanecer unidos incluso cuando no se sientan particularmente amados o en disposición de amar;
- volver a tener intimidad sexual;
- perdonar a tu pareja y a ti mismo.

A lo largo del libro doy por supuesto que se conoce el secreto, pero en algunos casos no será así. En el epílogo te ayudo a ti, el compañero infiel, a sopesar los pros y los contras de contarlo. Sin importar lo que decidas, tú y tu pareja pueden seguir esforzándose para renovar su vida juntos.

¿UNA SENTENCIA DE MUERTE O UN LLAMADO DE ATENCIÓN?
Puede que algunos de ustedes no quieran arriesgarse a empezar de nuevo y exponerse a más daño o decepción. Darle la espalda a una relación herida puede ser la solución más simple o práctica, una que te libere de la tiranía de la esperanza. Sin embargo, también puede ser un modo de evitar el crecimiento, el enfrentamiento de algunas verdades amargas sobre la vida, el amor y tu propia persona, y la aceptación de la terrible carga de responsabilidad que implica hacer que tu relación funcione.

Este libro intenta alcanzar a aquellos de ustedes que han sido heridos en lo profundo por una infidelidad, pero que a la vez se sienten lo suficientemente contradictorios o valientes como para admitir que siguen queriendo permanecer juntos, enfrentar el modo en que cada uno contribuyó a la infidelidad, y trabajar para reconstruir la confianza y la intimidad. Si eligen comprometerse de nuevo el uno con el otro, puede que con el tiempo lleguen a ver la aventura no solo como un trauma lamentable, sino como una alarma, una llamada de atención. Puede que al final descubran que necesitaban una explosión nuclear como la de una infidelidad para hacer volar la construcción anterior y permitir que tenga lugar una versión más sana, consciente y madura. Dado lo maltratados que ambos se sienten, es posible que no tengan muchas oportunidades de comprobar la fortaleza de su relación. Los animo a que participen en el proceso, desafíen al daño, y vean si son capaces de avanzar juntos. En esencia, contando hasta tres, los invito a los dos a ponerse en el centro del cuadrilátero, quitarse los guantes de boxeo y unir sus manos.

PRIMERA FASE

Reacción a la infidelidad:
«¿Es normal esto que siento?»

UNO

La respuesta de la parte herida: enterrado en una avalancha de pérdidas

> «Cuando tenía quince años fui violada. Eso no fue
> nada comparado con tu infidelidad. El violador era un
> extraño; tú, pensaba yo, eras mi mejor amigo».

> «Cuando descubrí por primera vez tu secreto, dejé de sentirme
> especial para ti. Sin embargo, a un nivel más profundo,
> perdí la confianza en el mundo y en mí mismo».

Estos comentarios solo sugieren la profundidad y las pérdidas arrolladoras que probablemente experimentarás cuando descubras por primera vez que tu compañero te ha sido infiel. No hay modo de prepararte para esta revelación aplastante. La visión de tu vida y el mundo en que vives se hará pedazos. Cualquier confianza y seguridad que sintieras en el pasado puede parecer ahora ingenua o falsa. «¿Dónde he estado?», te preguntarás. «¿Vivo en este planeta?».

Es probable que tanto tu mente como tu cuerpo estén conmocionados. Tu sensación fundamental de orden y justicia en el mundo se ha perdido. También se ha perdido tu sentido de control sobre tu vida, tu amor propio, el mismísimo concepto de quién eres. Puede que te sientas abandonado por todos: familia, amigos, Dios. Como un extraño para ti mismo, es posible que osciles violentamente de un extremo a otro, determinado y seguro en un momento, humillado y necesitado al siguiente. Azotado por sentimientos tan intensos, tal vez te preguntes: «¿Me estoy volviendo loco?».

Quiero asegurarte que no lo estás; en realidad, eso que estás experimentando es la respuesta normal y apropiada a una experiencia intensamente traumática. No solo te estás recuperando de la pérdida de la integridad de tu relación, sino también de la pérdida de una ilusión: que eres especial para tu pareja y que la intimidad que pensabas que compartías con esa persona duraría para siempre. Frente a tales noticias devastadoras, sería extraño que no te sintieras perdido.

A Marsha, una trabajadora social y madre de cuarenta años, le llevó más de una década volver a ponerse en pie:

Después de trece años de matrimonio, Larry anunció que me cambiaba por la niñera, una chica catorce años menor que él. Mi primera reacción fue: «Esto no nos puede estar pasando, somos la pareja perfecta. La niñera casi es una hija para mí, ¿cómo ha podido traicionar mi confianza?». Cuando Larry se mudó con ella, estuve en cama durante un mes. De la noche a la mañana pasé de ser una persona capaz, independiente, llena de vida, a ser un zombi total: paralizada por una depresión de la que solo había conocido desde una distancia académica. Una noche estaba en la cama comparando el silencio de la casa con el terror y la confusión de mi cabeza cuando escuché el traqueteo de la puerta del garaje abriéndose. *Ha regresado,* pensé. *Quiere que esto funcione.* Bajé corriendo las escaleras en pijama —mirándome primero en el espejo para ver qué pinta tenía— solo para darme cuenta de que la puerta del garaje nunca se había movido. Me lo había imaginado todo. De repente me pasó por la mente: «No solo he perdido a mi esposo, he perdido la cabeza». Mi confianza continuó derrumbándose. Me veía a mí misma como un fraude, una sombra, demasiado vacía para acudir a terapia, criar a un niño o merecerme un compañero decente. La vida pertenecía a los demás, no a mí. Seguía luchando con mi depresión tres años más tarde —mucho después de que mi marido y yo volviéramos a estar juntos— cuando comprendí en un seminario sobre el trastorno por estrés postraumático[1] que es probable que alguien bajo una depresión emocional extrema se retire de la vida y pierda el contacto consigo mismo, e incluso que experimente delirios. En mi mente sonó un clic: así que era eso. Mi depresión tenía un nombre. No estaba desmoronándome; lo que estaba sucediendo era normal. Si lo hubiera sabido antes, me habría sentido menos sola y aceptado la posibilidad de un futuro. Si alguien me hubiese ayudado a comprender lo que ocurría, hubiera sido un acto de suprema bondad.

Aquí es donde comienza este capítulo, preparándote para las pérdidas que prácticamente todas las partes heridas de una relación están obligadas a experimentar en el crisol de la infidelidad. Una vez que te hayas dado cuenta de lo universales que son tus respuestas, probablemente te sentirás menos abatido por la traición, menos golpeado por tus propias emociones intensas. Una vez que anticipes tu reacción y le pongas un nombre, te debería resultar más tolerable. El proceso de sanidad comienza cuando das testimonio de tus sentimientos y tu dolor cobra sentido. Lo que es importante recordar es esto: la mayor amenaza para la recuperación es la propia pérdida de la esperanza.

EL IMPACTO FISIOLÓGICO DE LA INFIDELIDAD

Tal vez en este momento estés experimentando los cambios fisiológicos tanto en tu sistema nervioso como en tu funcionamiento cognitivo. Mientras la adrenalina y otras hormonas relacionadas con el estrés se vierten en tu sistema nervioso simpático, experimentas un estado de excitación. Te descubres buscando constantemente señales de que tu pareja está descarriándose de nuevo. Sintiéndote agitado y ansioso de manera crónica, tardas más en caer dormido, te despiertas frecuentemente durante la noche y eres más sensible al ruido. Estás agotado por dormir tan poco y pensar demasiado en todo.

Tu mente se ve azuzada por recuerdos, sensaciones e imágenes vívidos y deprimentes. Cuando te duermes, tus sueños se vuelven más violentos y alarmantes. Cuando estás despierto, de repente te encuentras perdido o de algún modo desorientado.

Lo que le pasó a Gloria, una periodista de treinta años, es típico: «El día después de que mi marido admitiera que estaba teniendo una aventura me perdí yendo al trabajo», me dijo. «Me encontraba aterrorizada y pensaba que me estaba volviendo loca. Quiero decir, era el camino que tomaba todos los días desde hacía cinco años».

Pam, una agente inmobiliaria de treinta y siete años, cuenta una historia similar: «Cuando Jeff admitió que se había enamorado de otra mujer, lo obligué a hacer las maletas y marcharse. Al siguiente fin de semana fui a visitar a unos amigos a Block Island para evitar enfrentarme a mi soledad. En el caminó paré en un torneo de golf e hice el recorrido a pie. Hasta ahí todo iba bien. Sin embargo, cuando llegó la hora de regresar a mi coche, no podía recordar dónde estaba. Lo encontré finalmente después de una hora de búsqueda, pero me sentía tan agitada que regresé a casa llorando todo el camino. Me olvidé del fin de semana y en su lugar me quedé en casa en la cama. Lo que me había disgustado tanto no era la desorientación, era el significado que le había dado de que estaba perdiendo la cabeza».

Debido a las alteraciones en tu sistema nervioso, tus emociones intensas pueden sobrecogerte con una sensación de terror e impotencia. «Todo el sistema que coordina una actividad organizada y productiva queda destrozado»,[2] escribe Abram Kardiner, describiendo los efectos neurofisiológicos del trauma.

Otro cambio fisiológico muy diferente tiene lugar con la liberación de opiáceos endógenos, similares a la morfina, en nuestro sistema nervioso. Esto nubla tu percepción del dolor y te protege del estrés emocional extremo. En otras palabras, tu cuerpo se restringe, entra en hibernación, deja de funcionar. El alcance de tus sentimientos y sensaciones se estrecha, y pierdes interés en las relaciones y las actividades que solo unas semanas antes te daban placer y propósito. Mientras peleas por unir tus piezas de nuevo, te encuentras con que apenas puedes actuar. Tu mente divaga. Tienes problemas para concentrarte. En el trabajo expandes papeles por el escritorio; en casa, te sientas mirando al vacío. Al haber perdido la confianza en tu habilidad para interactuar con el mundo, te escondes en ti mismo, aislado. Te sientes extrañamente adormecido y separado de la realidad.

«Es como pasar por la vida siendo consciente de que una parte de ti ha muerto», explicaba Stephanie, una profesora de educación especial de cuarenta y dos años. «Una vez sentí como si John y yo estuviésemos unidos con pegamento. Levantaba la vista hacia la estancia y sentía la energía acercándonos entre sí. Ahora lo mejor que puedo decir es que me las apaño. Seguimos juntos, pero por dentro estoy muerta».

En su novela *La separación*, el escritor Dan Franck describe las emociones de la parte herida según se va asentando la realidad de la infidelidad de su esposa: «Él ha estado viviendo en terror; pero ahora deja paso a las tranquilas y plomizas riberas de la tristeza. El terror es móvil; la tristeza estática. Como el agua en un vaso».[3]

EL IMPACTO PSICOLÓGICO DE LA INFIDELIDAD

Hay nueve clases diferentes de pérdidas que tú, la parte herida, es posible que experimentes. Todas son variaciones de la misma pérdida básica, una que va más allá de la pérdida de tu pareja: la pérdida de uno mismo. Puede ser difícil que reconozcas esta pérdida en cualquiera de sus formas, porque ninguna de ellas es tangible. Sin embargo, aunque por fuera parezcas el mismo para los demás, por dentro es posible que te estés desangrando. De repente sientes que has perdido tu:

1. Identidad.
2. Sensación de ser especial.
3. Amor propio al degradarte y renunciar a tus valores básicos para conseguir que tu pareja regrese.
4. Amor propio por fracasar en reconocer que has sido agraviado.
5. Control sobre tus pensamientos y acciones.
6. Sensación fundamental de orden y justicia en el mundo.
7. Fe religiosa.
8. Conexión con los demás.
9. Sensación de propósito, incluso la voluntad de vivir.

Pérdida de la identidad: «Ya no sé quién soy».
El descubrimiento de la infidelidad de tu pareja te fuerza a redefinirte en lo más fundamental. «Si tú, mi compañero de vida, no eres la persona que yo creía que eras, y nuestro matrimonio es una mentira, ¿entonces quién soy yo?», preguntas. De repente te ves a ti mismo fracturado, desfigurado, diferente de como te habías conocido antes.

En el pasado puede que te hubieras descrito como alguien capaz, independiente, divertido, atrevido, amistoso, cálido, estable, cariñoso, generoso, atractivo. Ya no. Ahora te ves a ti mismo de un centenar de modos negativos: celoso, irascible, vengativo, sin dominio propio, insignificante, limitado, amargado, asustado, solitario, enfermizo, deshonrado, feo, desconfiado, caído en desgracia. Cegado por el engaño de tu pareja, pierdes de vista tu yo conocido y dudas de tu bondad, tu atractivo, tu habilidad básica para negociar con el mundo.

«"Viva, atlética, valerosa"; así era como me describían en el anuario de la universidad», rememoraba Jane, una contable de treinta y un años casada durante cinco. «Ahora, después de la aventura de John, no parece que tenga energía, o ganas de siquiera salir. Me siento demasiado expuesta».

Roberta, casada durante catorce años, también luchaba intensamente con su repentina pérdida de identidad. «Solía gustarme a mí misma. Solía pensar de mí como una persona agradable, un ser humano cariñoso y adorable. Eso desapareció. No puedo dejar de pensar que la razón por la que Don me engañó fue porque soy demasiado dulce, demasiado corriente. Quizá estoy sola por una razón. Quizá nadie que merezca la pena querría tener una relación conmigo».

Si estás tan deprimido como Roberta es probable que magnifiques tus defectos y aceptes una culpa excesiva por el comportamiento adúltero de tu pareja. Todo lo que odiabas de ti mismo ahora te define. Asumes que tú solo has provocado que esto tan horrible ocurriera. «Si pudiera remodelarme, podría recuperar a mi pareja», piensas, engañándote a ti mismo al pensar que el destino de tu relación está en tus manos. Más adelante deberías ser capaz de mirarte a ti mismo con más objetividad y asignar la culpa de una manera más igualitaria. Sin embargo, ahora es poco probable que puedas asumir la distancia o la perspectiva para ser justo con nadie, y mucho menos contigo mismo.

La pérdida de la idea básica de tu persona es una herida que alcanza mucha más profundidad que la propia infidelidad. ¿Qué puede ser más angustioso que la experiencia de estar atrapado en una piel que te resulta extraña, desconectado del núcleo interior con el que siempre contaste para que te dijera quién eres?

Pérdida de la sensación de ser especial: «Pensé que yo significaba algo para ti. Ahora comprendo que soy desechable».

Junto con la percepción de ti mismo se marcha la convicción de que tú y tu pareja estaban destinados el uno para el otro, que nadie podía hacer a tu compañero más feliz, que juntos formaban una unión original e irreducible que no se podía compartir o romper. La infidelidad marca la muerte de dos ilusiones inocentes: que el matrimonio de ustedes es excepcional y que tú eres único o preciado.

Cuando Miriam alcanzó la adolescencia, había sido violada por su padrastro y abandonada por su madre, que se negaba a creer sus acusaciones. Miriam llegó a verse como una mercancía defectuosa y empezó a relacionarse con hombres que la trataban igual de mal que sus padres. Después de aprobar la escuela de secretariado, consiguió un trabajo como recepcionista en un bufete de abogados. Allí conoció a Ed. Al principio desconfió de su interés por ella. ¿Quién se sentiría atraído por ella?, se preguntaba. Sin embargo, poco a poco llegó a confiar en su generosidad y protección. Después de convivir durante tres meses, accedió a casarse con él. No estaba enamorada apasionadamente, pero era el primer hombre que la había hecho sentir decente, valiosa, limpia. Cuando descubrió, un año después, que él estaba acostándose con su secretaria, perdió su recién encontrada autoestima. «Tú eras la persona más especial del mundo para mí», le dijo, «mi mejor amigo, la primera persona en la que pude confiar plenamente. Me sentía completamente segura contigo y podía contártelo todo. No obstante, lo más importante es que habías permitido que creyera en mí, que pensara que estaba bien, que lo que me había ocurrido de pequeña no era mi culpa, que no sucedió porque fuese mala. Por primera vez en mi vida me sentía especial y amada por lo que era. Ahora comprendo que soy desechable, basura».

Cuando tú, como Miriam, has sido descartado intencionalmente por alguien que una vez te hizo sentir irremplazable, puede que te devalúes a ti mismo no solo como compañero, sino también como padre. Desmoralizado por la destrucción de tu núcleo familiar, puede que des por acabada tu importancia para tus hijos y creas que tienes poco que darle a nadie, incluso a aquellos que te aman y más te necesitan.

«Me planteé seriamente tomar un billete de ida para irme de aquí, dejarlo todo y a todos», confesó Nancy, la madre de una niña de nueve meses. «Sentía que no podía competir con la novia de Jim, que parecía tan joven y viva comparada conmigo. ¿Por qué querría mi hija estar junto a mí, la perdedora? ¿Qué podría ofrecerle yo? Perdí mi percepción de mí misma como un ser humano importante, digno, capaz de cuidar algo. Gracias a Dios que llegué a entender que esto solo era mi depresión hablando y me quedé donde estaba. Tal vez ya no fuera especial para Jim, pero seguía siendo la única madre de mi hija».

Cuando tú, como Nancy, pierdes la sensación de que eres especial y pasas a ser como una sombra de la persona que eras antes, resulta importante que comprendas que tu percepción de ti mismo, nublada como está por la infidelidad de tu pareja, no es digna de confianza. Tu capacidad para ver ahora con claridad es probable que esté a un nivel más bajo que nunca.

Pérdida de tu amor propio al degradarte y renunciar a tus valores básicos para conseguir que tu pareja regrese: «Haré lo que sea para mantener esta relación en pie».

Nada te puede parecer más imperdonable que el modo en que te rebajas para hacer que tu pareja regrese una vez que es revelada la infidelidad. Comprendes que tus actos desesperados quebrantan tus valores y principios fundamentales. No solo tu pareja te ha abandonado, *tú* te has abandonado a ti mismo.

La historia de Jane es un ejemplo conmovedor de los extremos a los que puedes llegar para hacer regresar a tu pareja: extremos que más tarde te llenan de vergüenza y rabia.

«Un año antes de descubrir la aventura de mi marido, desarrollé un cáncer de mama», me dijo. «La mastectomía radical y el implante de silicona parecieron restaurar el orden en mi vida. Sin embargo, cuando Dave me dijo que estaba involucrado con otra mujer, me deprimí tanto que no podía comer y perdí cinco kilos, permitiendo que mi pecho sano pareciera más delgado en comparación con el artificial. Así que decidí hacerme un implante también en el otro. No puedo creer que fuera tan estúpida como para pensar que eso importaría. El cirujano plástico al que consulté nunca cuestionó mis motivos ni me informó de los peligros. Un experto en mamografías me advirtió contra la manipulación del tejido mamario sano (sería más difícil de inspeccionar en el futuro, dijo), pero elegí no escucharlo y seguí adelante con la operación. Parecía que todo lo que me importaba era mi apariencia, mi capacidad para competir físicamente con la amante de mi marido. Por supuesto, lo que pasó al final fue que recuperé mi peso y ahora mi pecho sano es más grande que el que me quitaron».

El marido de Jane regresó al matrimonio, pero ella continuó flagelándose. «Me miro y me pregunto: "¿Dónde estaba yo? ¿Dónde estaba mi cabeza? ¿Cómo pude perder tanto el control sobre mí misma? ¿Cómo podía tener mis prioridades tan equivocadas?". Sigo quedándome delante del espejo, mirándome e intentando entender lo que pasó».

Ruth, una contable de cuarenta y siete años, ofrece otro ejemplo de cómo alguien herido sacrifica su dignidad y su amor propio para mantener viva su relación. «No podía evitar sentirme competitiva, realmente inferior a la joven amante de Jerry», me dijo, «así que pasé (debería decir desperdicié) horas, así como una fortuna, probándome ropa interior provocativa en la sección de lencería de Bloomingdale's cuando debería haber estado visitando a mi madre, que se encontraba en el hospital recuperándose de la extirpación de un tumor canceroso. Resulta tan deprimente que me siento mal solo por contártelo. Me siento humillada por lo que hice, por eso en lo que me convertí».

Jed, un editor de treinta y tres años de una gran editorial de Nueva York, luchaba con los mismos problemas:

> Mi esposa, Julie, me prometió quizá unas cien veces que rompería con su novio, y siempre le creía. Una vez me pidió permiso para irse el fin de semana con él a fin de que pudieran poner a prueba su amor, y yo estuve lo suficiente loco como para aceptarlo. Por supuesto, ella siguió viéndolo. Luego me pidió que me trasladara a nuestra casa en la playa durante unos días para que ellos dos pudieran tener una aventura final en nuestro apartamento de Nueva York. ¿Puedes creer que me fui? Me sentía como si me hubiera forzado al exilio, como el cómplice de un delito.
>
> En aquel momento, supongo que sentía que no tenía otra opción. Tenía un salario pésimo y no me podía permitir marcharme lejos. Sin embargo, al acceder a algo tan abiertamente desagradable, cambié por dentro. Me sentí violado por Julie, o peor, me sentía violado por *mí*. Hemos vuelto a estar juntos, pero sigo luchando para recobrar mi amor propio. Quiero decir, nunca le di un ultimátum. Apenas luché. Estaba adormecido, como un animal en cautiviad. Supuse que ella volvería a mí, como siempre lo hacía, y tenía razón. No obstante, nunca me pregunté: «¿Y qué pasa conmigo? ¿Y qué precio estoy dispuesto a pagar?».

Para alguien que se siente como Jed, Jane o Ruth, es importante comprender que tus valores fundamentales no han cambiado, sino que este torbellino emocional ha hecho pedazos temporalmente tu capacidad de tomar decisiones sensatas en tu defensa. Con el tiempo desarrollarás una idea más clara y compasiva de lo que estás atravesando y por qué actúas así. Si sientes que te encuentras perdido, comprende que no estás solo y que tu respuesta se corresponde en la justa medida con el daño que has experimentado. Este choque emocional hace que casi cualquiera se comporte de un modo que genere odio y rechazo hacia uno mismo. Si puedes aceptar hasta qué punto te ha alterado la infidelidad, tanto fisiológica como psicológicamente, tal vez puedas aprender a no juzgarte con tanta dureza.

Pérdida de amor propio por fracasar en reconocer que has sido agraviado: «¿Por qué no puse un límite?».

Tu amor propio puede quebrarse cuando das un vistazo a aquellos días antes de que se revelara el secreto y te das cuenta de cómo escondías tus sospechas o te las guardaste. «¿Cómo podía aceptar las negaciones de mi pareja con tanta mansedumbre?», te preguntas. «¿Cómo he sido tan estúpido y cobarde para no enfrentar a mi pareja con la verdad?».

Obviamente, no todas las sospechas están justificadas; algunas personas desconfían obsesivamente e imaginan lo que no es verdad. Sin embargo, a menudo las señales son inequívocas.

Después de la aventura de su mujer, Tom recapituló con incredulidad sobre cómo él había intuido lo que estaba pasando durante meses, pero lo mantuvo apartado en un rincón de su mente: «Mi esposa vende software informático y viaja mucho. Una vez, cuando regresaba de Londres, pensé en darle una sorpresa y recogerla en el aeropuerto. La vi a ella y a su jefe saliendo juntos por el área de pasajeros, y por el modo en que él tocó su cintura supe instantáneamente que eran amantes. Sin embargo, ¿qué hice? Me fui sin hacerle saber siquiera que había estado allí, y le envié flores con una nota que decía: "Tengo miedo de perderte". Cuando ella la leyó se burló de mí por sentirme inseguro. ¿Y sabes qué? Necesitaba tanto escuchar eso que me obligué a creerlo. Comencé a dudar de lo que había visto. No obstante, en mi interior lo sabía».

Betty, una psicóloga casada durante once años, estaba igual de desconcertada por la magia que había llevado a cabo en su cabeza para deshacerse de la información perturbadora: «Cuando regresé de una convención de terapia conductual (celebrada fuera de la ciudad), le pregunté a mi marido, Jim, qué había hecho el sábado por la noche.

Me dijo que estaba cansado y se había ido a la cama justo después de cenar. Bien, por alguna razón también le pregunté a la niñera qué había hecho esa noche. Me dijo que se había quedado levantada hasta tarde hablando con Jim acerca de su carrera... en la mesa de la cocina. Sabía que las historias no encajaban, pero no podía lidiar con lo que implicaban. La idea de atacar por mi cuenta era más de lo que podía manejar. No dije nada, pero la verdad era tan evidente que daba vergüenza».

Dave, casado durante cuatro años, me contó cómo manejó un suceso similar: «Un día encontré un preservativo sin abrir en el coche de mi mujer. Era de una marca diferente a la que usábamos normalmente, así que le pregunté. Ella me salió con la excusa de que era una muestra que había llegado en el correo, una historia que ni siquiera el mayor tonto del mundo se tragaría. Ahora reflexiono y me pregunto por qué no me enfrenté a ella, por qué no le puse un límite».

Dave, Betty, Tom... todos ellos acallaron sus voces y dejaron de confiar en lo que de algún modo sabían que era verdad. A fin de preservar sus ilusiones, negaron la legitimidad de sus sospechas. Fracasaron al procesar lo que estaba sucediendo, o al protestar por ello, y cedieron su mayor posesión: su auténtico yo. «La pérdida del yo coincide con una pérdida de la voz en la relación», señala Dana Crowley Jack en *Silencing the Self* [Silenciando el yo]. «La voz es un indicador del yo».[4]

Una vez que la infidelidad queda al descubierto, puedes esperar oscilar hasta el otro extremo de la hipervigilancia. Es probable que tus sospechas se vuelvan tan viscerales e incesantes, que sin importar lo que tu pareja diga o haga, ya no puedes distinguir la verdad de la ficción. No solo no puedes confiar en tu pareja, sino que eres incapaz de confiar en tus propias percepciones. «¿Qué me está escondiendo mi pareja?», te preguntas, «y ¿qué me estoy escondiendo a mí mismo?».

En cierta manera, esta transformación desde la ceguera hasta la vigilancia es adaptable; la mente guarda recuerdos del daño para protegerte de una herida futura. En caso de que tú y tu pareja se separen, es probable que tu desconfianza te acompañe a otras relaciones. En caso de que permanezcan juntos, puede que se reduzca si tu compañero prueba ser fiable, pero es poco posible que desaparezca por completo.

Pérdida de control sobre la mente y el cuerpo: «¿Cómo miro para otro lado? ¿Cómo me detengo?».

Mientras intentas descifrar lo que te ha ocurrido, es posible que tanto tus pensamientos como tus acciones corran fuera de control. Es probable que te vuelvas más obsesivo, que te enfoques en las mentiras de tu pareja, los detalles de la aventura, los sucesos que han llevado a esto. También puede que te vuelvas más compulsivo en el trabajo y los momentos de ocio, intentando cada vez más frenéticamente difuminar tu ansiedad. Sin embargo, ninguna de estas respuestas te dará el descanso que buscas. Observemos unas cuantas y veamos por qué.

Pensamientos obsesivos: «¿Cómo miro para otro lado?»

La mente tiene su propia mente, y en ocasiones como estas se niega a ser controlada. Tus obsesiones toman el mando y te encuentras mirando al vacío, mientras las imágenes de tu cónyuge y la persona de la aventura bombardean tu conciencia, interrumpiendo tu sueño o tu concentración.

Desde el día que Lynn descubrió la aventura de Mark, se obsesionó con ello. «Sigo teniendo los mismos pensamientos, como un disco rayado», me comentó. «Tengo conversaciones imaginarias e interminables con él: "Siempre estuve contigo, Mark", le digo, "siempre estuve ahí". Me despierto a las tres de la mañana soñando con él y esta mujer juntos en la cama, preguntándome cómo lo toca ella, cómo la acaricia él. Sigo reproduciéndolo en mi cabeza, tratando de entenderlo mejor, pero todo lo que hago es enfermarme».

Otro cónyuge herido, Steve, pasó cada momento libre reuniendo señales del engaño de su esposa. A solas o con ella, siguió reproduciendo el mismo vídeo mental: «Quieres decir que cuando dijiste que estuviste en un viaje de negocios por nuestro aniversario durante el mes de mayo pasado, ¿estabas realmente con *él*?». «Cuando te sorprendí hablando por teléfono, ¿estabas hablando con *él*... en nuestro dormitorio?».

«Por mucho que odie haber sido engañado», me dijo Steve, «lo que realmente me fastidia es cómo se ha contaminado mi mente. Yo no solía pensar así».

No te sorprendas si te encuentras evocando escenas de violenta venganza contra tu pareja o la persona de la aventura. La agresividad de estas imágenes puede alarmarte, pues son muy impropias del modo en que piensas normalmente, pero bajo las circunstancias actuales no son anormales.

«Yo solía considerarme alguien bastante tranquilo», me contó un cónyuge herido. «Ahora estoy consumido por el odio. Me escucho profiriendo insultos contra mi esposa y su novio, queriendo que sufran también. Ayer, cuando lo vi cruzando la calle, pensé en atropellarlo. Al final soy *yo*, por supuesto, quien sufre. A ellos no les puede importar menos lo loco que me he vuelto».

Si tus cavilaciones están comprometiendo seriamente tu capacidad de funcionar, debes dirigirte al capítulo 8 para ver sugerencias a fin de eliminarlas. También puedes consultar con un médico alguna medicación que pueda calmarte y ayudarte a dormir por la noche. Al mismo tiempo, intenta aceptar lo que está ocurriendo dentro de ti como una reacción apropiada al impacto de la revelación. Ahora mismo, solo serás capaz de dar un paso atrás y observar tus obsesiones con compasión. Aunque estas no te conducen a nada provechoso, son el modo que tiene tu mente de poner orden y justicia en tu mundo y darte la sensación de control.

Comportamiento compulsivo: «¿Cómo me detengo?»
Tu desconfianza provocará que te comportes de forma compulsiva y reflexiva, sin razón o restricción.

«Han transcurrido seis meses desde que descubrí lo que pasaba con su asistente», me contó Marge, «pero no puedo dejar de registrar los bolsillos de su chaqueta, los cajones del escritorio, lo que sea. Cuando está dormido reviso sus mensajes. Voy a los restaurantes y hoteles a los que solía llevar a su novia; aprendí a seguir el rastro de su paradero en su iPhone. Lo llamo a la oficina para ver si se encuentra allí, y si no está uso su contraseña para escuchar sus mensajes de voz. De vez en cuando contrato a un investigador privado para ver si está donde asegura hallarse. Incluso cuento sus pastillas de Viagra para ver si ha estado con alguien más. Observo, compruebo, pongo trampas. Y desperdicio una increíble cantidad de tiempo y dinero. Sé que estoy fuera de control, pero no parece que pueda evitarlo. ¿Quién me convirtió en una detective?».

Tú, como Marge, sin duda estás determinado a que no te vuelvan a engañar. Si tu pareja promete fidelidad, cierta cantidad de comprobaciones puede proporcionarte una dosis de tranquilidad. Sin embargo, es probable que la vigilancia constante te agote física y mentalmente, además de socavar tu amor propio. En verdad no te devolverá la confianza ni la cercanía que esperas restaurar.

Controlar a tu pareja es solo una forma de comportamiento compulsivo. Fumar, beber, comprar, redecorar... son todos modos de tratar de reducir la ansiedad, adormecer el dolor y recompensarte en las pocas maneras que tienes disponibles.

También puede que te encuentres más activa en lo sexual, a veces de un modo irresponsable o inapropiado. El caso de una paciente llamada Gail resulta típico: «La noche que descubrí la aventura de Tom salí a un bar, me emborraché y tuve sexo sin protección con un extraño. Ni siquiera sabía el nombre del tipo. Al día siguiente fui a una boda y me encontré flirteando con el marido de mi compañera de habitación. Estaba tan loca que incluso intenté relacionarme con un tipo que se sentaba a mi lado en el metro. Todo este modo en que he presumido y me he degradado resulta humillante. No es que mi comportamiento estuviera injustificado o fuera inmoral; resultaba estúpido y autodestructivo. Era como si, al estar herida, tuviera que dejar que el mundo supiera que nada importaba. Era como si, al hacerme sentir como una cualquiera, yo también tuviera que tratar a todo el mundo de esa manera. Estaba tan amargada que quería borrar todo lo bueno o decente... incluyéndome a mí».

Otra forma común de comportamiento compulsivo es el ejercicio o las dietas excesivas; actividades que esperas que te den más control sobre tu vida, te hagan sentir más atractivo para tu pareja y restauren tu autoestima. Aunque estos son beneficios a corto plazo de estas actividades —te permiten mejorar tu salud, estar en buena forma física y liberar las tensiones contenidas— debes darte cuenta de que en tu estado hipercrítico y deprimido no estás en condiciones de evaluar tu atractivo físico, así que te arriesgas a someterte a un régimen que te castigue y prive en exceso. Sigue adelante y levanta pesas o vive de ensaladas si eso te hace sentir mejor, pero comprende que ninguna sesión intensiva en el gimnasio ni ninguna dieta mediterránea llegará a la raíz del problema: tu miedo al abandono o tu visión equivocada de ti mismo.

Otro tipo de comportamiento compulsivo es buscar a la gente que tiene influencia sobre tu pareja y exhortarla a que te ayuden a hacer que regrese. Aunque sea lo único, mantiene tu esperanza a flote y, al igual que el ejercicio excesivo, te ofrece la ilusión de tener poder, o al menos de poder decir algo, sobre el destino de tu relación. Es duro sentarse pasivamente y observar cómo se deshace tu vida.

«Estaba desesperada por recuperar a Glenn, así que pasé horas intentando controlar las relaciones con cualquiera al que él pudiera escuchar», recuerda Abbey. «Contacté tanto a sus padres como a sus mejores amigos y les rogué que por favor hablaran con él. Llamé a sus hermanos y a sus esposas, incluso al sacerdote. Yo amenazaba con llevarme a los niños del estado si se rompía el matrimonio; no es que fuera a hacerlo, pero quería contar con el apoyo de sus padres, que no podían soportar perder a sus nietos y lo presionarían para que se quedara conmigo. Me movía a oscuras, pero me negaba a quedarme esperando y orar para que regresara».

Es probable que algunos de ustedes se encuentren moviéndose compulsivamente entre los extremos, determinados a salvar su relación en un instante y a terminarla en el siguiente. «Mi estado de ánimo se mantiene cambiando», explicó una mujer herida llamada Tina. «Me levanto sin querer tener nada que ver con mi marido y deseo permanecer todo lo lejos posible de él. Una hora después lo amo hasta la muerte y quiero pasar cada minuto a su lado. Me pregunto constantemente: "¿Realmente merece la pena luchar por él?". Cuando respondo que sí, actúo con toda la dulzura, me esfuerzo en lucir bien y le preparo sus comidas favoritas. No voy a facilitarle que me deje. Sin embargo, después me pregunto: "¿Realmente quiero a este tipo? es repugnante", y pido cita con el abogado y me preparo para luchar por mis derechos. No es que no pueda tomar decisiones, no puedo *parar* de tomarlas».

A fin de distraerte y protegerte de la soledad, es posible que hagas demasiados planes con demasiada gente que no significa nada para ti. Igual que sucede con otras formas de comportamiento compulsivo, estas distracciones sirven como antídoto temporal a los sentimientos de ansiedad o vacío. No obstante, si quieres volver a sentirte bien, necesitas reducir la marcha, enfrentar tu dolor, averiguar por qué ocurrió la infidelidad y decidir qué quieres hacer al respecto.

Da miedo sentir que has perdido el control sobre tu mente y tu cuerpo, que tu mente ejerce tan poca influencia en el modo en que diriges tu vida. Sin embargo, ten por seguro que aunque estás experimentando cosas de una manera extraña, tu comportamiento no es raro.

Pérdida de tu sensación fundamental de orden y justicia en el mundo: «El mundo ya no tiene sentido».

Puede que hayas pensado que entendías cómo funcionaba el mundo y que, por medio de este entendimiento, podías ejercer algo de control sobre tu vida. «Donde las dan, las toman», «Se siembra lo que se cosecha»... estos refranes y otras máximas por las que una vez te guiaste tal vez te parecieran inapelables. Sin embargo, cuando descubres la infidelidad de tu pareja, tu creencia en el orden y la justicia del mundo desaparece, y con ello tu suposición de que eres bueno y el mundo es un lugar fundamentalmente seguro y está ordenado de una manera significativa.

Cuando sufres una violación personal de tal magnitud, te ves forzado a enfrentarte a tus ideas básicas acerca de lo que es justo y equitativo en cada aspecto de la vida, incluyendo el amor y el matrimonio. Puede que nunca le hayas puesto nombre a esas suposiciones, pero una vez que son discutidas te darás cuenta de golpe de lo mucho que dependías de ellas. Tu creencia de que si hacías X seguiría Y —que podías anticiparte y así hacer lo necesario para ser amado— te hacía sentir eficaz y seguro, dándole a tu mundo una estructura con la que podías contar. Ahora te das cuenta del escaso control que tienes sobre tu propia felicidad y de lo poco que puedes confiar en que serás tratado de manera justa por nadie, ni siquiera por la gente que amas.

Cuando Sam descubrió que Jane, su mujer, se acostaba con un carpintero de veintitrés años, todo su mundo se desmoronó: «Pensaba básicamente de mí mismo como un marido decente que se ganaba el amor de su mujer», me dijo. «Estaba completamente comprometido con mi esposa e intentaba estar allí con ella, ayudándola con la casa, colaborando en su trabajo para graduarse de su carrera. Intentaba ser ecuánime y considerado, incluso cuando ella no lo era. Mi madre solía decir: "Trata a tu mujer como a una reina y ella te hará su rey". ¡Qué chiste! Quizá fallé en algo grande, pero ella nunca me dijo nada ni me dio una oportunidad de cambiar. Ahora me siento engañado y burlado. Ya veo que no ganas ningún premio por ser decente; en realidad, te pueden dar una patada en la cara. La odio por lo que me ha hecho. Me he convertido en alguien cínico y egoísta, y dudo de que alguna vez vuelva a ver a la gente como personas buenas, o al amor como algo bueno».

Antes de la anarquía emocional de la infidelidad, tú, al igual que Sam, probablemente llegaste a suposiciones comunes acerca de cómo funcionan las relaciones:

- «Tengo algo que decir sobre cómo va mi matrimonio».
- «Si soy una persona básicamente buena y amable, seré amado a cambio».

- «Si soy un compañero honesto, mi matrimonio estará a salvo».
- «Sé lo que hay que hacer para hacer feliz a mi pareja».
- «Puedo confiar en mi mejor amigo».

Estas ideas, una vez tan evidentes, ahora pueden parecerte terriblemente ingenuas. Sin embargo, en vez de desecharlas, es posible que te cuestiones tu bondad, tu decencia, tu juicio. En un esfuerzo por hacer que todo tenga sentido, quizá comiences a creer que tienes lo que te mereces.

Deprimido y confundido, puede que supongas que el mundo no funciona según los principios que una vez diste por hechos (una condición que te lleva a un caos exterior), o que *tú* no estás a la altura (una idea que conduce a un caos interior). Tal vez no ahora, pero más tarde verás que ambas perspectivas son exageradas y demasiado generalizadas. Realmente no tienes que crucificarte a ti mismo o al mundo. La vida no es tan aleatoria, ni tú tan necio.

Pérdida de la fe religiosa: «¿Por qué me ha abandonado Dios?».
Algunas personas, intentando explicar su sufrimiento, puede que se sientan castigadas o abandonadas por Dios. Como señala el rabino Harold Kushner en *Cuando a la gente buena le pasan cosas malas*, cuando las personas se ven azotadas por el infortunio, la pregunta que suelen hacerse es: «Si Dios existiera, si él fuera mínimamente justo, por no decir que fuera amoroso y perdonador, ¿cómo podría hacerme esto a mí?».[5]

Sin importar cómo lo consideres —un Dios cruel que te ha traicionado, un Dios indiferente que te ha abandonado, un Dios justo que cree que eres indigno y te ha dado lo que te mereces— es probable que te veas apartado del consuelo que antes encontrabas en la religión o los rituales religiosos, y que te sientas más solo y necesitado que nunca.

Tu fe puede verse más erosionada por lo que entiendes como insensibilidad o desapego de tus mentores religiosos y por la pérdida de la familia espiritual de la que obtenías tanto la sensación de identidad social como apoyo emocional. En un momento en que buscas a los líderes de tu comunidad para una renovación psíquica, el refuerzo de los valores familiares tradicionales o consuelo básico, es posible que te sientas terriblemente defraudado.

Algunos miembros del clero te lisonjearán con viejos temas religiosos, diciéndote, por ejemplo, que si perdonas serás perdonado.

Otros, preocupados por las contribuciones y la asistencia a la iglesia, no querrán tomar partido. Mucho serán sensibles y darán su apoyo, por supuesto, pero dado lo desdichado que te sientes, tal vez nadie pueda consolarte ahora mismo.

Aunque fue el marido de Rachel quien tuvo la aventura, ella se sintió rechazada por su rabino:

Mi fe religiosa siempre supuso algo importante para mí. Era presidenta de los servicios familiares judíos locales cuando mi marido, el gran y respetado líder judío de la comunidad, se fue a vivir con una muchacha no judía. No sé si es que empecé a esconderme o si la gente se avergonzaba de mí, pero me sentí rechazada por toda la comunidad, incluso por el rabino. Una vez, cuando lo vi poniendo su brazo sobre los hombros de mi marido, pensé: «Este es el hombre que ofició mi *bat mitzvá*, me casó y circuncidó a mis dos hijos. Algún día enterrará a mis padres». De algún modo pensé que él, de entre todas las personas, me buscaría, pero siempre que nuestras miradas se cruzaban después de los servicios, la desviaba. Cuando continuó sin decir nada —sin dar ningún consejo, sin pronunciar ninguna palabra de conmiseración— lo decidí: «Ya está; no quiero ser judía». Para librarme de mi dolor, renuncié a mi religión.

Necesitaba separarme de mí misma, encontrar una identidad diferente, aunque fuera una identidad contraria. Mi marido regresó finalmente, pero me llevó ocho años poder sentirme cómoda de nuevo observando los rituales judíos. Un día fui a ver al rabino y lo confronté con mi cólera. Durante todos aquellos años él no parecía tener idea de lo herida y sola que había estado. Ahora que lo sabía me dijo que se sentía herido *porque yo no acudí a él* en primer lugar a pedirle dirección.

No hay modo de asegurarlo, pero supongo que él era demasiado tímido, demasiado político, para involucrarse. Mi marido, después de todo, tenía influencia. En lo que a mí respecta, se trataba de un hombre más que no tenía el valor o la humanidad para dar un paso más allá de sus propios intereses y que solo esperaba que lo hiciera sentir importante. Me sentí abandonada. Solté un montón de lastre aquellos meses y comencé a encontrar otros modos de abordar mis necesidades espirituales.

Para ti, igual que para Rachel, ser defraudado por los líderes religiosos puede convertir tu fe en una burla y a tu Dios en una figura indiferente e impotente. Ya sea debido a tu desilusión con un miembro del clero o con el mismo Dios, es probable que te sientas abandonado por una de tus fuentes más profundas y cercanas de afirmación y sustento espiritual. Intenta tener presente que esos sentimientos son normales en esta etapa y no presagian necesariamente una pérdida de fe permanente.

Pérdida de conexión con los demás: «¿En quién puedo confiar? ¿Con quién puedo contar?».

Tu sensación de vergüenza e inferioridad tal vez te haga pensar que todo el mundo está hablando de ti y te evitan como a una plaga. ¿Por qué si no habrán dejado de llamarte para saludarte o invitarte a salir?

Mientras que una parte de ti quiere salir y decirle al mundo cómo has sido violado, otra parte quiere permanecer en silencio y a solas. En un momento ansías la confirmación de que eres un ser humano agradable y te aferras a cualquiera que desee escuchar tu historia y reconocer que has sido dañado. Instantes después, te aíslas, conducido por una sensación de orgullo, miedo al ridículo y una perversa sensación de responsabilidad por proteger a la misma persona que te ha engañado.

Mary, la hija de un banquero de inversiones bien establecido, creció sabiendo mantener los secretos familiares y resolviendo los problemas por su cuenta. Cuando descubrió la aventura de su marido, necesitaba desesperadamente contactar con sus familiares y amigos, pero en vez de eso se encerró en sí misma. «Después de lo que me hizo aquel bastardo, es increíble que yo considerara como un trabajo sagrado mío proteger su nombre», me dijo, dando un vistazo atrás. Sin embargo, cuando él continuó con su juego, ella se permitió buscar el apoyo de aliados. «Que sea él quien se preocupe de su propia reputación», señaló.

Si tus padres están vivos, es probable que te sientas angustiado ante la idea de contárselo. Sea lo que sea lo que decidas hacer, implica riesgos sustanciales y hace que te preguntes: «¿Qué ellos lo sepan hará insoportables las futuras reuniones familiares? ¿Ponerlos en contra de mi pareja hará que sea más difícil para él quedarse? ¿Realmente quiero que mis padres sepan que mi relación está en problemas? ¿Quiero depender de ellos —para que me mimen— de nuevo? ¿Puedo lidiar con su pena, su desaprobación, su condenación?

¿Quiero compartir con ellos los desordenados y humillantes detalles de la aventura? Una vez que me haya convertido en su bebé de nuevo, ¿cómo me independizo?».

Si eres padre, estás obligado a sufrir ante la idea de contárselo a tus hijos. «¿Es sabio cargarlos con la fea verdad?, te preguntas. «¿Son demasiado pequeños para comprender?». Anhelas su compasión, pero te preocupa ponerlos en contra de su padre o su madre. Una parte de ti dice: «Sí, me encantaría envenenar su relación con la persona que me ha destruido. Me encantaría desquitarme. Quiero que los niños me quieran más a mí». Sin embargo, otra parte —la que sabe que cada padre tiene un papel modelo irremplazable y que los niños aprenden lo que significa ser adulto de ambos— se tambalea ante la idea de obligarlos a tomar partido. «¿Quiero que crezcan con una idea incompleta o pervertida de sí mismos?», te preguntas. «¿Qué hará la verdad acerca de los conceptos que tienen de ellos como individuos? ¿Será más probable que sean infieles cuando crezcan? ¿Tendrán miedo de comprometerse en sus propias relaciones íntimas? ¿Se culparán a sí mismos por lo que ha ocurrido? Tal vez si arreglo rápido el matrimonio nunca tienen por qué saberlo».

También te preocupas por desahogarte con tus amigos. «¿Puedo confiar en que ellos guardarán mi secreto?», te preguntas. «¿Terminaré convirtiéndome en un espectáculo público? A nadie le gusta socializar con una pareja infeliz, ¿así que nos encontraremos sentados solos en casa los sábados por la noche? ¿Los amigos en los que confío dirán probablemente cosas insultantes de mi pareja, ya sea porque se sientan genuinamente indignados o porque me quieran hacer sentir mejor, de tal modo que será raro reunirnos como grupo de nuevo? Y lo peor de todo, ¿y si alguno simpatiza con mi pareja?».

Es importante darse cuenta de que algunas personas tratan el adulterio como una enfermedad contagiosa que puede infectar sus propias relaciones si se acercan demasiado a ti. Como para estas personas el tema de la infidelidad es tabú, intenta no esperar demasiado de ellas ni tomarte su frialdad de forma personal. Es probablemente que se sientan amenazadas por lo que no entienden, o que sus propias relaciones sean más frágiles de lo que saben o quieren admitir.

Gran parte de tus amigos querrán ayudarte y consolarte, pero simplemente no saben qué decir o por dónde comenzar. Incluso un funeral tiene rituales establecidos para dar las condolencias, con aquellos que te quieren bien acercándose a fin de expresarte palabras de apoyo prescritas; sin embargo, ante la noticia de la infidelidad en una pareja, incluso tus amigos más cercanos pueden no tener idea de cómo ayudarte en tu duelo. Inseguros de qué decir o hacer, es posible que te eviten o se distancien. Resulta importante darse cuenta de que quizá estén buscando señales en ti de que quieres compañía y no deseas estar solo. A menudo, el hecho de hacerse a un lado es motivado por el respeto ante lo que ellos creen que es tu deseo de privacidad. Así que probablemente tengas que invitarlos a que vuelvan a tu vida.

Algunos de ustedes tal vez piensen en ir a un terapeuta, alguien anónimo y neutral que escuche e intente ayudar. Puede parecer el recurso más lógico, pero tal vez te sientas en conflicto con la idea. «Me llevó meses llamarte para pedir cita», me contó una esposa traicionada. «Pensé que te quedarías impresionada por mis secretos». Cuando esta mujer finalmente vino a verme, me habló de la aventura actual de su marido, pero no dijo nada de los episodios de una sola noche que la habían precedido. «Por loco que suene, tenía miedo de que me animaras a dejarlo, y no estaba segura de querer hacerlo», admitió. Su suposición era que si se reunía con el terapeuta, se vería forzada a decidir si quería terminar su matrimonio, cuando todo lo que deseaba era explorar su incertidumbre (algo que te ayudaré a hacer en los capítulos 3 y 4). Al final de la primera cita se puso en pie y dijo: «Ahora me doy cuenta de por qué estoy aquí. Necesito decir en voz alta lo que me ha pasado y organizar mis sentimientos en cuanto a ello. No tengo que saber hacia dónde conduce todo. Estoy aquí por mí, para regresar a la vida».

Sincerarte con otros está lleno de peligros. Padres, hijos, amigos, terapeutas... todos pueden ayudarte en este tiempo difícil, pero también es posible que alimenten tu sensación de enajenamiento. Resulta difícil saber en quién confiar y cuánto contar. No hay reglas, ni cosas buenas o malas. Todo lo que puedes hacer es pensar en las consecuencias de revelar el secreto; nadie salvo tú puede sopesar los riesgos frente a tus necesidades.

Sin importar lo que decidas, ten cuidado de aislarte y desarrollar en exceso tu vida en solitario. Si das por hecho que tus amigos más íntimos no te quieren cerca, o que siempre debes ser optimista y divertido cuando socializas, te quedarás incluso más solo y te negarás el consuelo que tanto necesitas. Si hay una red de personas que le dan integridad y significado a tu vida, sal y relaciónate con ellas, incluso aunque al principio te sientas incómodo y cohIbído.

Pérdida de la sensación de propósito, incluso de la voluntad de vivir: «A veces cuando vuelvo a casa de noche pienso que sería más fácil dar un volantazo, salirme de la carretera y terminar esta agonía».

Cuando no puedes imaginar siquiera amar o ser amado de nuevo, cuando pierdes tu capacidad de valorarte a ti mismo o a tu vida, cuando vivir es más doloroso que no hacerlo, no es sorprendente que tus pensamientos se vuelvan hacia el suicidio. Esta es la respuesta más trágica a la infidelidad de tu pareja: la pérdida de la voluntad de vivir.

Paula, la madre de una niña con retraso mental, se hallaba embarazada de su segundo hijo cuando descubrió que su marido estaba acostándose con su mejor amiga, Sybil. «Un día lo perdí», me dijo. «No pude encontrar ninguna razón para vivir. Me sentía como un fracaso total. Sybil era sofisticada y sensual. Los que pensaba que eran mis dos mejores amigos me traicionaron. Mi niño aún no nacido merecía más de lo que yo podía darle, o de lo que podía darle el mundo, según pensé, así que cerré la puerta del garaje, senté a mi hija junto a mí en el coche y encendí el motor. ¿Había perdido la cabeza? Creo que sí... debido al dolor, al odio. Me salvé al darme cuenta de que era una locura, que tenía la obligación de estar allí para mis hijos, y que tal vez mi marido también había actuado locamente. En cierto modo entendí que su aventura era un intento de librarse de la responsabilidad por nuestra hija y de lidiar con la ansiedad por la salud de nuestro próximo hijo. Decidí explorar estas ideas con él y hemos estado juntos desde entonces, reconstruyendo nuestro matrimonio. La vida para nosotros siempre ha sido dura, más que para la mayoría, creo yo. Sin embargo, en aquel momento sentía, y hoy todavía lo siento, que nos debemos el uno al otro ir más allá del dolor y perdonarnos mutuamente por ser humanos. Los dos nos hemos sentido tan decepcionados como padres que tal vez esperábamos que nuestra relación compensara lo que la vida no nos había dado. Finalmente comenzamos a reconocer nuestra amargura con las cartas que la vida nos había repartido, y aprendimos a salir adelante como amigos».

Para ti, al igual que para Paula, pocos sucesos en la vida son tan devastadores como la traición de tu pareja. No obstante, recuerda que tu depresión es como una densa neblina matinal que oscurece tu visión, y que tener pensamientos suicidas es diferente a ponerlos en acción. Si alguna vez sientes que eres peligroso para ti o los demás, puedes ir a urgencias del hospital o llamar a un amigo y declararle: «Estoy deprimido. Por favor, protégeme». *Lo que quieres matar no es a ti mismo, sino a tu dolor.*

Tu trabajo justo ahora es hace tu mayor esfuerzo para tolerar tu desesperación, incluso aunque todavía no sepas cómo aliviarla. En este momento puede que encuentres imposible creer lo que te estoy diciendo, pero debes tener fe en que, con el tiempo, puedes aprender a valorarte de nuevo y desarrollar auténticas conexiones con la gente que te importa.

DIFERENCIAS DE GÉNERO: ¿INFLUYEN EN EL MODO EN QUE RESPONDES A LA INFIDELIDAD?

Los hombres y las mujeres tienden a asignarle diferentes significados a la infidelidad de su pareja, cosa que, a su vez, otorga diferentes respuestas emocionales. Es importante no generalizar —lo que se aplica a algunas personas no se aplica a otras— pero hay evidencias de que la mayor parte de la gente reacciona al menos parcialmente en un modo típico de su género. Ser consciente de estos imperativos biológicos y culturales, sin importar lo flexibles e inexactos que sean, puede arrojar algo de luz sobre tu reacción a la infidelidad y hacerte sentir menos loco y solo. También deben ayudar a tu pareja a entenderte mejor.

Por lo general, es más probable que las mujeres intenten rehacer la relación y mantenerla viva; es más factible que los hombres la terminen y encuentren un reemplazo. Las mujeres tienden a deprimirse y arremeter contra sí mismas; los hombres tienden a ponerse furiosos y arremeter violentamente contra los demás, aunque solo sea en sus fantasías. Las mujeres suelen atribuir la aventura a su falta general de méritos; los hombres, a su incompetencia sexual. Es posible que las mujeres exageren la importancia de la aventura y les lleve más tiempo sanar; los hombres puede que compartimenten su dolor y sigan adelante.

Diferencia #1: Las mujeres intentan preservar la relación; los hombres tienden a huir

Mujeres: «Tal vez podamos superarlo».

Hombres: «No te molestes en volver».

Cuando la parte herida es una mujer, resulta más probable que trabaje para preservar la relación,[6] sobre todo porque su cultura le ha enseñado a complacer a los demás y negarse a sí misma.[7] El hombre tiende a disminuir sus pérdidas y buscar un reemplazo, alguien que le dé el amor y la atención que él cree que merece. Por lo general, las mujeres se silencian o esconden sus sentimientos cuando han sido violadas emocionalmente. Presionadas para mantener la apariencia de armonía, a menudo amortiguan su auténtico yo y la voz interior que reclama: «Necesito algo más que esto». Nuestra sociedad manda el mensaje de que es tarea de la mujer —y una medida de su autoestima— mantener sus lazos con los demás. Un estudio fascinante[8] muestra que cuando se les pregunta a niñas de unos ocho años cómo se sienten cuando han sido maltratadas por chicos, reconocen su enfado y lo expresan; pero en algún punto alrededor de los doce años esas mismas niñas, al hacerles la misma pregunta, responden: «No lo sé». Este grupo de investigación bien documentado demuestra que una vez que las mujeres se hacen mayores, muchas de ellas dejan de confiar en su intuición cuando han sido agraviadas. Si tú como mujer fallas al reconocer de qué modo la infidelidad de tu pareja te está perjudicando, si dejas de hablarle directamente y con autoridad acerca de tus sentimientos negativos a fin de poder seguir juntos, si tienes miedo de «hacer sonar el silbato»,[9] has sido bien entrenada.

Otra razón por la que muchas mujeres buscan preservar las relaciones, incluso las dañadas, es que creen y temen que la alternativa sea vivir solas. El famoso estudio de 1986 acerca del matrimonio que llevaran a cabo Bennett, Bloom y Craig, investigadores de Harvard y Yale,[10] envió a las mujeres a un estado de pánico por una supuesta escasez de solteros. Aunque Susan Faludi señaló ya en 1991 que estas estadísticas estaban sumamente exageradas,[11] crearon un estado de «nupcialitis»[12] que sigue vigente hoy en día, en el cual las mujeres creen que sus oportunidades de casarse después de los cuarenta son prácticamente cero.[13]

Las mujeres divorciadas sufren más económicamente que los hombres divorciados, por una parte porque asumen más responsabilidades en la crianza de los niños pequeños,[14] y por otra parte porque es más probable que sus antiguos maridos paguen las cuotas del coche que la asignación de los niños.[15] Aunque la diferencia de sueldos entre ambos sexos se está estrechando, las mujeres tienden a tener trabajos de menor nivel o a ganar menos en posiciones comparables: setenta y siete centavos por cada dólar masculino.[16] Solo por estas razones prácticas muchas mujeres luchan por mantener a flote sus matrimonios.

Los hombres —tradicionalmente más seguros desde el punto de vista financiero y más convencidos de que sus parejas pueden ser reemplazadas— tienen menos probabilidades de querer volver con sus mujeres descarriadas. Puesto que se definen a sí mismos menos en términos del éxito de una relación, a menudo sienten que tienen menos que perder cuando esta se rompe. Las mujeres tienden a guardar silencio y quedarse; los hombres, a marcharse. Lidian con su herida borrando la fuente de su dolor.

Diferencia #2: Las mujeres se deprimen; los hombres se ponen furiosos

Mujeres: «He fracaso en la relación más importante de mi vida».

Hombres: «Si veo al amante de mi mujer, lo mataré».

Las mujeres tienden a reaccionar ante una infidelidad culpándose a sí mismas. Los hombres tienden a reaccionar con ira, enfrentándose a aquellos que los han dañado, al menos en sus fantasías.

Las mujeres tienen el doble de probabilidades de tener una depresión clínica que los hombres, según cifras recientes recopiladas por la Clínica Mayo.[17] Una de las razones para esto es su tendencia a dirigir sus críticas hacia el interior de sí mismas en vez de hacia el exterior, a los demás. Otra razón es que resulta más probable que se definan a sí mismas en relación a otros y equiparen su autoestima con ser amadas. Cuando una relación vacila o fracasa, es más probable que una mujer se deprima y experimente una disminución de su yo. No solo se trata de que haya perdido a su pareja, sino de que se ha perdido a sí misma.[18]

Si eres un hombre, por el contrario, es más probable que dirijas tu furia hacia tu esposa o su amante en vez de hacia ti mismo.[19] Los hombres agresivos a menudo tienen que refrenar sus actos de violencia, pero incluso los tipos pasivos e introspectivos se encuentran a menudo fantaseando con atacar al «enemigo». En cualquier caso, tu ira te permite sentirte poderoso y en control, desviando sentimientos perturbadores tales como la vergüenza o la duda. Algunos de ustedes querrán ver a su pareja como una víctima, manipulada por algún amante seductor. Al dirigir su ira contra él, evitan enfrentar la dolorosa posibilidad de que su pareja haya elegido desviarse porque se sienta seriamente insatisfecha contigo.

Diferencia #3: Las mujeres se sienten compañeras inadecuadas; los hombres se sienten amantes inadecuados

Mujeres: «No soy suficiente buena. No puedo satisfacer a mi marido».

Hombres: «Mi pene no es lo suficiente bueno. No puedo satisfacer a mi mujer».

Como mujer, resulta más probable que atribuyas la traición de tu marido a tus propias insuficiencias como ser humano, no solo a tu actuación en la cama. Tal vez asumas que tu pareja ha tenido una aventura por amor, no solo por sexo, y que la atracción era más que física. Como resultado, puede que le asignes más significado a la infidelidad de tu pareja que el que le asigna él. Cuando él insiste: «Nunca amé a la otra mujer; nunca quise romper nuestro matrimonio; mi aventura no significó nada para mí», lo pasarás mal comprendiendo o confiando en sus palabras, pero quizá quieras considerar que está siendo sincero.

Si eres un hombre, tiendes a pensar que tu mujer te engañó para tener mejor sexo, una suposición que te hace sentir sexualmente inadecuado y celoso, y te puede llevar a la violencia contra tu esposa o su amante. Los hombres tienden a menospreciar o minimizar otras cuestiones no sexuales de la relación, como la comunicación y la intimidad, que pueden importarles más a sus mujeres. Si quieres rescatar tu matrimonio, debes empezar a preguntarle a tu pareja qué le falta en la relación, y qué puedes hacer tú exactamente para hacerla sentir más amada y apreciada.

Diferencia #4: Las mujeres se obsesionan; los hombres se distraen

Mujeres: «No puedo dejar de pensar en su novia».

Hombres: «Me niego a pensar en su aventura».

Como la idea del yo en una mujer está tan íntimamente ligada a su éxito en sus relaciones más íntimas, ella tiende a obsesionarse más con las infidelidades que un hombre, siendo más probable que insista en el engaño, excluyendo todo lo demás. En el proceso se va resintiendo cada vez más por las mentiras de su pareja y desconfía durante más tiempo.[20] Reviviendo activamente los detalles de la aventura, mantiene vivas su herida y su inseguridad.

Los hombres, por el contrario, pasan menos tiempo rumiando la traición y más participando en actividades físicas que les hagan sentir idóneos y competentes.[21] Parecen más capaces de compartimentar su dolor y seguir adelante, a menudo hacia otra pareja.

¿Tienen estas diferencias de género una influencia real en el modo en que respondes a la infidelidad? Si eres hombre, ¿te puedes sentir tan deprimido y autocrítico como una mujer? Si eres mujer, ¿te puedes sentir tan preocupada por tu rendimiento sexual como cualquier hombre?

Los patrones específicos de género han sido identificados en investigaciones actuales, pero eso no significa que se apliquen a ti. En realidad, a veces lo contrario puede ser cierto. Las mujeres traicionadas, después de todo, ciertamente son capaces de demostrar su ira. Eurípides lo sabía hace dos mil años, cuando tejió su relato de Medea, una esposa abandonada que asesina a sus hijos y a la amante de su marido como venganza por la infidelidad. Dando un salto de dos mil cuatrocientos años a un programa de entrevistas donde me invitaron como experta, observé a una esposa cruzar el escenario y, en una escena menos griega, pero no menos trágica, aporrear a la niñera que se había acostado con su marido.

En cuanto a la respuesta de los hombres traicionados, sería absurdo decir que nunca se obsesionan con la infidelidad de sus parejas ni que trabajan duro para recuperarlas. Ninguna respuesta aislada es propiedad de ningún sexo; las diferencias de género expuestas aquí solo sirven para ayudarte a ti y a tu pareja a desarrollar una perspectiva más completa del comportamiento del otro en este momento imposible. Ya seas hombre o mujer, las pérdidas que has padecido son profundas y complejas.

El éxito, dijo Emerson una vez, incluye la capacidad de sobrevivir a la traición de alguien que amas. Esto está bien, hasta cierto punto. Sin embargo, ahora es tiempo de que vayas más allá de la supervivencia y comiences a sanar. Para empezar este proceso tú, la parte herida, necesitas aceptar que tu respuesta emocional inicial —por excesiva, autoinculpadora o desesperada que pueda ser— es completamente normal y comprensible, o al menos es la mejor respuesta que puedes dar en este momento dados tus recursos y la magnitud de tu pérdida. *Necesitas perdonarte por haberte perdido a ti mismo*, y reconstruirte desde adentro.

Para forjar de nuevo tu relación, también es necesario que aceptes la respuesta de tu pareja a la infidelidad, sin importar lo diferente que pueda ser de la tuya. En este capítulo a tu pareja se le ha pedido que vea la infidelidad a través de tus ojos; en el siguiente es a ti a quien se te pide que veas la infidelidad a través de los suyos. Lo creas o no, la persona que te ha traicionado puede que también esté luchando para darle sentido a todo.

DOS

La respuesta de la parte infiel: perdido en un laberinto de decisiones

«Regresar a mi matrimonio me parece una sentencia a permanecer en prisión. Sin embargo, no puedo abandonar a mis hijos».

«No estaba buscando enamorarme de otra persona, pero lo hice, locamente. Ahora no puedo decidir qué relación abandonar».

«Sé que me he extraviado, pero no quería herirte, y nunca dejé de amarte. ¿No podemos seguir adelante?».

Estos son algunos de los conflictos con los que probablemente lucharás ahora que se ha descubierto tu aventura. Obviamente, son diferentes a los que está enfrentando tu pareja. Sin importar lo mal que te sientas, los efectos de tu infidelidad casi nunca son igual de devastadores, desorientadores o profundos para ti que para la persona a la que has engañado.

¿Por qué es esto así? Para empezar, tu idea del yo no ha sido atacada. En realidad, es muy probable que lo contrario sea cierto, que la experiencia de tener un amante te haya dado validez. Es posible que te sientas deseado por dos personas, mientras que tu pareja no se siente deseada por nadie. La aventura puede que te haya dado también una

37

nueva sensación de control sobre tu mundo, con más poder y más elecciones que antes. Tu cónyuge, por el contrario, probablemente se sienta disminuido y amenazado por un futuro incierto.

Aunque tu pareja está sufriendo una sensación de pérdida muy diferente y mucho más debilitante que la tuya, estoy segura de que tú también estás experimentando tu propia definición de infierno. Liberarte de tu secreto puede quitarte un gran peso de tu mente y ofrecerte algo de alivio temporal, pero es probable que permanezcas con el mismo conflicto que antes. Mientras que una parte de ti se siente irresistiblemente atraída por tu amante, otra parte puede que esté disgustada contigo mismo por engañar o hacer sufrir a tus hijos. La amargura que piensas que sientes hacia tu pareja puede suavizarse y convertirse en remordimiento por el dolor que estás infligiendo. Tal vez decidas darle otra oportunidad a tu relación, solo para descubrir que tu pareja no está preparada para perdonarte con facilidad. Mientras te angustias con tus opciones y los compromisos que conlleva cada una, quizá te encuentres atrapado en un campo minado de decisiones: paralizado, incapaz de quedarte o marcharte.

Mientras luchas por poner orden en este caos al que llamas tu vida, necesitas recordarte que tu pareja no experimenta un estado de ánimo capaz de apreciar tu dilema. Tu conflicto por dejar a tu amante, tu duelo por la pérdida de un alma gemela o un mejor amigo... ¿por qué le debería importar a tu pareja? Esos son tus problemas y necesitas lidiar con ellos a solas. Esperar simpatía o comprensión solamente implica ofender más a tu pareja.

Aunque tu pareja insista en un compromiso incondicional, tú probablemente no te sientas preparado para tomar ninguna decisión vital irreversible en este momento tan frágil (trataremos esas decisiones en los dos capítulos siguientes). Tu tarea inmediata —y también la de tu pareja— es identificar tus sentimientos intensos y contradictorios y reconocer lo apropiados y normales que son en esta fase de tu jornada. Aquí están los más comunes; intenta identificar los tuyos:

- Alivio
- Impaciencia
- Ansiedad crónica
- Ira justificada
- Ausencia de culpabilidad

- Duelo por la pérdida del amante
- Culpabilidad por los hijos
- Aislamiento
- Impotencia
- Parálisis
- Disgusto con uno mismo

Alivio: «Estoy cansado de mentir».

Es usual, una vez que se sabe la verdad, sentir una oleada de alivio. Incluso aunque no sepas hacia dónde te diriges, es probable que te sientas deliciosamente liberado de las complicaciones que te habían creado tus mentiras y engaños. Puede que incluso te sientas limpio o saneado. Andrea, un ama de casa de treinta y nueve años, describió su alivio cuando su marido, Jeff, descubrió su infidelidad: «Se había convertido en algo ridículo, hacía malabares entre dos vidas. No podía manejar el engaño, no importaba la presión. Si sabía que iba a tener sexo con mi novio el miércoles por la tarde, hacía el amor con Jeff el martes por la noche para que él no se lo esperara de nuevo tan pronto. Llegué a temer sus insinuaciones. Cuando finalmente lo descubrió, dejé a mi novio, y por primera vez en años mi vida se centró. Me sentía maravillosamente siendo solo una persona: siempre en un lugar, siempre donde se suponía que debía estar».

Marty, un corredor de bolsa de cuarenta y siete años, se sentía encantado de haber salido de la vida loca: «Les había mentido tanto a tantas personas que ya no sabía quién era ni qué le había dicho a quién. No podía mantener aisladas mis vidas, ni separar la verdad de la ficción. Siempre tenía terror a equivocarme y que me pillaran. Pasaba la tarde con mi novia y entonces corría a casa, maldiciendo cada semáforo, con los nervios al límite, sabiendo que llegaba tarde una vez más y que en cuanto atravesara la puerta tendría que someterme a la inquisición de mi esposa. Estaba muy mayor para esto. Cuando ella se enfrentó a mí finalmente, estaba más que dispuesto a contar la verdad, y me sentí inundado de alivio».

Confesar el secreto puede hacer que tú, como Marty, te sientas completo de nuevo, pero no pasará mucho hasta que probablemente tus sentimientos se vuelvan algo más caóticos y complejos.

Impaciencia: «He dejado a mi amante y te lo he contado todo. ¿Qué más quieres de mí?».

Una vez que la infidelidad se destapa, puede que estés ansioso por empezar a reconstruir. No se trata solo de que desees reconectarte, sino de algo más egoísta, ya que quieres dejar de sentirte culpable cada vez que te enfrentas al dolor de tu pareja. Sin embargo, la otra parte funciona según un programa diferente, y es probable que se sienta ultrajada por tus esfuerzos aparentes para minimizar el daño y seguir adelante. Como señala Dave Carder, consejero matrimonial y familiar, las partes traicionadas «necesitan experimentar una ira tan intensa como la pasión del infiel, una angustia tan intensa como la alegría del infiel y unas represalias tan intensas como el engaño del infiel».[1]

Arrepentido, pero impaciente, puede que te preguntes: «¿Cuánto tiempo tendré que aguantar los incesantes y acusadores ataques verbales de mi pareja que no parecen resolver nada y solo nos apartan al uno del otro?».

Chris, un vendedor de coches de treinta y nueve años, se sentía orgulloso, incluso exonerado, por confesarles sus transgresiones sexuales a su esposa. Por recomendación de sus padres, se convirtió en cristiano y llegó a creer que sus pecados habían sido arrastrados con sus lágrimas. Habiéndose perdonado a sí mismo, esperaba que su esposa también lo perdonara, pero ella permanecía inconmovible. «Él se siente puro, bien por él», dijo ella. «Ahora todo esto cae sobre mí. ¿Qué se supone que tengo que hacer con su engaño... alegrarme?».

Conmoción, amargura, ira, desesperación... estas son las respuestas típicas de tu pareja, y tú solamente añadirás frustración si esperas que desaparezcan pronto. No hay soluciones rápidas ni palabras mágicas. Lo que te sanará es lo que Melanie Beattie llama «el pasaje de las experiencias»[2]: esos actos pequeños y concretos, esos momentos acumulados que convencen a tu pareja de que te has enfrentado a tu propia duplicidad, a tu propio ser desagradable, y es seguro volver a confiar en ti (hablo de estas experiencias en el capítulo 6). Esto lleva tiempo. Por ahora necesitas soportar donde estás con toda la compasión y la paciencia que puedas reunir, dando fe del caos emocional de tu pareja y, por medio de actos de afecto, haciéndola sentir segura, valiosa y con deseos de volver a arriesgarse a amarte.

Ansiedad crónica: «Mientras me mantenga ocupado, estaré bien».
Un modo en que puedes manejar tu ansiedad, ahora que la infidelidad se sabe, es zambulléndote en un frenesí de actividades, a veces con propósito, otras veces sin sentido; a veces para construir una nueva vida, otras veces para evitar pensar en ello.

Mientras mayor sea tu confusión, más probable será que te lances a actividades compulsivas a fin de distraerte. Cualquier diversión sirve —ver la televisión, hacer ejercicio, comprar por la Internet— con tal de librarte de tu auténtico deber de enfrentarte a ti mismo y a tu vida.

«Después de confesárselo a mi mujer y romper con mi novia, estaba desesperado por tener una vida completamente nueva», me contó Dave. «Nunca me permití detenerme a pensar, y mucho menos sentir nada. En una semana dejé de fumar, empecé a hacer ejercicio, diseñé una nueva ala en la habitación de nuestra casa, reorganicé mi oficina, y me compré un nuevo y caro juguete recreativo: un barco más rápido y lustroso. Cambio era la palabra clave. Me llevó meses darme cuenta de que ni siquiera había empezado a tratar los problemas reales».

Es posible que estas tácticas escapistas, como descubrió Dave, sofoquen durante un tiempo tu ansiedad y te hagan creer que tienes el control de tu vida y que todo ha vuelto a su cauce. Sin embargo, la ocupación compulsiva —como señalé en el capítulo anterior— no es nada más que un arreglo superficial y temporal, una distracción de los problemas más profundos e incómodos que yacen dentro de ti mismo y en tu relación, los cuales en última instancia necesitan ser tratados si van a construir una vida nueva juntos. Es bueno mantenerse activo, y resulta comprensible que quieras un nuevo comienzo, pues pasar la página casi siempre sienta muy bien. No obstante, al final necesitarás revisar tus sentimientos y encargarte de los problemas que hicieron que te descarriaras.

Ausencia de culpabilidad: «Estoy haciendo lo que quiero, y me parece bien».
Puede que incluso después de revelarse la aventura te sientas poco o nada culpable por tu comportamiento, sin tener remordimientos por romper tu pacto de confianza.

Es probable que esta aparente insensibilidad, la supuesta indiferencia al dolor que estás causando, tenga un efecto explosivo en tu pareja. «Es lo máximo de la insensibilidad, el insulto final», me contó un paciente llamado Glen cuando su esposa infiel admitió que no sentía haber tenido una aventura. «Asegura que quiere volver conmigo, pero que no siente ni una pizca de arrepentimiento por engañarme. ¿Está totalmente ciega a mis sentimientos, o es que le importo muy poco?».

Estas son cinco razones comunes por las que tal vez tú, al igual que la esposa de Glen, no sientas culpabilidad ni la necesidad de disculparte:

1. Has dado por terminada la relación y estás usando la infidelidad para acelerar tu salida.
2. Tienes un trastorno caracterológico que hace que seas incapaz de experimentar compasión o remordimiento por nadie.
3. Estás enojado con tu pareja.
4. Te sientes eufórico con respecto a tu amante.
5. Mantienes ciertas suposiciones acerca de la infidelidad que justifican tu aventura.

La primera de estas razones no necesita explicación. La segunda va más allá del tema de este libro. Miremos las otras tres.

Enojado con tu pareja

Puede haber muchas razones para tu enfado. Es posible que te sientas desatendido, usado, o consideres que tu pareja te da por garantizado. Tal vez sientas que has ofrecido demasiado a cambio de muy poco, que has sacrificado metas o sueños importantes, retrasando cualquier gratificación personal durante mucho tiempo. Los años de resentimientos acumulados puede que te hayan dejado poco sitio para cualquier otra emoción.

Es verdad que mientras estás teniendo la aventura, e incluso después de haber sido revelada, quizá sientas más enojo contra tu pareja que culpabilidad. Eso es porque las dos emociones están relacionadas inversamente: mientras mayor es tu enfado, menor tu culpabilidad; mientras más veneno dirijas contra tu pareja, menos dirigirás contra ti mismo. La ira que experimentas tal vez sea una respuesta legítima al modo en que te ha tratado tu pareja, o una defensa contra la culpabilidad que sientes por lo que has hecho («Está en la naturaleza humana odiar a aquellos que nos han herido», escribió Tácito hace casi dos mil años). Lo que hace complicado conocer la diferencia es que el enfado siempre *parece* justificado: esta es una característica básica de la emoción.

El enojo a menudo tiene un extremo moralista, y posiblemente te haga sentir que tienes derecho a ir a otra parte para encontrar el amor y la atención que piensas que mereces, pero nunca obtienes en casa. Ese era el caso de John cuando explotó con su mujer después de veinticinco años de matrimonio. «He sido desdichado durante demasiado tiempo y tú has sido una bruja», soltó él. «Te dejo. Me marcho de aquí».

La furia de John parecía legítima y liberadora. Lo cegó para ver todo —sus largas ausencias de casa, su falta de compromiso con los niños, su fracaso a la hora de hacer que su mujer se sintiera importante para él— y lo convenció de que su aventura era una justa recompensa, un modo de igualar el marcador. Si hubiera dejado de escudarse en su enfado, se habría encontrado con que él no era tan inocente ni su mujer tan defectuosa.

Eufórico con la aventura
Transportado por una intensa conexión sexual o emocional con tu amante, apartado de las obligaciones mundanas de una relación a largo plazo, puede que no te preocupe o que ni siquiera te preguntes cómo afecta a los demás tu infidelidad. «Me siento tan feliz, tan sincronizado con el mundo, que no quiero analizar lo que estoy haciendo», me contó un paciente. «En realidad, no quiero pensar en absoluto en las consecuencias. Solo quiero que esto dure». Puesto que es natural atribuirle significado a nuestros sentimientos, la alegría pura que sientes puede indicarte que lo que estás experimentando es al fin amor verdadero, y no dejar espacio para la culpabilidad. Esto no significa necesariamente que tu relación esté condenada, sino solo que la infidelidad tiene un efecto poderoso y narcótico sobre ti en este momento. Más adelante, cuando reflexiones, tal vez te des cuenta de que estabas atrapado en un torbellino de emociones y eras incapaz de divisarlo hasta que el polvo de la tormenta se asentara.

Creencias que justifican la infidelidad
Una tercera razón por la que tal vez no experimentes culpabilidad es que mantienes ciertas creencias que justifican tu comportamiento adúltero. Es probable que algunas de esas suposiciones sean anteriores a tu relación y reflejen ideas arraigadas acerca del amor y el

compromiso. Otras pueden ser racionalizaciones, aparecidas a fin de proteger tu autoestima, suprimir tu culpa y garantizarte el permiso para descarriarte. Las crees hasta tal punto que es posible que sientas pocos escrúpulos acerca de tu comportamiento:

- «Mi infidelidad es permisible siempre que ame a la otra persona».
- «Mi infidelidad es permisible siempre que no ame a la otra persona».
- «Lo que mi pareja no sepa no va a hacerle daño».
- «Una relación de una noche, una aventura, no cambia nuestra relación».
- «Solo tengo una vida y merezco ser todo lo feliz que pueda. Está bien hacer que mi amante satisfaga algunas de mis necesidades, y el resto mi cónyuge».
- «Mi infidelidad me ha hecho una persona más feliz y por lo tanto una mejor pareja».
- «Mi infidelidad me permite satisfacer mis necesidades sin romper la familia. Lo hago por los niños».
- «Las personas no están destinadas a ser monógamas».
- «No tengo control sobre mis impulsos».
- «Mi instinto biológico es ser adúltero».
- «Todos los hombres son lobos».
- «Todas las parejas tienen sus secretos».
- «Tengo derecho a mantener una parte de mí mismo escondida y separada de mi pareja».
- «Puesto que mi pareja probablemente sabe de mi infidelidad, pero no me dice nada, debe estar bien siempre que no alardee de ello».
- «No tendría que sacrificar lo que necesito para hacer sentir segura o feliz a mi pareja».
- «Nunca prometí ser perfecto».
- «Si me comprometo completamente con cualquier otra persona, seguro que saldré herido».

Te animo a considerar estas y otras creencias que yacen tras tus sentimientos y preguntarte:

- ¿Son verdad estas ideas?
- ¿Tales ideas son útiles? ¿Todavía me sirven?

Es posible que descubras que algunas de ellas están socavando tu capacidad para ser íntimo y fiel, de modo que decidas revisarlas o rechazarlas. Ten presente que con una actitud que apoye la infidelidad es más probable que caigas.

Un paciente llamado Len solía decirme que todos los hombres engañan. Pero cuando le echó un vistazo más cercano a su creencia, se dio cuenta de que la había cultivado en su infancia para no odiar a su padre infiel, y había continuado actuando en base a esta idea a lo largo de su vida adulta, tejiendo su camino a lo largo de tres matrimonios y una sucesión de aventuras de una noche. Al final llegó a ver que él no era su padre, y que esta creencia, que le había amparado durante más de veinte años, ya no le servía para sus propósitos. Creer algo, se dio cuenta, no lo hace necesariamente útil o verdadero.

Duelo por la pérdida del amante: «Nunca olvidaré a esta persona que me hizo sentir tan especial».
Después de terminar con la aventura, es posible que te sientas culpable por abandonar a tu amante y hagas duelo por la pérdida de esta persona durante meses e incluso años.

Tu remordimiento es comprensible. Puede que este nuevo compañero te haya parecido una cuerda de salvamento, introduciéndote en un mundo de intimidad y excitación sexual que pensabas que estaba fuera de tu alcance. Quizá te sintieras comprendido o cuidado de un modo que ya no soñabas que fuera posible. O tal vez solo te divertías más y te sentías más vivo. Sobre todo, es posible que tu amante haya cambiado la manera en que te consideras a ti mismo, reforzando tu autoestima de algún modo profundamente correctivo y haciéndote sentir más inteligente, competente, atractivo, sensual, aventurero. En resumen, como lo expresa Ethel Spector Person en *Sueños de amor y encuentros decisivos: el poder de la pasión romántica*, la experiencia del amor romántico puede que te haya ayudado a «superar las censuras del yo».[3] Es natural sentirse culpable cuando abandonas a alguien que te ha dado un regalo tan precioso, particularmente si atrajiste a esa persona con promesas, habladas o implícitas, de estar juntos.

Un paciente llamado John es un caso típico de esto mientras lucha con la culpa por terminar su aventura con su directora de arte de treinta y cinco años. «Ella me ha dado (o mejor dicho, yo he tomado de ella) los mejores años de su vida», dijo. Ahora tiene cinco años más y sus posibilidades de encontrar a otra persona y tener un hijo han disminuido seriamente. Le debo algo grande, y me siento como un ser despreciable por abandonarla, aunque sea para regresar con mi familia».

Es probable que sientas una emoción como la culpa, y el duelo es otro sentimiento... un duelo por la pérdida de alguien que quizá haya restaurado una visión juvenil de ti mismo y te haya dado un destello de una vida mejor. Este dolor puede golpearte en cualquier momento, incluso años después: algo que escuchas, ves o hueles puede desatar repentinamente un torrente de sentimientos.

«Estaba esperando en la cola del McDonald's más de un año después de dejar de ver a Dean», me contó Alice, «cuando de repente fui exquisitamente consciente de que el extraño que estaba delante de mí llevaba la misma loción para después del afeitado que él. Me sentí enferma y tuve que correr afuera a tomar aire fresco».

«Supuse que la vida sería más sencilla cuando le conté a Joan que iba a regresar con mi mujer», explicó Burt. «Me decía a mí mismo: "Ojos que no ven, corazón que no siente". Sin embargo, mientras menos la veía, más lo sentía mi corazón. Seguí luchando con el impulso de escribirle un mensaje, de encontrarme accidentalmente con ella. No me arrepiento de regresar con mi familia, pero a veces todavía echo de menos a Joan».

Tu culpa por abandonar a tu amante puede que enfurezca a tu pareja incluso más que la infidelidad en sí: ¿qué puede ser más insultante y despreciativo que vivir con alguien a quien le importan más los sentimientos de un amante que los tuyos propios? Nada, ni siquiera tu culpabilidad, le hará tanto daño a tu pareja como que sigas haciendo duelo por tu pérdida, incluso mientras dices que estás trabajando para comprometerte de nuevo. Puede que este duelo no disminuya tus esfuerzos por restaurar la confianza, pero sí puede disminuir los de tu pareja. Pide comprensión en este momento y encontrarás desprecio.

Tu pareja, a su vez, no debería pedirte garantías de que te has separado emocionalmente de tu amante. Esto es algo que probablemente no puedas darle, y te coloca en la posición de tener que mentir o decir la verdad y avergonzarla. Tu pareja necesita reconocer que tu amor por esa persona tal vez haya sido real, y que cualquier esfuerzo por desacreditarlo solo generará resentimiento. Tú, por tu parte, tienes que recordar que tu pareja está sufriendo y que tal vez intente devaluar al amante solo para restaurar su autoestima y recuperarte.

Ambos deben considerar que lo que tú, la parte infiel, has llegado a valorar tan profundamente, no tiene por qué ser el amante, sino el modo en que el amante te hacía sentir; que lo que estás buscando no es un reemplazo para tu pareja, sino una modificación de tu imagen básica de ti mismo; y que lo que necesitas quizá pueda encontrarse en tu pareja si ambos están dispuestos a cambiar. Ambos tendrán que vivir con el fantasma del amante, pero eso no significa que su vida juntos no pueda ser rica y satisfactoria.

Culpabilidad por los hijos: «¿Qué clase de ejemplo soy?».
Como padre, es posible que te preocupes por el efecto que está teniendo tu infidelidad sobre tus hijos y en sus sentimientos hacia ti. ¿Qué podría resultar más aterrador que la perspectiva de perder su amor y su respeto? En tu corazón quieres que te vean como un padre al que pueden respetar, no alguien confundido o perdido, no alguien que los ha abandonado.

Cuando Bill se imaginó a sí mismo hablándole a su hijo de dieciséis años de su nueva amiga, Heather, se sintió sobrecogido por la culpabilidad. Su primer matrimonio había terminado cuando su esposa murió en un accidente de coche y él crió solo a John, por aquel entonces de un año de edad. Ahora, seis años después de su segundo matrimonio, se enfrentaba a una decisión imposible. «Estoy loco por Heather», me contó, «pero no quiero que John pierda a otra madre. ¿Cómo podría traumatizarlo de nuevo ahora en su adolescencia? Si rompo su hogar por segunda vez, él nunca me perdonará».

Para ti, igual que para Bill, no hay un modo a prueba de riesgos de hablarles a tus hijos de la nueva persona en tu vida. Probablemente no quieran entenderlo, y mucho menos sentir compasión ante la idea de que te sientes insatisfecho en casa, o de que te has dejado llevar; todo lo que escucharán es que estás amenazando a la familia y la seguridad de sus vidas. Es posible que ellos intenten justificar a su manera tu comportamiento delante de sí mismos porque necesitan seguir apegados a ti, o puede que se vuelvan en tu contra por negarles su infancia.

Cuando Tina intentó explicarle por qué estaba viendo a otro hombre, su hija de dieciocho años se apartó con indignación. «No comprendo por qué no puedes simplemente hablar con papá y hacerle entender lo infeliz que eres», le dijo. «Tú me dices que lo odias porque es muy pasivo, pero por qué no puedes simplemente acudir a él y decirle: "Mira, necesito que hagas más por mí: pagar las facturas, hacer las reservas para cenar, arreglar el baño, lo que sea. Solo quítame algunas de esas tareas de encima". Con todo lo que hemos vivido como familia, ¿es un problema tan importante como para que no puedan solucionarlo? Te odio por destruir a la familia. Te odio por pensar solo en ti misma».

Es posible que tu culpabilidad con tus hijos se intensifique si fuiste víctima de la infidelidad de tus propios padres. Al pensar en arrojar a tus hijos al mismo fuego cruzado brutal, te verás obligado a revivir tus propios traumas de la infancia.

Esto fue así para Frank. Cuando tenía trece años, su padre dejó el hogar por otra mujer y puso a Frank en la posición de tener que elegir entre dos familias. «Odié a mi padre por hacerme eso», dijo. Sin embargo, treinta años después Frank se encontró en la posición de su padre, preparándose para dejar a su esposa por su amante y forzando a sus hijos a elegir entre dos familias. «¿Dejo el matrimonio y hago sufrir a los niños o me quedo y me niego a mí mismo?», preguntó. «Es como elegir entre el aire y el agua».

Ninguna de las soluciones de Frank estaban libres de dolor, así que no hizo nada; no dejó a su mujer ni a su amante, sino que simplemente esperó al momento adecuado para actuar... el cual, por supuesto, no llegó nunca. Primero, aguardó hasta que se llevara a cabo el *bar mitzvá* de su segundo hijo, después esperó a que su hija se graduara de secundaria. Y así pasó el tiempo. Frank nunca resolvió su dilema y continuó sintiéndose atascado, amargado, y solo involucrado de forma periférica en cada una de sus relaciones.

Para ti, al igual que para Frank, es posible que haya dos voces dentro de ti advirtiéndote: el niño, animándote a escuchar tus pasiones y vivir el momento; y el padre, cargado de responsabilidad, recordándote tu mayor compromiso a largo plazo con tu familia. Es difícil saber a qué voz escuchar. Tal vez todo lo que puedas hacer ahora mismo es consolarte sabiendo que nada te hará totalmente feliz ni satisfará tus necesidades; que cualquier decisión que tomes estará teñida de pesar. (Te ayudaré a resolver estas incertidumbres en los capítulos 3 y 4.)

A fin de superar este momento tal vez encuentres útil recordarte que tus hijos crecerán, que tú probablemente tendrás muchas oportunidades de hablar con ellos cuando eso ocurra, y que es muy posible que sus sentimientos hacia ti y tu infidelidad cambien con el tiempo. Tu propia comprensión de lo que ha pasado cambiará también, y del mismo modo tu manera de explicarlo.

Aislamiento: «No puedo contar con nadie».
Una vez que se expone tu infidelidad, tu relación con tus hijos no es la única que puede sufrir. Quizá tus padres y muchos de tus amigos te juzguen con dureza y te alejen de tus fuentes usuales de apoyo emocional.

El rechazo más cruel puede venir de tus padres. «Al principio mi madre me llamaba todos los días para decirme que la estaba haciendo enfermar», me contó Barry. «Me dejó en paz solo después de que no contesté más sus llamadas. Luego intentó darme su apoyo preguntándome cómo me iba, pero veo que en realidad está ignorándome, preguntándose dónde se equivocó y cómo he fastidiado las cosas».

Si tus padres son muy religiosos o mantienen valores conservadores, tal vez te tachen de degenerado, paria o desgracia familiar, presionándote para que permanezcas con tu pareja y termines la aventura. Puede que te empieces a preguntar: «¿Realmente se preocupan por mí y mi felicidad o solo por principios abstractos y lo que dirán sus amigos?».

Algunos padres se culparán a sí mismos por tu comportamiento y harán oídos sordos a tus manifestaciones de pasión o dolor. Tranquilidad doméstica: eso es lo que ellos desean para ti. Lo último que quieren escuchar es sobre tus problemas maritales o tu alegría en brazos de tu amante.

Puede que tus amigos más cercanos tampoco estén preparados para escuchar tus conflictos, en especial aquellos que los conocen a ti y a tu cónyuge como pareja y a quienes les preocupa tomar partido. Algunos serán ciegos en cuanto a la moral o se sentirán demasiado amenazados por la fragilidad de sus propias relaciones para apoyar tus sentimientos o defenderte. Otros te atacarán con sus teorías acerca del amor y el compromiso, cuando todo lo que tú quieres es un oyente compasivo.

Tina, una golfista profesional de cincuenta y cuatro años, se rió ante la idea de hablar sobre su joven amante con su familia, pero pensó que podría compartir su angustia con su mejor amiga, Ginny. Sin embargo, Ginny no ofreció mucho consuelo: «¡Domínate!», protestó ella. «¡Tienes cuatro hijos!».

Ansioso por evitar el juicio de la familia y los amigos, es posible que los mantengas a distancia y pases todo tu tiempo libre con tu amante o sus amigos. Eso puede enredarlos a los dos más de lo que deseas o más allá de lo que estás preparado para enfrentar.

Resulta tentador intentar romper con tu aislamiento y rodearte de gente que lisonjea tus pensamientos y sentimientos. No obstante, si de verdad quieres analizarte a ti mismo con sinceridad, necesitas hablar con algunas personas que no se vean afectadas por tus decisiones: aquellas que te ofrezcan todo su apoyo, pero que te desafíen a aceptar tu complicidad en tus problemas en casa. Sin embargo, no olvides que más allá de lo útiles que sean estas personas, solo conocen una parte de ti —la parte que has elegido mostrarles o que conoces de ti mismo— y que ellas tienen sus propios propósitos y prejuicios. Pocos te conocen lo suficientemente bien como para darte consejos sabios u ofrecerte el apoyo que necesitas.

Una opción prudente en este tiempo de vulnerabilidad es consultar con un terapeuta, alguien que probablemente será neutro y por lo tanto capaz de respetar tus sentimientos y ayudarte encontrar sentido en medio de tu caos.

Impotencia: «No hay manera de que esta relación vaya a funcionar». Es común en esta fase temprana que veas tu relación como un campo de exterminio, sin ninguna oportunidad de perdón o evasión. Puede que decidas quedarte por muchas razones —miedo a estar solo, culpabilidad, los hijos, seguridad económica, la idea de la responsabilidad moral— pero tal vez asumas que el amor se ha ido para siempre y que tu pareja es incapaz de suplir tus necesidades.

Es posible que tengas razón, pero también puede ser que estés distorsionando la verdad a favor de tu amante. Eso es lo que hizo Jerry. Este ingeniero, de cincuenta y cinco años, no podía elogiar más a su amante, Cindy, ni desprestigiar más a su esposa, Judy. «Cindy parece saber lo que necesito y lo que estoy pensando antes incluso de que lo haga», me dijo. «Ella me hace sentir apreciado. Me acepta por lo que soy. Judy no tiene ni idea de mi vida, y no creo que sea capaz de cambiar. Voy a seguir con ella por los niños, pero siento que me estoy encarcelando».

La *creencia* de Jeff de que su mujer no podía soportarlo se convirtió en una profecía cuyo cumplimiento resultaba inevitable. Él nunca se comunicó con ella de un modo que permitiera que su esposa escuchara lo que le pedía. Él nunca le dio una oportunidad para cambiar. Nunca comprobó si ella podía responder a sus necesidades.

Tu situación podría resultar ser menos sombría, pero solo si no te permites que esa sensación de impotencia dicte tu comportamiento.

Sería triste que nunca le permitieras a tu pareja intentar complacerte por culpa de cómo te sientes ahora.

Parálisis: «No sé qué camino tomar».

Marcharse o quedarse, huir con tu amante o decirle adiós... estas son las decisiones críticas que probablemente te dejen paralizado por la indecisión, incapaz de moverte o quedarte quieto. Todo lo que sabes es que no puedes hacer malabares con dos vidas nunca más, pues es demasiado.

Joy, recaudadora profesional de treinta y cuatro años, llevaba casada siete años cuando un momento de coqueteo en la fiesta de Navidad de su oficina se le fue de las manos. «Me quedé hasta tarde aquella noche, bebiendo demasiado, intentando ahogar mis inhibiciones. Cuando Evan me invitó a bailar, me sentí impactada por lo bien que se sentía. Antes de darme cuenta nos estábamos besando. Nunca pensé en las consecuencias, porque nunca esperé que llegáramos a nada, pero dos semanas después nos encontramos en su apartamento y tuvimos sexo, y el resto, como se dice, es historia. Jamás pensé enamorarme, pero lo hice, y ahora no sé qué hacer. Mi marido es una persona decente, y no soy infeliz en nuestro matrimonio, pero no estoy preparada para dejar a Evan tampoco. Simplemente, no puedo regresar al matrimonio y pretender que quiero estar allí. Esto es demasiado para mí».

Henry, el presidente de una compañía de publicidad de cincuenta años, pasó por la misma situación emocional. Estuvo de acuerdo en quedarse con su mujer y centrarse en sus problemas, pero no podía mantener las manos lejos de Edie, su amante. Un día, sintiéndose solo y confundido, le pidió a Edie ir a comer juntos. La experiencia le causó tanta excitación como ansiedad. «Hice el ridículo», admitió, «acariciándola por debajo de la mesa, riéndome como un chico de dieciocho años. Sin embargo, estaba tan excitado que no podía controlarme. Soy un hombre hecho y derecho, el gerente de una empresa importante, ¿qué diablos estoy haciendo, yendo de aquí para allá, actuando como un animal en celo? Por un lado le digo a mi esposa: "Hagamos que esto funcione"; por el otro, me escabullo con Edie. Y mientras más tiempo paso con ella, más confundido estoy».

Parte de tu incertidumbre, como la de Henry, puede provenir del hecho de que te involucraste en una infidelidad sin comprender realmente las consecuencias, o sin buscarla de forma consciente, y ahora te ves atrapado por emociones que no puedes controlar. Es posible que te sientas lleno de vida, de un modo que no habías experimentado por años, y que seas incapaz de abandonar esa emoción.

Cualquier resolución puede parecer más atractiva que este imposible acto de equilibrio, pero nada es claro u obvio y toda solución parece acompañada de un compromiso. Tu relación con tu cónyuge puede que no sea tan terrible, ni tu relación con tu amante tan fantástica. Tal vez te empieces a preguntar: «Si mostrara tanta ternura y cuidado en mi matrimonio como lo hago en mi aventura, ¿sería igual de bueno?».

Tal vez tu aventura te haga sentir ahora por las nubes, pero puede hacerte descender hasta dejarte arrastrándote si los dos se mudan juntos y tienen que relacionarse de cerca, a la luz de un día común. Si se reconocen el uno al otro por lo que son, no por lo que se imaginan ser, se encontrarán con que han cambiado una relación improductiva por otra... cargados, esta vez, con la pensión alimenticia y los derechos de visita cada dos domingos. Tambaleándote igual que un barco que ha perdido sus amarres, es posible que no quieras nada más que escapar de todo el mundo, y con gusto intercambiarías cualquier promesa de amor por una vida de paz y soledad.

Atrapado en tu incertidumbre, puedes esperar encontrarte bombardeado con preguntas para las que no hay una respuesta evidente:

- «¿Todavía amo a mi pareja?»
- «¿Qué es el amor?»
- «¿Soy normal?»
- «¿Estoy justificado?»
- «¿Cómo consigo respuestas?»
- «¿Por qué está pasando esto?»
- «¿Cómo me libro... y de qué relación?»

El amor no es puro; está hecho de muchos sentimientos complejos, a veces contradictorios. Mientras que una parte de ti dice: «Si solo pudiera romper de una vez con mi amante y comprometerme con mi cónyuge», otra parte replica: «Si solo pudiera huir con mi amante y bloquear el pasado».

Sin importar lo que decidas, es probable que tu pareja quede devastada por tu apego a la otra persona y dude de que ustedes dos puedan volver a amarse alguna vez. En esta fase de tu odisea, ambos necesitan enfrentarse a muchas emociones contradictorias sin sacar conclusiones apresuradas acerca del futuro. Los seres humanos no han sido diseñados para sentirse de una sola manera acerca de nada... y mucho menos del amor.

Disgusto con uno mismo: «No tengo nada que decir en mi defensa. Me siento como un sinvergüenza».
Aparte de cómo te sientes ahora acerca de tu vida amorosa —aliviado, poderoso, ambivalente, atrapado— es posible que también te sientas profundamente avergonzado por violar valores religiosos o familiares que te exigían honrar tus votos matrimoniales y seguir y soportar hasta el final. Tras haber pisoteado tus escrúpulos y tal vez haberle roto el corazón a tu pareja, es probable que sientas que has traicionado a todo el mundo que te importa, incluyéndote a ti mismo.

Grace, casada durante doce años, se censuraba por haberse acostado con un profesor de tenis de su gimnasio. «No me sentía amada en mi matrimonio», me contó. «Mi marido apenas me tocaba. Las cosas llegaron a un punto en que si él sabía que yo estaba interesada en tener sexo, me rechazaba deliberadamente. Él siempre quería tener el control y yo me sentía abrumada por la soledad. Aun así, estar en esta relación ilícita me hace sentir como una golfa. No puedo creer lo rápido que le he dado la espalda a la fidelidad, al compromiso, la honestidad... valores en los que pensaba que creía. Al final estoy consiguiendo el amor, la atención y la afirmación que tanto necesitaba, pero he roto todas las reglas para conseguirlo, y también he vendido mi alma. Me siento más amada hoy, pero despreciable».

A veces no hay justificación para el modo miserable, incluso diabólico, en que tratas a tu pareja. «No puedo creer lo horrible que era con mi mujer mientras me veía con Meg», admitió Joe, un electricista de treinta y dos años.

«Yo había planeado una fiesta de béisbol para los chicos con los que trabajaba: íbamos a pasar el rato, tomar cerveza, comer pizza y ver las eliminatorias por televisión. Los "chicos" incluían a Meg; para ellos no era un secreto que éramos algo más que amigos. Yo sabía que mi mujer no quería ninguna fiesta de estas —ella estaba embarazada y odiaba el béisbol y el alcohol— así que contaba con que hiciera lo que otras veces: irse el fin de semana de casa y quedarse con su hermana.

»Solo podía pensar en pasar la noche con Meg. Sin embargo, la noche anterior a la fiesta Susan comenzó a sangrar. Llamó al médico y él arregló todo a fin de que ella fuera al hospital para un legrado al día siguiente. No quería ser una carga para nadie, así que se ofreció a pasar la noche en un hotel para dormir bien y que yo pudiera seguir con mi fiesta. Estuve de acuerdo. También la dejé conducir sola al hospital al día siguiente».

Joe sacudía la cabeza. «Sé que te debo parecer totalmente detestable. No hay excusa por el modo en que me he comportado. Abandoné a mi esposa cuando más me necesitaba. Todo lo que puedo decir es que me vi completamente arrastrado por la infidelidad y actué como un idiota egoísta. No creo que mi comportamiento sea un reflejo de mi verdadero carácter. Solo creo que andaba perdido».

Algunos de ustedes pueden sentirse disgustados consigo mismos por intentar llevar a su pareja a su mismo nivel, provocando comportamientos tan infames como los suyos para que los hagan parecer mejor ante sus propios ojos.

Sid, un joven que estudiaba para obtener su maestría en administración de empresas, se encontró utilizando a su mujer, Ingrid, a fin de prepararse el camino para sí mismo: «Fui deliberadamente cruel con ella, esperando que me tratase con la misma crueldad, y así yo tendría una razón para marcharme. Quería implicarla, hacer que se manchara las manos, que compartiera la responsabilidad por la ruptura para que toda la culpa no cayera sobre mí. Incluso traté de conseguir que un amigo tuviera una aventura con ella, esperando mancillarla y rebajarla a mi nivel. Después la llevé a ver a un terapeuta matrimonial conmigo para que él hiciera el trabajo duro y la convenciera de que *ella* debía mudarse. Lo peor era cuando ella se mostraba buena conmigo: no podía soportarlo. Cuando le dije que me marchaba, me ayudó a hacer las maletas. Yo estaba destrozando su vida y allí estaba ella, haciendo mis maletas. Su bondad me ahogaba, y la rechacé para poder respirar de nuevo».

Sid se divorció de Ingrid y cuatro años más tarde reflexionó sobre su comportamiento. «Fui terrible con ella. No se merecía mi maldad. Sin embargo, yo era joven y no sabía quién era ni lo que quería, o cómo hacer funcionar mi matrimonio. Siempre me odiaré, porque simplemente no me fui cuando era tan infeliz, sino que la arrastré a ella al fango conmigo».

La culpabilidad puede ser un sano recordatorio de que has sido falso contigo mismo, un mensaje que te permite vivir más apegado a tus convicciones. No obstante, cuando hace que te sientas por los suelos, no aprendes nada; cuando hace que te describas como alguien no bueno, te privas a ti mismo de un valioso conocimiento de tu persona. Yo sugiero, por lo tanto, que dirijas tus reproches no a ti, el individuo, sino a aquellas cualidades específicas tuyas que te disgustan o consideras inadaptaciones, y que tal vez te hayan llevado a tratar a tu pareja con tanta maldad y engaño mientras tu infidelidad estaba ocurriendo. Una vez que aíslas estos atributos negativos puedes trabajar para remodelarlos y disponerte a un cambio constructivo y a perdonarte.

Entre estas cualidades que te achacas a ti mismo están:

- sentirte tan inseguro, tan indeciso contigo mismo, que te vuelves vulnerable a las atenciones de aquellos que te levantan el ánimo;
- no confesarle tus necesidades no satisfechas (de compañerismo, afecto, conversación, etc.) a tu pareja, y después ir a otro lado para suplirlas;
- sentirte con derecho a satisfacer tus necesidad es sin importarte las de los demás;
- encapricharte con la excitación y la novedad hasta el punto de no ser capaz de tolerar las cosas corrientes y predecibles de una relación duradera;
- ignorar o ser inconsciente de tus propios conflictos personales, y culpar de tu infelicidad a tu pareja.

Aunque tal vez quieras explorar estas y otras cualidades que consideras poco atractivas en ti, te haces muy poco favor si te centras exclusivamente en ellas e ignoras el papel de tu pareja. No tienes derecho a culpar a tu pareja por tu infidelidad —nadie *hace* que tú la engañes— pero tienes todo el derecho a señalar cómo tu pareja contribuyó a tu insatisfacción.

DIFERENCIAS DE GÉNERO: ¿INFLUYEN EN EL MODO EN QUE RESPONDES A LA INFIDELIDAD?

Las diferencias de género juegan un papel en tu respuesta emocional a la infidelidad, del mismo modo en que lo hacen en tu pareja. Como señalé en el último capítulo, estas diferencias están lejos de ser exactas, pero añaden otra capa a la comprensión de tu comportamiento.

Las investigaciones actuales sobre actitudes y comportamientos extramaritales muestran que las mujeres son más proclives a tener aventuras por amor y compañerismo,[4] mientras que los hombres se satisfacen más a menudo solo con el sexo.[5] Es más probable que las mujeres crean que su infidelidad está justificada si es por amor; y que los hombres crean que su infidelidad está justificada si *no* es por amor.[6] También es más factible que las mujeres se angustien más por la infidelidad que los hombres.[7]

Estos descubrimientos no te excusan frente a los ojos de tu pareja —tu insistencia en que no puedes evitarlo, en que hiciste todo lo que un hombre o una mujer puede hacer, no te llevarán muy lejos— pero quizá ayuden a tu pareja a entender lo que sucede en tu cabeza y provoquen una útil conversación acerca del significado de la infidelidad y las deficiencias en su relación.

Diferencia #1: Las mujeres buscan almas gemelas; los hombres buscan compañeros de juego

Mujeres: «Finalmente encontré a alguien con quien me puedo sincerar».

Hombres: «Mi amante y yo compartimos mucho: sexo, tenis, jazz».

Por lo general, las mujeres tienen aventuras para experimentar una conexión emocional que sienten que le falta a su relación principal. Se desvían buscando un alma gemela, alguien que preste atención a sus sentimientos y aliente conversaciones importantes. A las mujeres les gusta hablar, por lo que desarrollan vínculos íntimos por medio de la interacción verbal. *The New Yorker* se ríe de esta propensión con una tira cómica en la que una mujer solicita a un prostituto. «Oh, sí, nena, te escucharé», dice él. «Te voy a escuchar toda la noche».[8] Como señalan los sexólogos, la excitación de una mujer normalmente comienza fuera del dormitorio; su compañero la atrae con juegos preliminares emocionales (no solo físicos) que aumentan su sensación de calidez y seguridad, y a la vez alimentan su respuesta sexual. Las mujeres que son infieles a menudo han desarrollado una amistad íntima con la persona de la aventura antes de establecer una relación sexual. Una vez que se desarrollan los vínculos físicos, continúan buscando una intimidad más comprometida.

Los hombres, por el contrario, son más proclives a tener aventuras a las que les falta el atributo emocional. Tienden a disfrutar de hacer cosas activas, sexuales o no, con sus amantes, y se sienten más unidos a ellas por medio de un juego no verbal.[9] Frecuentemente es la atracción física de un hombre hacia otra mujer, no una necesidad de amistad, lo que le conduce a la infidelidad, y es la aventura sexual sin trabas más que la comprensión o la cercanía lo que los mantiene ahí. Durante la infidelidad los hombres son menos propensos que las mujeres a sentirse insatisfechos en el hogar.[10] También entre la población gay los hombres son «decididamente más promiscuos y más propensos al sexo impersonal» que las mujeres, según Robert Wright.[11] (Su explicación darwiniana es que los hombres pueden procrear cientos de veces cada año y las mujeres solo una, así que no necesitan discriminar tanto.) Como generaliza el dramaturgo Edward Albee en *Tres mujeres altas*, las mujeres son infieles porque se sienten solas y los hombres porque son hombres.

Tanto hombres como mujeres pueden usar su conocimiento de estas diferencias de género como una forma de controlar los daños. Si eres mujer, por ejemplo, puedes preguntarte si le has comunicado directamente a tu pareja lo insatisfecha que estás con la relación y qué necesitas exactamente para restaurar la intimidad que se ha perdido. Después de descubrir la infidelidad las partes heridas a menudo se lamentan de que nunca se les dio la oportunidad de tratar las quejas de sus compañeros.

Si eres hombre, tal vez debas preguntarte por qué que te implicas con otra persona y cuán infeliz estás en tu relación principal en este momento. Lo que comienza como una atracción superficial puede catapultarse hacia una pasión sexual, y después evolucionar a una fuerte conexión emocional. Es posible que termines reemplazando a tu pareja cuando en un principio no te encontrabas tan insatisfecho, solo para descubrir después que tu nueva relación es tan conflictiva como lo era tu matrimonio.

Diferencia #2: Las mujeres creen que su infidelidad está justificada cuando es por amor; los hombres, cuando no es por amor

Mujeres: «Pero lo amaba».

Hombres: «Pero no la amaba».

Es más probable que las mujeres justifiquen su infidelidad cuando implica amor; los hombres, irónicamente, cuando no es así. Las mujeres tienden a involucrarse más con sus amantes, tanto emocional como sexualmente, lo cual es una razón de por qué sus aventuras a menudo conducen al divorcio.[12]

En general, los hombres creen que el sexo extramarital es aceptable e incluso está consentido por la sociedad siempre y cuando sea solo pasajero y nadie lo descubra. Tienden a minimizar la importancia de un encuentro sexual, viéndolo como un suceso intrascendente, un accidente, una liberación momentánea.[13]

Diferencia #3: Las mujeres sufren en sus infidelidades; los hombres las disfrutan

Mujeres: «Mi aventura me ha complicado la vida».

Hombres: «Mi aventura me ha dado vida».

Por lo general, las mujeres tienden a experimentar más conflicto con sus transgresiones sexuales que los hombres y es menos probable que crean que sus infidelidades están justificadas bajo alguna circunstancia.[14] Como señalamos antes, la mujer, una vez involucrada, tiene más posibilidades de enredarse emocionalmente con su amante y le resultará difícil separar sexo de amor. En un estudio reciente sobre esposas infieles, Carol Botwin descubrió que como norma las mujeres no se sienten tan liberadas por las infidelidades como los hombres; ellas sufren más, experimentan más culpabilidad, se vuelven más insatisfechas con sus matrimonios y se sienten más dependientes de sus amantes.[15]

Las mujeres que se descarrían también sufren más por pasar tiempo lejos de sus hijos. Como cuidadoras primarias, es más frecuente que ellas contraten niñeras o servicios de guardería mientras se citan con sus amantes, un engaño que les puede parecer doblemente ilícito. También es más probable que las mujeres que desafían las virtudes femeninas tradicionales —abnegación, sacrificio, humildad, dominio de sí mismas—[16] se sientan culpables cuando actúan con independencia y ponen sus necesidades primero por cualquier razón.

Los hombres parecen estar mejor dotados para separar sus infidelidades de la corriente principal de sus vidas. Puesto que tienden a pasar menos tiempo pensando en la gente[17] y rememorando momentos importantes en sus relaciones,[18] sus aventuras suelen ser menos centrales en sus vidas y preocuparles menos.[19] Su capacidad para disfrutar los aspectos no íntimos o anónimos de sus relaciones sexuales más que las mujeres explica parcialmente su gran atracción por las películas para adultos; así como es más fácil que los hombres se exciten con facilidad de la nada —por la simple visión y novedad de ciertas imágenes visuales— del mismo modo son más capaces de disfrutar de la estimulación sexual con un amante anónimo sin las implicaciones emocionales que suelen amedrentarlos. En una reciente encuesta a nivel nacional sobre el comportamiento sexual, 54% de los hombres afirmó tener pensamientos eróticos al menos una vez al día, comparado con solo 19% de las mujeres.[20]

Si eres una mujer que está teniendo una aventura, es probable que inviertas una gran cantidad de tiempo pensando en tu amante. Sin embargo, es posible —prepárate porque no te gustará oír esto— que esta inversión te haya llevado a atribuirle más amor e importancia de la justificable a tu relación ilícita. Si, como muchas mujeres, tienes dificultad para justificar una aventura que es puramente sexual, tu culpabilidad puede llevarte a exagerar tu insatisfacción en casa y magnificar tu amor por tu amante.

Si eres un hombre que está teniendo una aventura, tal vez te engañes a ti mismo al creer que puedes hacer que tus relaciones sexuales sean simples. Por desgracia para ti, es posible que tu amante reaccione de una forma propia de su sexo y te empiece a demandar más intimidad y compromiso, y de ese modo cambie las reglas de tu juego. Si eso pasara, despídete de la libertad y de las mejoras que alguna vez te dio la infidelidad.

Una nota final

Al tratar de aislar las diferencias específicas entre hombres y mujeres infieles, corro el riesgo de magnificarlas, o incluso de cosificarlas. Como vimos en el capítulo anterior, estas diferencias ligadas al género a menudo tienen límites confusos y es probable que incluso estén revertidas. Ciertamente hay hombres que buscan fuera del matrimonio amistades femeninas, no solo compañeras de juegos. Y si Carol Botwin está en lo correcto en *Mujeres tentadas*[21] y Dalma Heyn en *El silencio erótico de la mujer casada*,[22] hay una nueva generación de mujeres —Botwin las llama «las rompedoras»[23]— que buscan agresivamente amantes para tener sexo y abrazan la experiencia con una relativa falta de culpa.

Lo que supongo que muchos de ustedes comparten (o no estarían leyendo este libro) es ese objetivo tan humano de sortear la confusión y desear hacer lo que es mejor para uno mismo, mientras se es razonablemente justo con los demás. Ayuda tener en cuenta tus reacciones adquiridas o innatas como hombre o mujer, aunque siempre hay mucho más sobre la mesa que una simple respuesta de género.

Hasta el momento, tu pareja y tú han dado el primer paso de ponerles nombre a sus sentimientos al desvelarse la infidelidad. Ahora están listos para el siguiente paso: tomar una decisión sensata, saludable e informada sobre su futuro juntos. Comencemos mirando más de cerca tus ideas sobre el amor y cómo estas pueden engañarte para que te rindas a una relación improductiva o apartarte de una perfectamente viable.

SEGUNDA FASE

Evaluación de tus opciones:
«¿Debo quedarme o marcharme?»

TRES

Explora tus ideas acerca del amor

> Dentro de una simple relación romántica hay muchos finales.
> —Dra. Clarissa Pinkola Estés
> *Mujeres que corren con los lobos*

Una vez que se haya descubierto la infidelidad, necesitas decidir si trabajar para reconstruir tu relación o terminarla. Sea cual sea la ruta que elijas, te animo a que lo hagas deliberadamente y no actúes solo por sentimientos. Los sentimientos, sin importar lo intensos que sean, están basados en suposiciones que a menudo son muy subjetivas y pueden resultar irrealistas, inútiles o falsas. Más adelante podrías arrepentirte de lo que ahora te parece correcto, de una respuesta impulsiva y no procesada que no se puede invertir fácilmente.

Dos de tus opciones constituyen un callejón sin salida. La primera es permanecer juntos y nunca considerar por qué sucedió la infidelidad ni trabajar para que no vuelva a ocurrir. Ese es un billete de ida a una vida de tranquila, o no tan tranquila, desesperación. La segunda es que permanezcan juntos con al menos uno de ustedes que continúe siendo infiel, mientras el otro lucha contra la depresión o la ira. Esto no es más prometedor.

Excepto en aquellos casos en los que ambas partes acceden libremente a una relación «franca», o en los que una parte es incapaz física o mentalmente de servir como compañero sexual activo y la otra parte elige quedarse para proporcionar asistencia y apoyo emocional, nunca he sabido de una infidelidad activa que beneficie a una pareja. *En realidad, nunca he sabido de una aventura prolongada que hiciera otra cosa que socavar los esfuerzos de una pareja para tratar sus deficiencias de intimidad seriamente en su relación.*

Realmente solo hay dos opciones viables.

Una es jugártela con tu pareja y esforzarte por mejorar la relación. El peligro para la parte herida es que quizá te sientas atraído ciegamente por tu pareja e insistas en conservar la relación intacta, sin importar nada más. Esto es un ejemplo de *amor no correspondido*. «Solo quiero que mi pareja vuelva», dices. Sin embargo, ¿serán felices?

La otra opción es decir adiós y comenzar a construir vidas separadas. El peligro para la parte infiel es que quizá te veas atraído ciegamente por tu amante e insistas en estar con esa persona sin importar nada más. Esto es un ejemplo de *amor romántico*. «Si el amor que siento es así de fuerte, debe ser verdadero», dices. Sin embargo, ¿lo es?

Démosle un vistazo más de cerca a estos dos tipos de amor antes de tomar cualquier decisión irreversible. No es momento de arreglos rápidos.

AMOR NO CORRESPONDIDO: «SI NO LO AMARA TANTO NO PODRÍA TOLERAR EL MODO EN QUE ME TRATA».

El amor no correspondido es un sentimiento de apego intenso pero injustificado hacia tu pareja que hace que desees seguir juntos sin importar lo disfuncional que sea la relación. El punto ciego detrás de este sentimiento —lo que tú no ves— es lo fría que ha sido tu pareja contigo, lo mal que te sigue tratando y cómo nada de lo que hagas cambiará eso.

Algunos de ustedes se aferran a estas relaciones, aunque es obvio para cualquier observador externo las privaciones o abusos que contienen. «Pero amo a esta persona», afirmas sin comprender, como si eso fuera suficiente para justificar tu apego.

Tercamente, a veces desesperadamente, intentas hacer que tu pareja se quede o regrese sin detenerte a considerar si esa persona es buena para ti. Tu autoestima es tan baja, tu concepto del amor es tan limitado, crees tan poco merecerte algo, que ni siquiera piensas en preguntar: «¿Cuáles son mis necesidades esenciales y cuáles de ellas están siendo satisfechas, o están siendo negadas de forma escandalosa, en esta relación? ¿Puede mi pareja cambiar de algún modo que me importe? ¿Quiere cambiar mi pareja?».

El marido de Linda admitió que estaba teniendo una aventura con su profesora de voz, pero se negó a hablar de ello y continuó viendo a su amante regularmente, a menudo llegando a casa tarde para cenar o quedándose en la ciudad a pasar la noche. Le ordenó a Linda que no le hiciera preguntas ni provocara escenas incómodas, pero que tampoco pretendiera que todo era normal y había cariño entre ellos. (Él odiaba cuando ella lo trataba con amabilidad; esto lo hacía sentir manipulado.)

Linda fue de terapeuta en terapeuta, buscando estrategias para atraer de nuevo a su marido. Ella no lo sabía, pero lo que realmente estaba buscando era su yo perdido: el yo que le informaba que ese intenso dolor y ese vacío que sentía provenían de amar a alguien que era brutalmente egoísta y la trataba con desprecio.

Cuando me reuní por primera vez con Gail, su marido, Craig, acababa de confesar diecisiete infidelidades en el curso de sus catorce años de matrimonio, y ella estaba en un estado de conmoción y negación. «Tenemos un matrimonio fantástico», aseguraba. «Craig es perfecto para mí». Podría haber estado hablando de cómo se levantaba el sol cada mañana, pues hasta ese punto tenía fe en él. Sin embargo, cuando comenzó a explorar con más intención el naufragio de su matrimonio, su amnesia selectiva se disipó y sus recuerdos se volvieron más exactos y detallados. Recordó, por ejemplo, cómo Craig solía ir a la cama pegajoso o sudoroso, y queriendo sexo. Ella se quejaba levemente, y él le restaba importancia a sus quejas. Horrorizada, ahora se daba cuenta de que probablemente él había tenido sexo antes aquel día con otra persona y no se había molestado es lavarse. También recordó cuando Craig la llevó a casa después de una mamografía por un bulto sospechoso en el pecho. Se pasó todo el tiempo hablando por teléfono con su corredor de bolsa y ni una vez le preguntó por los resultados, y ella tampoco reconoció nunca su desilusión y su enfado.

Fueron necesarias varias sesiones conmigo para que Gail arrancara esa capa de autonegación y se enfrentara a lo denigrada que se había sentido en su matrimonio y cuánto había fracasado a la hora de procesar sus sospechas. «Si no hubiera amado tanto a mi marido, habría sido incapaz de tolerar el modo en que me trataba», dijo un día. Su capacidad para reconocer que él le había hecho daño fue un paso en la dirección correcta, aunque no provocó que ella lo amara menos.

Las bajas expectativas de Gail consigo misma y su matrimonio comenzaron a tener sentido cuando le dio un vistazo a su relación con sus padres. Su padre era un mujeriego violento y abusivo que se burlaba de su modesta y complaciente esposa acusándola de infidelidad. La respuesta de su madre era quedarse en casa, trabajar más duro y permanecer siempre dispuesta para él sexualmente. «Si quieres que tu marido te sea fiel», le decía a su hija, «nunca le digas que no cuando quiere sexo».

Gail creció creyendo que ser amada significaba ser sumisa. En su matrimonio, ella iba a esforzarse por su marido, y no desarrolló ningún interés fuera del hogar. Solo cuando expandió su definición de amor más allá de lo que había experimentado con sus padres y Craig hizo que ella comenzara a consumirse por dentro, comprendió: «Quiero y me merezco mucho más».

Por Eric Kaplan, © 1993 The New Yorker

«Lo sé. Pero creo que puedo cambiarlo».

Al igual que Gail, tú también necesitarás preguntarte: «¿Me he engañado a mí misma acerca de la capacidad para amar de mi pareja? ¿He excusado el comportamiento de esta persona demasiado tiempo? ¿Hay algo en mí o mi pasado que me empuja a amar y congraciarme con personas que me traicionan o me maltratan?».

No se encuentra dentro de los parámetros de este libro convencerte de que tienes derecho a una vida o de que eres capaz de hacerlo a tu manera, pero si dudas de ti mismo, tal vez puedas acudir a un profesional que te ayude a corregir la imagen que tienes de tu persona antes de volver a sumergirte en un páramo emocional.

Por supuesto, también importa cómo tratas tú a tu pareja; puede que tu comportamiento provoque el tratamiento negativo que obtienes a cambio. Si eres frío o crítico, no debería sorprenderte que tu pareja también lo sea. Tienes que hacerte responsable de cuánto ha contribuido tu comportamiento a la aflicción en tu relación, y tienes el derecho a esperar lo mismo de tu pareja.

Ten en cuenta que algunas personas sufren de trastornos de la personalidad que las hacen incapaces o poco dispuestas a cambiar, tanto emocional como psicológicamente. Por ejemplo, el marido de Gail, Craig, probablemente podría ser diagnosticado de narcisista. Individuos así suponen que tienen derecho a amar, y prácticamente son incapaces de formar vínculos auténticos. Sintiéndose vacíos por dentro, se unen a los demás solo para engrandecerse a sí mismos. No captan el concepto de la reciprocidad: dos personas dándose una a la otra de un modo mutuamente beneficioso. Estas personas no suelen sentir culpa o remordimiento, porque son incapaces de sentir empatía. Cuando les expresas tus necesidades, es posible que las consideren como críticas y se sientan amenazadas e incluso abandonadas por ti.[1]

Si tienes una relación con una persona así, necesitarás más que buenas intenciones o un libro de autoayuda para hacer que la relación funcione. La terapia de pareja es posible que sea igual de ineficaz. Debido a sus dificultades para enfrentar los conflictos internos, su desconfianza de los demás y su incapacidad para negociar cuestiones interpersonales, los narcisistas no suelen tolerar la intimidad de la terapia y la abandonan, o van de médico en médico. Si permaneces en la relación, tendrás que proporcionarle una adulación constante e incluso en ese caso es posible que tu pareja se sienta necesitada y agraviada, y que finalmente te reemplace.

Los narcisistas que se desmoronan psicológicamente por la pérdida de sus parejas puede que caigan en una depresión tan profunda que se vuelvan accesibles al cambio. No obstante, antes de reconstruir sus relaciones deben reconstruirse a sí mismos. Si quieres esperar este proceso, es importante que seas realista acerca de cuánto tiempo llevará: meses, años, incluso una vida entera puede que no sea suficiente.

El narcisista tiene una clase de personalidad dañada. Otro es el sociópata, o el individuo antisocial, que miente compulsivamente, es irresponsable a la hora de cumplir con sus obligaciones laborales y familiares y exhibe poco autocontrol, lo que a menudo desencadena en violencia física y un comportamiento ilícito.[2] Esta persona normalmente no puede mantenerse en relaciones monógamas a largo plazo por más de un año.

Otras personas sufren lo que se conoce como trastorno límite de la personalidad. Suelen tener un estado de ánimo cambiante, son ansiosas, insensibles y hostiles. Una relación con esta clase de personas es posible que te haga sentir enfadado, inseguro o exhausto crónicamente, suponiendo que seas sincero en lo que respecta a tus sentimientos.

Hay otros tipos de individuos que se resisten al cambio y con quienes no es fácil mantener lazos: aquellos adictos al alcohol o las drogas, los que se vuelven abusadores verbales o físicos, los que son provocativos sexualmente de manera inapropiada, o simplemente los que se niegan a tomarse sus problemas con seriedad y trabajar contigo para fortalecer la relación. Esto no quiere decir que si tú estás insatisfecho, tu pareja sea irremediablemente mala para ti y debas marcharte. No obstante, te animo a abrir los ojos a la verdad de la relación de ambos y a aprender a reconocer cuándo has sido violentado. Tus sentimientos de amor deben ser ganados; no deberían surgir de ninguna fuente hiperactiva dentro de ti que bombee amor independientemente de cómo hayas sido tratado. Ten cautela con inventar «ficciones posibilitadoras»: falsas narraciones que te hacen pensar que todo va bien cuando no es verdad y te adormecen para elegir el «perdón perpetuo por encima de la posibilidad de cambio».[3]

Para evitar adentrarte en conclusiones falsas y dañinas acerca de tu pareja, deberías leer más acerca de las personalidades disfuncionales en *Terapia cognitiva de los trastornos de personalidad* de Beck, Freeman y Davis.[4] Al final tendrás que decidir por ti mismo si tu pareja se encuentra atrapada por fuerzas intratables que hacen imposible el cambio o si simplemente no se siente motivada a darte el amor que necesitas en este momento tumultuoso. ¿Cuánto es irreversible, cuánto es una cuestión de formación, cuánto es debido a un daño psicológico permanente y cuánto es producto de las circunstancias modificables de la relación entre ustedes? Estas son preguntas fundamentales que serás capaz de responder mejor una vez que hayas destronado a tu pareja y abierto los ojos a los engaños y distorsiones del amor no correspondido.

AMOR ROMÁNTICO: «ESTOY DISPUESTO A ARRIESGARLO TODO POR UNA PERSONA QUE ME HACE SENTIR TAN FELIZ, TAN AMADO Y TAN VIVO».

El amor romántico es un apego intenso aunque injustificado que tú, la parte infiel, puedes sentir hacia tu amante. Es probable que te haga querer dejar a tu pareja, sin importar lo satisfactoria que haya sido su vida juntos.

«El amor por mi amante debe ser real», supones, «de otro modo no sentiría tanta atracción entre nosotros ni estaría dispuesto a sacrificar tanto por esta persona». El punto ciego detrás de este sentimiento —eso que no puedes ver— es que tu supuesta gran pasión puede que tenga más que ver con tus necesidades infantiles no suplidas o los desafíos del presente que con lo que realmente es esa otra persona. En aras de una experiencia a un nivel estimulante, del que te verás obligado a descender si la relación dura, te arriesgas a descartar una relación potencialmente salvable, gratificante y duradera con tu pareja.

¿Cómo hacer que tengan sentido esos sentimientos arrolladores y embriagadores por tu amante y tu amargura o desencanto con tu cónyuge? ¿Cómo distingues entre un apego tórrido aunque temporal y un pacto de amor duradero? ¿Por qué rechazar el romance cuando te hace sentir tan maravillosamente, o quedarte con tu pareja cuando tu instinto es huir?

Si te sientes atado emocionalmente a tu amante, es posible que no te interese responder estas preguntas; solo quieres disfrutar de la sensación. Sin embargo, te invito a seguir leyendo y explorar lo que es y no es el amor romántico, para que tu decisión de quedarte o marcharte, que puede resultar irreversible, no sea una de la que te arrepientas más tarde.

Comencemos mirando los cambios emocionales, cognitivos y químicos que pueden estar teniendo lugar dentro de ti solo con pensar en ver a tu amante.

Cambios emocionales en el amor romántico

El amor romántico está lleno de «éxtasis, arrebato, trascendencia y dicha», escribe Ethel Spector Person en *Sueños de amor y encuentros decisivos: el poder de la pasión romántica*.[5] Esta sublime conexión, mencionada a menudo como química, se consigue sin esfuerzo y te llena con la sensación de que has encontrado a tu pareja perfecta. «Quizá todos los romances sean así», escribe Jeanette Winterson en *La pasión*, «no un contrato entre partes iguales, sino una explosión de sueños y deseos que no pueden encontrar salida en el día a día. Solo lo hará un drama y mientras duren los fuegos artificiales el cielo será de un color diferente».[6]

En el amor romántico tu amante a menudo se convierte en el único centro de tu vida, llenándote en alma y cuerpo. Sientes un fuerte deseo de pasar cada momento libre juntos, de fusionarse, convertirse en uno. Piensas en tu amante constantemente; quieres hacer cosas por y con esa persona, todo el tiempo. Y puesto que la gente tiende a asignarle un significado al modo en que se sienten y comportan, interpretas tu reacción como amor verdadero. ¿Qué otra cosa podría explicar tu omnipresente obsesión?

Mientras más tiempo y emoción inviertes en tu amante —comprando regalos, enviando mensajes— más amor sentirás probablemente por esa persona. Del mismo modo, mientras menos tiempo y emoción inviertas en tu pareja, menos amor sentirás por él o ella.

Cambios cognitivos en el amor romántico

Cuando te enamoras, normalmente tiene lugar una distorsión perceptiva e idealizas a la otra persona, asignándole atributos más positivos de los que realmente pueda tener nadie. El objeto de tu afecto se vuelve bello, brillante, estimulante, sensible y, sobre todo, lo más perfecto para ti. Se ha postulado que esas distorsiones sirven al propósito evolutivo de unir a las partes para la tarea esencial de criar hijos.[7] Sea cual sea la razón, al exagerar y centrarte selectivamente en los atributos positivos mientras descartas los más cuestionables, te apegas a tu amante de un modo indiscutible con el que no puede competir ningún compañero a largo plazo.

A la vez, es posible que dibujes a tu pareja de un modo igual de distorsionado, pero en términos negativos, como un contraste frente a tu amante.

Aburrido, controlador, triste, crítico: estas son las palabras con las que denigras a tu pareja y justificas abandonar a esa persona para unirte a otra. «El cónyuge, si bien no es aborrecido, llega a ser visto como limitado», escribe Ethel Spector Person. «El matrimonio, si bien no es malo, se experimenta como atrofiado».[8] Esta visión puede facilitarte la salida de la relación, pero es probable que esté corrompida o llena de huecos.

Cambios químicos en el amor romántico

El amor es «una droga natural», escribe Anthony Walsh en *The Science of Love: Understanding Love and Its Effects on Mind and Body* [La ciencia del amor: comprendiendo el amor y sus efectos en la mente y el cuerpo].[9] En otras palabras, tu experiencia de intensa pasión tiene una base biológica en la que tu cuerpo se ve inundado literalmente de sustancias parecidas a las anfetaminas, como la dopamina, la norepinefrina y feniletilamina (FEA). Sin embargo, el efecto enamorador de estas sustancias, en particular la FEA, no dura para siempre. El cuerpo crea gradualmente tolerancia a ellas, y necesita más de las que puede producir para conseguir ese mismo estado eufórico. En la siguiente fase del amor el cerebro libera una nueva gama de sustancias llamadas endorfinas, analgésicos naturales que te relajan y te producen la sensación de seguridad y calma. Estas sustancias te ayudan a pasar de un ardiente enamoramiento a un apego más íntimo y sostenido.

La limitación de este modelo biológico es lo que hace que la transición del amor romántico al amor maduro sea suave y sin esfuerzo, puesto que las sustancias de tu cerebro y tu cuerpo te llevan automáticamente de un estado emocional a otro. Sin embargo, en cualquier relación a largo plazo, es posible que tu pareja y tú pasen por un período prolongado de desencanto, seguido por intervalos de aridez. No sabemos lo que te ocurre químicamente en esos momentos difíciles, pero sí sabemos que a fin de que tu relación los sobreviva tienes que estar preparado para las vicisitudes del amor y aceptarlas.

ENFRENTA TUS EXPECTATIVAS IRREALISTAS ACERCA DEL AMOR Y EL MATRIMONIO

Si tu relación no está a la altura de tus ideas acerca del amor, puede que el problema no esté en tu relación, sino en tus ideas. Es posible que tus expectativas irrealistas, no tu pareja, sean las responsables de tu insatisfacción. Estas expectativas incluyen:

- «Mi pareja y yo deberíamos sentir un vínculo profundo y tácito todo el tiempo».
- «Mi pareja debería ser capaz de anticiparse a mis necesidades».
- «No tendría que esforzarme por amar».
- «No tendría que esforzarme para que confiara en mí».
- «Merezco ser amado».
- «La atracción es buena o es mala».
- «Mi pareja debería amarme incondicionalmente».
- «Mi pareja debería estar dispuesta emocionalmente para mí siempre que lo necesitara».
- «El amor es un sentimiento que no se puede forzar o fabricar. O existe o no existe».
- «Un buen matrimonio está libre de conflictos».
- «Si no soy feliz en mi relación es por culpa de mi pareja».
- «No tendríamos que esforzarnos por sentir un deseo sexual el uno por el otro; este debería surgir de forma natural o no sentir nada en absoluto».
- «Cuando la pasión muere, también lo hace la relación».

Reflexiona en estas ideas acerca del amor, tú solo o con otros, y pregúntate hasta dónde las crees y de qué modo son realistas y útiles para ti. Es posible que las rechaces por ser suposiciones de gente menos sofisticada o perceptiva que tú, pero no te dejes engañar. Es probable que algunas descansen detrás de tu descontento.

No es fácil calibrar cuánto de tu infelicidad se debe a expectativas irrealistas (en cuyo caso *tú* necesitas cambiar), y cuánto es debido a la incapacidad de tu pareja para satisfacer tus necesidades básicas (en cuyo caso tu pareja tiene que cambiar). Esta es una cuestión muy subjetiva y compleja que podrás resolver solo al buscar en lo profundo de ti. Sin embargo, es probable que tus ideas preconcebidas y sentimentales del amor te estén disponiendo al fracaso cuando:

- quieres que tu pareja sea tu amigo, tu socio, tu protector, tu compañero de aventuras, tu mentor, tu amante... y por supuesto, que asuma el papel adecuado automáticamente y con amabilidad, según tus necesidades de ese momento;

- esperas que tu pareja haga exactamente lo que tú quieres que haga, en el momento en que tú quieres, y que esté felizmente ocupado cuando tu estés en otros asuntos;
- esperas que tu pareja te realce de un modo que te lleve más allá de donde estás, haciéndote sentir más sabio, más amoroso, más competente, pero nunca inferior;
- quieres que tu pareja se funda contigo, *que sea* tú, pero que no te ahogue con su entusiasmo o dependencia, y obviamente, que nunca te aburra;
- esperas que tu pareja conozca tus necesidades y las comunique con completa claridad, incluso cuando estés siendo poco razonable;
- esperas que tu pareja perdone tus limitaciones humanas, aunque rechaces sus imperfecciones.

Si descubres que estás pidiendo demasiado del amor, pero quieres que el de ustedes dure, eres libre para modificar tus expectativas o adoptar otras nuevas más ajustadas al estado actual de la relación. Tal vez suposiciones más modestas y factibles te hagan más tolerante y perdonador, amortiguando las desilusiones naturales de cualquier relación madura.

Aquí tienes una visión de un vínculo íntimo tomado de *Grownups* [Adultos], de Cheryl Mercer. Es posible que algunos de ustedes la encuentren sombría y simplista; otros, profunda y madura:

Cuando pienso en el matrimonio, lo que más anhelo, por extraño que resulte, no es una elevada unión espiritual con un hombre; esa es una fantasía que no se ha considerado bien. Lo que me parece asombroso son los pequeños rituales compartidos que unen a un hombre y una mujer en la intimidad familiar, las fronteras internas en las que hacen el amor, eligen muebles, planean vacaciones, pelean por un espacio en el armario, comparten la pasta de dientes y celebran la Navidad del mismo modo que el año pasado. Yo misma he estado enamorada, así que sé algo de lo que es construir una vida juntos: las bromas privadas, los amigos compartidos, saber de antemano quién de los dos prepara el café y quién va a por el periódico, incluso el cómodo tedio de escucharle contar una vez más su historia favorita. Prometer compartir para siempre los pequeños —no solo los grandes— momentos de la vida me parece profundamente humano, más íntimo incluso que hacer el amor con alguien por primera vez.[10]

DESENCANTO: PASAR DEL AMOR ROMÁNTICO AL AMOR MADURO

El amor no es estático. Nos desencantamos y nos apartamos; el afecto regresa y nos juntamos de nuevo. Algunas personas, ignorantes del proceso, se alejan cuando los buenos momentos terminan y suponen que los malos durarán para siempre. Esta gente huye, se hunde o se deja arrastrar hacia las infidelidades. Otros ven las subidas y bajadas como parte de un proceso dinámico, que cuando es esperado y comprendido, puede enriquecer y revitalizar la relación, incluso darle un impulso adicional.

Si aceptas que estos sentimientos de amor no son inmóviles ni constantes, sino que se mueven en ciclos naturales, estarás más preparado para soportar la confusión que sigue a períodos de satisfacción y ver más allá. Algunos investigadores han documentado que los períodos de desilusión vienen en intervalos de cuatro años.[11] Otros trazan las fases del amor en una progresión más lineal, desde el romance hacia la desilusión, y de ahí a la madurez.

Como indican los psicólogos Barry Dyn y Michael Glenn,[12] la primera fase es la de expansión y compromiso. La segunda es un tiempo de contracción y traición, en el que ambos se vuelven menos comprometidos, menos dispuestos al cambio, y comienzan a refugiarse en patrones y rutinas, muchas de las cuales preceden a su relación. Llegados a este punto es posible que ustedes dos se sientan inmensamente defraudados el uno con el otro y atrapados en un manojo de luchas interpersonales bien definidas, todas variaciones de los mismos temas limitados que se repiten de diferentes formas a lo largo de la vida de su relación. Si estas escenas domésticas no los distancian ni los desgastan, y si pueden llegar a arreglarse con las limitaciones del otro, es posible que entren en la tercera fase del amor: una de transigencia, acomodación, integración y acuerdo.

Por lo tanto, en algún momento después del preludio romántico, como requisito previo a entrar en una relación más sólida, segura e íntima, lo que debe tener lugar inevitablemente es un período de *desencanto*. La persona que divinizabas resulta tener los pies de barro. El cuento de hadas en el que vivías ahora es, por lo que parece, una historia real sin un final en el que «vivieron felices para siempre». Es posible que tus críticas aumenten y se vuelvan más agudas, y que tu nivel de excitación sexual disminuya. Si van a cruzar estas aguas agitadas, tendrán que llegar a un acuerdo con la disminución de todo lo que una vez pareció tan apasionante o fácil cuando se estaban cortejando.

Como la parte infiel, es probable que tengas una liturgia de quejas acerca de tu pareja. Sin embargo, ¿qué hay de tus sentimientos hacia tu amante? Una conversación que tuve con una abogada que dejó a su marido por su pasante de prácticas veraniegas es un caso típico:

—¿Qué no te gusta de tu amante?

—Absolutamente nada.

—¿Sobre qué se pelean ustedes dos?

—No lo hacemos.

—Cuando miras al futuro, ¿qué conflictos supones que surgirán entre ustedes dos?

—No puedo pensar en ninguno.

Si no han superado esta fase gloriosa aunque engañosa del amor romántico, es poco probable que tengas mucho que objetarle a tu amante. Esto es así, como dicen los terapeutas matrimoniales Stuart y Jacobson, porque «el noviazgo es un tiempo de máximo engaño humano».[13] Mientras las sustancias químicas de tu cuerpo te inflan de percepciones encantadas e idealizadas, tú permaneces inconsciente a los fallos de tu amante. Los días de lidiar con las inevitables desilusiones del amor todavía no han llegado.

Toda relación prolongada tiene estos momentos de molestia y desilusión, su hiel y su ajenjo, aunque solo sea porque dos personas rara vez tienen las mismas necesidades en el mismo momento. Las cualidades que te gustan de tu pareja un día quizá las odies al siguiente, no necesariamente por culpa de algo que ella haya dicho o hecho de manera diferente, sino por los conflictos que hay dentro de ti. La atención que tanto agradecías el último martes hoy la sientes como una amenaza a tu independencia. El atractivo y la galantería que tanto admirabas el miércoles puede que el jueves lo rechaces como una excesiva necesidad de atención. A menos que estés cegado por el amor, no hay modo de ignorar, o negar, un extremo sin el otro, ni un modo de separar lo que amas de lo que odias, porque son dos caras de la misma persona (se hablará más de esto en el capítulo 5).

Cuando las personas se divorcian y se vuelve a casar, esperan ser más felices, pero las estadísticas cuentan una historia diferente.

Según el principal investigador sobre matrimonios, John Gottman, los segundos matrimonios fracasan en una tasa incluso mayor que los primeros: 50% de los primeros matrimonios y 60% de los segundos terminan en divorcio.[14] Añádele hijastros y el número de segundos matrimonios que fracasan aumenta a 70%. Ayuda tener claro que las parejas más felices de Estados Unidos no resuelven un 69% de sus problemas.[15]

Si estás decidiendo entre marcharte o quedarte y reconstruir la confianza, te animo a que mires más allá del momento en el que estás e intentes ver a tu pareja con más objetividad. Para aquellos de ustedes que se han dejado arrastrar por la atracción, eso significa ver más allá de los puntos ciegos del amor romántico y disponerse a la posibilidad de un amor menos fogoso, aunque más cálido y duradero, con tu pareja.

El enfriamiento del amor romántico inevitablemente acarrea una sensación de pérdida, como los primeros días del otoño, pero también abre la puerta a una relación más madura y comprometida en la que aceptan lo que aman y odian de cada uno, toleran los sentimientos de incertidumbre dentro del contexto de una relación amorosa, y permanecen vinculados de forma positiva incluso cuando se sienten heridos o disgustados.

No abandones a tu pareja con tanta facilidad. Pregúntate: «¿Está el problema en nuestra relación o en mí? ¿Me he desenamorado porque mi pareja nunca me da lo que necesito o porque estoy sufriendo temporalmente la pérdida de la *ilusión* del amor: la ilusión que me ha engatusado para creer que el amor es constante, que siempre me sentiría bien con mi pareja, que nunca tendría que luchar con conflictos que me hagan cuestionarme nuestra compatibilidad básica como pareja?». Como expresó Clarissa Pinkola Estés tan elocuentemente en *Mujeres que corren con los lobos*:

> Una parte de toda mujer y todo hombre se resiste a conocer que en todas las relaciones amorosas la muerte debe tener su parte. Pretendemos que podemos amar sin que fallezcan nuestras ilusiones sobre el amor, que podemos continuar sin que mueran nuestras expectativas superficiales, que podemos progresar y que nuestras euforias y nuestras correrías nunca morirán. Pero en el amor, físicamente, todo se desvanece, todo [...] ¿Qué muere? La ilusión muere, las expectativas mueren, la codicia

de tenerlo todo, de esperar a que todo sea solamente hermoso, todo eso muere. Puesto que el amor siempre causa un descenso hacia la naturaleza de la muerte, podemos ver por qué se necesita un dominio de uno mismo y una emotividad tan abundantes para asumir ese compromiso.[16]

DE DÓNDE VIENEN TUS IDEAS SOBRE EL AMOR

El amor es un concepto tanto como un sentimiento. El modo en que lo definas, y lo que esperes de él, tendrá una relación directa con las parejas que busques y tu nivel de satisfacción con ellas.

Puesto que tu concepto del amor normalmente refleja el modo en que tus padres o las personas que te criaron te trataron, o la forma en que se trataban entre sí, resulta revelador darles un vistazo a esas relaciones y explorar el modo en que te afectaron cuando creciste.

Según John Money, antiguo sexólogo de la Universidad Johns Hopkins, todos cargamos en nuestras mentes una guía subliminal única en cuanto a nuestra pareja ideal. Este «mapa del amor» está impreso en nuestro sistema de circuitos cerebrales cuando llegamos a la adolescencia. Si experimentamos un número suficiente de coincidencias o similitudes entre nuestro amante y nuestro mapa, dice Money, experimentaremos amor.[17] Mientras mayores sean las similitudes, es más probable que mayor sea la atracción.

Si tus cuidadores te ofrecieron un modelo de amor maduro, las probabilidades de que tú también experimentes un amor maduro aumentan. Si el modelo fue disfuncional y no te hicieron sentir seguro, a salvo o especial, es probable que te sientas atraído por parejas que pueden parecer diferentes a tus cuidadores, pero que terminan tratándote del mismo modo atrofiado aunque familiar, reabriendo las heridas del pasado.[18]

John creció con una madre asmática y un padre alcohólico que saltaba de trabajo en trabajo. Puesto que se le exigía ser excesivamente responsable, asumió muchas de las tareas cotidianas para llevar adelante una casa: comprar, cocinar, limpiar después de las peleas de sus padres. En su primer año de universidad se sintió atraído por una chica llamada Debby que sufría de una depresión clínica. Él se sentía muy cómodo, muy identificado, cuidando de ella, y le propuso matrimonio en la quinta cita. Su felicidad duró unos seis meses, momento en el que se encontró haciendo todo el trabajo y exhausto, igual que había sucedido en su juventud. Su desprendida dedicación a Debby, que una vez lo hizo sentirse bien —necesitado, importante, eficaz— ahora lo agobiaba y lo hacía sentir aprisionado y resentido.

Otra paciente llamada Mary creció con un padre que la criticaba y la degradaba constantemente, así que se encontró atraída por Peter, que la hacía trabajar duro para obtener su aprobación y después se negaba a concedérsela. Habrías esperado que deseara lo opuesto —alguien que la apoyara y creyera en ella incondicionalmente— pero solo una persona como Peter, que la hacía sentir como su antiguo yo familiar, que la hacía vivir igual a como se había acostumbrado a hacerlo de niña, podía despertar sus sentimientos de amor. Su apego a Peter resultaba disfuncional, pero en un cierto nivel inconsciente la hacía sentir en casa.

Tus modelos de la infancia pueden ayudarte a explicar por qué tú, la parte herida, continúas amando a una pareja que no se arrepiente, y por qué tú, la parte infiel, te sientes atraído por tu amante.

Como la parte herida puede que elijas quedarte en la relación insatisfactoria porque eso es todo lo que conociste cuando eras pequeño, es todo lo que conoces hoy y, para ti, es amor. Atrapado en tu pasado, fracasas al distinguir lo que es mejor para ti de lo que aprendiste de tus padres. Puesto que eres incapaz de reconocer el descuido o el daño que estás experimentando, te quedas con alguien que ofrece poco o nada a cambio, sin preguntarte o evaluar otras opciones.

Como parte infiel, es posible que estés resentido con tu pareja por fallar en darte lo que nunca tuviste de niño, así que vas a otros lados para suplir esas necesidades, confiándole tu futuro a un amante que apenas conoces. En vez de ocuparte de tu desilusión con tu pareja y los conflictos dentro de ti, buscas o te haces accesible a otra persona, a alguien nuevo.

Esta vez parece diferente, dices. Y cegado por unos sentimientos intensos y trascendentes, crees durante un tiempo que es así. Le atribuyes a esta maravillosa pasión el poder de sanar, y te sientes como nunca antes. Seguramente esta persona, que parece totalmente diferente a aquellos que te han dañado o herido en tus anteriores relaciones, te dará un sentido de identidad, el amor que has reclamado toda tu vida, pero que siempre te ha eludido. Así que crees en ella.

Sin embargo, lo que te empuja inexorablemente hacia tu amante y crea esa atracción entre ustedes puede que no sea un amor perfecto, sino los temas sin resolver de tu infancia y la promesa de liberarte de los abusos y privaciones del pasado. La atracción, como he dicho, puede estar provocada por un modelo poco saludable del amor. Una poca atracción puede significar que has elegido a una pareja que te permite experimentarte a ti mismo de un modo más positivo, más satisfactorio que cuando eras niño. Es posible que pongas cara de hastío cuando escuches esto, pero las relaciones que empiezan con menos atracción tal vez despierten menos problemas del pasado y resulten más satisfactorias y duraderas a la larga.

Al final quizá decidas que es mejor seguir la vida con tu amante que con tu cónyuge. El amor puede ser transformador, uno de los crisoles preeminentes del cambio, permitiéndote que avances, te expandas, te conviertas en una mejor versión de ti mismo. Una infidelidad puede despertarte de nuevo a esas cualidades positivas de tu persona que quedaron sofocadas en una relación privativa o abusiva, y que te dé una nueva confianza para dejar una relación muerta y buscar un compañero más sensible.

No obstante, antes de que le des la espalda a tu pareja, te animo a que escuches con detenimiento tus peleas y tus desilusiones; es probable que te cuenten una historia acerca de dónde te quedaste estancado en tu desarrollo infantil y qué necesitas conseguir en tu relación presente para poder sanar. Antes de huir, pregúntate: «¿Salir de mi relación representa un camino legítimo hacia la autorrealización o simplemente es una excusa para evadir mis conflictos sin resolver de la infancia?».

Sin importar qué pareja elijas, vas a experimentar desilusión y tendrás que trabajar duro para mantener tu relación viva y bien cuidada. Si piensas de otro modo, todavía te estarás engañando.

En este capítulo los he animado a los dos, tanto a la parte herida como a la infiel, a evaluar sus suposiciones acerca del amor. Sin embargo, es posible que se hayan quedado con dudas acerca de comprometerse de nuevo. El próximo capítulo los ayudará a enfrentarse a ellas y tomar la crucial decisión de quedarse o marcharse.

CUATRO

Enfrenta tus dudas y miedos

En el capítulo anterior te animé a considerar los diferentes conceptos del amor antes de tomar cualquier decisión irrevocable acerca de tu futuro. Ahora te animo a que te enfrentes a tus dudas y miedos sobre volver a comprometerte para que eso no te abrume y te empuje ciegamente en una dirección de la que más tarde te arrepientas.

Es mejor luchar con esas preocupaciones por ti mismo. Resulta más probable que en presencia de tu pareja defiendas tu posición y no que la desafíes o admitas los errores de tu pensamiento. También es casi imposible ser sincero contigo mismo cuando censuras tus pensamientos o los expresas con muchos eufemismos para proteger los sentimientos de tu pareja. Necesitas ver tu incertidumbre tal como es, no endulzándola ni suavizándola.

Démosle un vistazo a las diez preocupaciones comunes con las que luchan hombres y mujeres después de una infidelidad. Algunas son relevantes para la parte herida, otras para la parte infiel. Muchas de ellas se aplicarán a ambos.

1. «Una vez que se ha hecho tanto daño, ¿podremos volver a estar juntos alguna vez?»
2. «Puesto que has sido infiel, ¿cómo puedo confiar en que no volverás a engañarme?»

3. «¿Podemos ambos cambiar de tal modo que se note? ¿Somos básicamente incompatibles?»
4. «Sí, tú estás haciendo algunos cambios para salvar nuestra relación, ¿pero son permanentes o sinceros?»
5. «¿Me quieres a mí o quieres todo el paquete (seguridad económica, un hogar intacto, una paternidad compartida)?»
6. «¿Son mis razones para quedarme suficientemente buenas?»
7. «¿Deberíamos permanecer juntos por los niños?»
8. «No es posible que me quieras si hiciste lo que hiciste, ¿por qué íbamos a continuar juntos?»
9. «¿No está mal que yo sea demasiado cariñoso, que pase tanto tiempo contigo, antes de estar seguro de querer comprometerme de nuevo?»
10. «¿No será más fácil tomar una decisión mejor sobre mi amante si pasamos más tiempo juntos?»

Examinar con mucha atención cada una de estas preocupaciones podría ayudarte a tomar una decisión más informada, considerada y de mejor calidad acerca de si deben separarse o permanecer juntos.

Preocupación #1 (para parejas): «Una vez que se ha hecho tanto daño, ¿podremos volver a estar juntos alguna vez?»
En las secuelas de una infidelidad es normal suponer que el amor, una vez perdido, nunca se puede recuperar; esta confianza, una vez evaporada, nunca puede regresar. Sin embargo, lo que yo les pido que hagan es juzgar su vida juntos no por cómo se sienten hoy, sino por cómo se sintieron en el pasado. Vuelvan la vista atrás. ¿Alguna vez fueron felices y tuvieron intimidad? ¿Pueden recordar lo que les atrajo del otro durante su noviazgo? A menudo un pronóstico esperanzador para el futuro estriba en la fuerza de aquellos primeros años. Si tuvieron un comienzo sólido —significando esto que ambos trataron de manejar los conflictos de forma constructiva; que compartían sentimientos de amor y una visión del futuro común; que tenían sexo mutuamente satisfactorio y disfrutaban de un número razonable de actividades placenteras juntos— hay más esperanza para su relación de la que piensan. No obstante, si pueden encontrar poco sobre lo que edificar —si la relación rara vez funcionó para ti o casi nunca fue buena— es posible que no se pueda salvar hoy.

Un peligro a la hora de reflexionar en la vida de ustedes juntos es que puede que sean injustos con sus recuerdos y los vean a través del velo de la amargura. Tengan cuidado de no distorsionar el pasado para satisfacer el presente. Muy a menudo las partes infieles recuerdan selectivamente los malos tiempos para justificar sus aventuras, mientras que las partes heridas eligen rememorar los buenos para redimirse y probar que «yo no era tan mal compañero como tú me quieres hacer parecer, y nuestra relación no fue tan horrible como la pintas».

Intenten reconocer con sinceridad qué fue bueno y qué fue genuinamente malo, y traten de no mirar a través de unas gafas revisionistas. Es en estos momentos cuando las parejas hacen declaraciones radicales, simplistas y autocomplacientes con respecto a su relación. Aquellos que quieren marcharse recuerdan: «Nos casamos porque ella estaba embarazada», o «Yo siempre estaba después del perro y el bebé». Aquellos que quieren que funcione recuerdan: «Estábamos muy emocionados cuando nació el bebé», o «La pasábamos muy bien juntos». Si reescriben su historia para justificar sus sentimientos de hoy, no sacarán nada de este ejercicio.

Se pueden proferir profecías cuyo cumplimiento sea inevitable. La suposición de que su relación no se puede arreglar, que nada ayudará, puede en sí misma derrotarlos. Si has renunciado a seguir con tu pareja, tienes que ser consciente de esto, preguntándote si estás creando una idea de desesperanza injustificada o prematura. La felicidad que compartían no es garantía de una alegría futura: aquellos años de luna de miel tal vez no sobrevivan a un mundo de hipotecas y pañales sucios. Sin embargo, el pronóstico para su relación es más brillante si una vez fueron felices.

Preocupación #2 (para la parte herida): «Puesto que has sido infiel, ¿cómo puedo confiar en que no volverás a engañarme?»
Si has sido traicionado, es posible que te preocupe no poder volver a confiar en tu pareja o sentirte seguro de nuevo en tu relación. ¿Están justificadas esas preocupaciones? Obviamente, no hay fórmulas infalibles para evaluar tu riesgo, pero existen cinco indicadores que ofrecen pistas.

Indicador #1: actitudes subyacentes

Una creencia declarada en la monogamia garantiza poco, pero si tu pareja ni siquiera puede darte la certeza que necesitas, tienes menos razones para confiar.

Cuando una de mis pacientes le preguntó a su marido por qué la había engañado, él le explicó: «No esperaba que tú lo descubrieras». Ella le contestó entonces furiosa: «Según tu lógica, si crees que no se te puede pillar, no hay razón para no engañar. ¿Es que tu conciencia solo se rige por el riesgo al castigo?». La suposición de su marido de que cualquier comportamiento era permisible siempre y cuando no fuera descubierto alimentaba las dudas de ella de que él fuera a seguir siéndole fiel. Y tenía razón. Menos de dos semanas después se lo encontró besándose con una de sus antiguas novias mientras se tomaba un Kir Royals en un bar.

En el capítulo 2 vimos una lista de suposiciones que justifican o están detrás de las infidelidades de una pareja.

Te animo a que analices esta lista como un modo de descubrir las creencias de tu compañero y hacer suposiciones bien argumentadas acerca de su futuro comportamiento. Estas están entre las más comunes:

- «Lo que mi pareja no sepa no va a hacerle daño».
- «Solo tengo una vida y me merezco ser todo lo feliz posible».
- «La infidelidad me permite satisfacer mis necesidades sin romper la familia. Lo hago por los niños».
- «Las personas no están destinadas a ser monógamas».
- «No tengo control sobre mis impulsos».
- «Nunca prometí ser perfecto».
- «Puesto que mi pareja probablemente sabe de mi infidelidad, pero no me dice nada, debe estar bien siempre que no alardee de ello».

Después de leer esta lista, una mujer traicionada llamada Leah le preguntó a su marido:

—¿Todavía crees que los hombres están biológicamente programados para ser adúlteros?

—No —dijo él—, pero a veces la gente se deja arrastrar por emociones que no puede controlar.

—Lo que estás diciendo —replicó ella— es que no estás dispuesto a hacerte responsable por tu comportamiento. ¿Así cómo puedo confiar de nuevo en ti? Lo que necesito que me digas es: "No estoy seguro, pero sorteo tentaciones todos los días. Como ensaladas cuando me muero por un helado, me obligo a ir al gimnasio cuando me siento muerto de cansancio, me disciplino de cientos de modos para mantenerme sano, y puedo hacer lo mismo por nosotros". Si te sientes tan inseguro para controlar tus impulsos, ¿por qué debería creer que no me volverás a engañar?

Al haber sido herido tan profundamente, es posible que estés receloso de confiar en tu pareja de nuevo rápidamente. Después de todo, no hay modo de saber que no estás siendo timado; el lenguaje se puede usar tanto para esconder la verdad como para comunicarla. Sin embargo, sugiero que en vez de considerar las palabras de tu pareja como mentiras, las guardes y las compares en los meses venideros con su comportamiento. Si te tomas en serio lo de intentar que estén juntos de nuevo, ¿por qué no darle a tu pareja la oportunidad de hacerlo?

Aunque las actitudes de tu pareja con respecto a la monogamia parecen sustancialmente diferentes a las tuyas, no pierdas la esperanza. Es posible que el problema no sea que las visiones de ambos son incompatibles, sino que tu pareja está temporalmente a la defensiva y poco dispuesta a ceder terreno.

Cuando la esposa de Tom lo llamó depravado por acostarse con la niñera de dieciocho años, él le gritó: «Hay siete mil millones de personas en este mundo, todos intentando que sus vidas tengan sentido. ¿Quién eres tú para juzgarme?». Él no creía realmente que lo que había hecho estuviera justificado, pero sentía que su integridad estaba siendo atacada y corrió a protegerla. Él y su esposa pasaron días lastimándose verbalmente el uno al otro, como tú y tu pareja puede que lo hagan, pero sus puntos de vista con el tiempo se volvieron menos polarizados de lo que parecían. Tom accedió a visitar a un terapeuta de parejas con su esposa para solucionar su descontento.

Indicador #2: una historia de engaños
Es más probable que una persona con una historia de duplicidad mienta y traicione de nuevo que alguien que ha engañado solo una vez.

Cuando Marilyn dio un vistazo a sus doce años con Marshall, comprobó que él había tenido dos caras desde el primer día. Cuando estaban prometidos, llamó a un número desconocido en su BlackBerry y se encontró hablando con una mujer con la que él todavía salía. Poco después de que Marilyn diese a luz a su primer hijo, su marido dejó el hospital durante cuatro horas... para traer pizza, según dijo. Una semana después recibió una llamada de un motel cercano preguntando si a ella se le había quedado un par de pendientes en su habitación.

El patrón de mentiras de Marshall se extendía más allá del comportamiento sexual. Le dijo a Marilyn que había ido a la Universidad de Amherst (resultó que había sido a la de Massachusetts); que era español (y era puertorriqueño); que su padre era médico (era técnico de laboratorio). Mentir era una forma de vida para él, un patrón profundamente incrustado que definía cómo se relacionaba con los demás. Cuando finalmente Marilyn se le enfrentó por su última infidelidad, él la admitió, pero prometió que era un hombre nuevo y que nunca la engañaría de nuevo. Marilyn consideró su vida juntos y le dijo que hiciera las maletas.

No estoy sugiriendo que una simple infidelidad sea más perdonable que diecisiete, o que tener solo una signifique que no volverá a pasar. Sin embargo, es más probable que una persona con un largo registro de mentiras y engaños tenga dificultades para romper este patrón que alguien que solo haya engañado una vez.

Indicador #3: capacidad para comunicarse francamente
Resulta más probable que las personas que son conscientes de sus necesidades y pueden negociarlas con un espíritu de reciprocidad y transigencia permanezcan en casa y solucionen sus problemas. Aquellos que no son conscientes de sus necesidades, sino que esperan que tú las intuyas, o que las reprimen por miedo a crear un conflicto, tal vez permitan que su infelicidad se encone y crezca. Al hacerte responsable a ti de sus propios sentimientos de soledad, van en busca de la satisfacción a la cama de otra persona.

A algunas personas, por supuesto, simplemente les faltan habilidades comunicativas y no tienen idea de cómo revelarse, ya que no lo han hecho nunca antes. Tal vez la vida los ha enseñado a ocultar sus sentimientos, a evitar las conversaciones íntimas y guardarse para sí sus necesidades. Por lo tanto, llegados a este punto, lo que debería importarte más que los silencios de tu pareja es su capacidad para verlos tal como son —un caldo de cultivo para el descontento— y trabajar contigo a fin de volverse más sincero y directo.

No es solo tu tarea romper esos silencios, pero puedes ayudar animando a tu pareja a sincerarse contigo y creando un clima de tolerancia y aceptación por lo que tu pareja tiene que decir. Pídele que no proteja tus sentimientos, sino que confíe en ti con la verdad tal y como la experimente. Si ambos aprenden a ser más sinceros el uno con el otro y a hablar con más franqueza de sus necesidades, desarrollarán un mecanismo para resolver sus problemas dentro del contexto de su relación y reducirán las posibilidades de que uno de los dos sea infiel.

Un asesor financiero de cuarenta y cuatro años llamado Sam se sentía seriamente maltratado por su esposa, mucho más joven que él, pero en vez de admitirlo y arriesgarse a un enfrentamiento, reprimió su ira y buscó la compañía de una amante. La infidelidad actuó como catalizador, dándole el valor para hablar. Sentado con su esposa en mi despacho, desató la rabia que había estado conteniendo dentro de él durante años. «Me molesta el modo en que siempre te ríes de mi barriga y mi calvicie», estalló él. «Me molesta cómo ni siquiera levantas los ojos de las revistas cuando llego a casa por la noche. Me molesta cómo dictaminas en qué debería gastar mi dinero, aunque yo gano más que suficiente para sostenernos a ambos».

La esposa de Sam estaba allí sentada, sin saber qué decir, conmocionada. Cuando él terminó al fin, ella tomó aire y dijo: «Está bien. Es bueno escuchar tu queja, saber cómo piensas y te sientes. Nunca me di cuenta de cuánto te molestaban estas cosas. Puedo esforzarme por corregirlas... y lo haré».

Indicador #4: capacidad para escuchar y solidarizarse con tu dolor
Las personas que no pueden ir más allá de sus propias necesidades ni apreciar las tuyas son más propensas a engañar de nuevo. Tiene sentido, por lo tanto, preguntarte si tu pareja puede:

- verte como una persona separada, alguien que no sea una extensión de sí mismo;
- apreciar por lo que has pasado y el daño emocional que la infidelidad ha causado;
- sentir compasión y remordimientos por tu dolor;
- escuchar tu punto de vista, aunque difiera del suyo.

Si tu respuesta a la mayoría de estas preguntas es no, la pregunta que debes hacerte no es: «¿*Me engañará* de nuevo mi pareja?», sino «¿*Por qué no* me engañaría de nuevo mi pareja?».

Indicador #5: voluntad para poner a prueba el significado de la
infidelidad y hacerse responsable de su parte correspondiente por esta
A menos que tu pareja esté dispuesta a explorar por qué ha ocurrido
la infidelidad y acepte una justa parte de responsabilidad por esta, es
posible que tus esperanzas de una relación comprometida no sean
más que castillos en la arena.

«Kevin tuvo una aventura hace seis años, pero hasta el día de hoy
se niega a hablar conmigo de esto», se quejó conmigo una decoradora
de cuarenta y siete años. «No conozco casi ninguno de los detalles,
pero el asunto permanece entre nosotros. Siento su presencia. No
creo que me esté engañando ahora, pero no tengo ninguna seguridad acerca de mañana, porque no he llegado a comprender dónde me
equivoqué o cómo, o si él ha cambiado. Y además, dudo de lo que lo
haya hecho».

Cuando no se aprende nada y nada cambia, el problema permanece, y así lo hace la tentación a ser infiel.

Esta sección está escrita para las partes heridas, pero también hay
un mensaje para las partes infieles: si quieren explorar por qué ocurrió la infidelidad y qué la causó, si están genuinamente arrepenti-
dos por el daño que causaron y se toman en serio realizar enmiendas,
ahora es el momento de dar un paso al frente y decirlo, sin acritud ni
evasivas. Guárdate tus propias acusaciones y tus racionalizaciones in-
teresadas para más tarde, cuando tengas más perspectiva de ello, pues
ahora mismo solo harán que tu pareja se cuestione la sinceridad de tu
compromiso a cambiar. Solo cuando muestres la fuerza interior para
enfrentarte a tus imperfecciones y aceptes tu complicidad, tu pareja se
sentirá lo suficientemente segura para invertir en un futuro contigo.

Preocupación #3 (para parejas): «¿Podemos ambos cambiar de tal
modo que se note? ¿Somos básicamente incompatibles?»
Las suposiciones asumen una realidad propia. Si crees que tu pareja
es mala para ti y no puede cambiar, es posible que descartes la relación y empieces a buscar en otro sitio. No obstante, si tratas tu creencia como simplemente eso —una realidad subjetiva que puede ser
verdad o no— es posible darle a tu pareja una oportunidad de probarte que estás equivocado.

A fin de evaluar la verdad de tus suposiciones, dile a tu pareja, cara
a cara o por escrito, exactamente qué cambios necesitas para sentirte
más amado, respetado y cuidado. Intenta expresarte de una manera

que no sea combativa ni coercitiva: sin amenazas ni ultimátums. Intenta también expresar tus peticiones en términos que sean positivos, no negativos; concretos, no globales. Decir: «Nunca haces que me sienta importante para ti» no comunica lo que necesitas con tanta claridad como: «Puedes hacer que me sienta más importante para ti viniendo a casa a cenar la mayoría de las noches, planeando cosas divertidas para los dos los fines de semana y tomando la iniciativa en el sexo».

Entre las peticiones que escucho con más frecuencia están:

- «Controla mejor tu temperamento. Dime lo que te está molestando sin sarcasmo».
- «Deja de beber».
- «Expresa con claridad lo que quieres».
- «Haz conmigo cosas que yo quiera hacer, aunque tú no quieras».
- «Elógiame más a menudo. Dime lo que te gusta y lo que te encanta de mí».
- «Muéstrame más afecto».
- «Involúcrate más en la crianza de los niños (recógelos a la salida del entrenamiento de fútbol, lééles un cuento en la cama)».
- «Cuéntame qué está pasando en tu vida».
- «Muestra interés en lo que está sucediendo en mi vida».
- «Cuando quiera pasar tiempo a solas, no te lo tomes de manera personal».
- «Preocúpate menos por el futuro y enfócate más en el hoy».

A fin de asegurarte de que sabes exactamente lo que tu pareja quiere, te recomiendo un ejercicio de comunicación muy común llamado *terapia de espejo* o *escucha empática*. El Sujeto A le dice al Sujeto B lo que le molesta de él o ella y sugiere cambios. Entonces el Sujeto B parafrasea lo que ha dicho el Sujeto A hasta que queda suficientemente entendido. Luego se invierten los papeles.

Intenta escuchar con atención y no a la defensiva los cambios que tu pareja quiere para ti. Para decidir si te resultan justos y alcanzables, pregúntate:

- «¿Qué revelan de mí estas peticiones, acerca de lo que es agradable y lo que es desagradable en cuanto a mi persona?»
- «¿Soy capaz de hacer lo que mi pareja quiere?»

- «¿Estoy dispuesto a intentarlo?»
- «¿Estos cambios me harán ser una mejor persona o comprometerán mi integridad; me llevarán al crecimiento personal o amenazarán mi bienestar?»
- «¿He escuchado estas quejas de otros recientemente o en el pasado?»
- «¿Mis padres u otros modelos de la infancia muestran un comportamiento como el que se me pide a mí que corrija ahora? ¿Estoy repitiendo los mismos comportamientos que encuentro reprensibles en los demás?»

Tal vez tu primera respuesta a las peticiones de tu pareja sea: «Me estás pidiendo que me convierta en alguien completamente diferente a quien soy». Y es posible que tengas razón. A menudo las parejas dicen: «Si *solo* fueras...», y entonces solicitan una cualidad que no es nada típica de ti. Sin embargo, en este momento, incluso las peticiones más moderadas parecen irrazonables. Si estás estancado en una lucha de poder no querrás ceder ni un centímetro de terreno sin pelear. No obstante, tal vez tu pareja te esté pidiendo pequeños cambios que no te comprometerán, sino que marcarán una diferencia brutal en el modo en que se relacionan entre ustedes.

Si has escuchado las quejas de tu pareja antes —de viejos amantes, familia, amigos— puede que te estés enfrentando a algo poco bonito de ti mismo que limita tu capacidad para relacionarte más íntimamente con los demás y que necesitas cambiar si alguna vez quieres mantener una relación madura. Es posible —y esto es un poco difícil de aceptar— que los cambios que tu pareja te está pidiendo te hagan un ser humano más agradable.

Al mismo tiempo, no deberías asumir automáticamente que tú eres el único que debería cambiar. Si estás deprimido, o desesperado por hacer regresar a tu pareja, permanece en guardia frente a la tentación de decir que sí a lo imposible o lo excesivo. (Una mujer le dijo a su marido que esperaba que él hiciera 90% del esfuerzo para hacer funcionar la relación, y él estaba tan falto de autoestima, era tan sacrificado y tenía tanto miedo de perderla, que dijo: «Está bien, lo haré».)

Considera que tu pareja puede que halle faltas en ti como una forma de darle sentido al asunto o para evadir la responsabilidad por su propia infelicidad. Esto debería ser evidente cuando:

- tu pareja te culpa por cualidades que a él o ella le faltan, pero que te envidia inconscientemente (por ejemplo, a tu pareja, que es retraída, le molesta tu capacidad de hacer las cosas por ti mismo);
- tu pareja intenta degradarte o subyugarte;
- las peticiones de tu pareja son excesivas y reflejan necesidades desmesuradas. (Un hombre le dijo a su esposa: «Soy un rey en esta comunidad, un rey en mi empresa, y espero ser el rey en nuestro hogar». Una vez, cuando ella le pidió que se quitara los zapatos llenos de barro antes de entrar en la cocina, él se encolerizó y le dijo: «Nunca me digas lo que tengo que hacer en mi casa».)

Las mismas advertencias se aplican a ti. Cuando eres *tú* quien solicitas los cambios, debes examinar la fuente de tu descontento y no suponer automáticamente que tu pareja es el problema. Antes de hacer tu lista de reclamaciones, o marcharte si tu pareja fracasa a la hora de encargarse de ellas, tienes que reflexionar y preguntarte por la legitimidad de tus quejas. Te animo a que te preguntes:

- «¿Estoy demandando más de lo que mi pareja, o cualquiera, puede dar?»
- «¿Estoy culpando a mi pareja por hacerme sentir insuficiente, poco amado, inseguro, cuando yo siempre me he sentido así conmigo mismo?»
- «¿Tiene que ver que yo esté infeliz con que mi pareja me haya defraudado?»
- «¿Cuánta de mi insatisfacción se debe a *mí mismo*: mis expectativas irrealistas, mis conflictos sin resolver, mis necesidades excesivas, mi percepción distorsionada de mi pareja y de nuestras interacciones?»

A menudo las personas son expertas en cuanto a cómo deben cambiar sus parejas, pero tienen poca perspectiva de los cambios que ellas mismas necesitan realizar. Jay, un empresario de cuarenta y siete años, es un caso típico. «No me puedo permitir complacer a mi mujer [Joan]», se quejaba. «Sus gustos son muy caros y me hace sentir poca cosa». Convencido de que nunca podría satisfacerla, se fue con una mujer a la que le doblaba la edad y que no le pedía nada. A fin de probar su generosidad, él la agasajaba con regalos extravagantes.

Mientras Jay se debatía entre regresar con su mujer o no, le entregó una lista con veinte peticiones que comenzaba así: «Muéstrame más aprecio cuando te hago un regalo, y no me hagas sentir como si no cuidara de ti».

Joan estaba desconcertada. Siempre había pensado que su marido tenía éxito en los negocios y se sentía afortunada por compartir un estilo de vida tan complaciente con él. «Cuando estábamos en Hong Kong, entraste en la tienda más cara y te probaste un collar de perlas de los Mares del Sur que costaba cien mil dólares», le recordó Jay. «No dijiste nada, pero sabía que esperabas que yo te lo comprara. Después, cuando regresamos a casa, te quise regalar un Audi, pero no era lo suficiente bueno, tenías que tener un Lexus. Me hiciste sentir humillado».

Joan escuchó sin poder creerlo. Ella se había probado el collar de broma, estaba segura. Y en cuanto a los coches, ¿acaso no le gustaban a él ambos y le pidió a ella que escogiera?

Lo que Jay no podía ver era que estaba culpando a su mujer por sus propios sentimientos de incompetencia, sentimientos que comenzaron cuando su papá lo ignoraba de pequeño, y que se fueron profundizando cuando siguió el camino de su padre en el negocio familiar. Aunque había cosas que Joan podía decirle para hacerlo sentir más exitoso y seguro —podría agradecerle con más entusiasmo sus regalos y no devolverlos, como hacía a veces— su insatisfacción en el matrimonio decía mucho más acerca de sí mismo que de ella. Joan sola nunca hubiera podido curar su idea dañada de sí mismo.

No hay respuestas sencillas a las preguntas «¿Debería cambiar para satisfacer a mi pareja?» o «¿Debería cambiar mi pareja para satisfacerme?». Lo que cada uno le está pidiendo al otro sería irrazonable e interesado, o podría ser el catalizador que ambos necesitan para trascender a su viejo yo e iniciar el camino hacia una relación más profunda y duradera.

Es posible que te sientas tentado a escapar del tedio y la incomodidad de tanto escrutinio de ti mismo terminando tu relación y comenzando con alguien nuevo. No obstante, si no examinas los problemas que te llevaron a la infidelidad ni aceptas tu parte de responsabilidad en tu insatisfacción, tal vez estés desaprovechando una oportunidad para crecer como persona y pareja.

Preocupación #4 (para parejas): «Sí, tú estás haciendo algunos cambios para salvar nuestra relación, ¿pero son permanentes o sinceros?»

Ocurre a menudo que tu pareja, de repente y de forma totalmente voluntaria, hace los cambios por los que le has estado rogando o que has esperado en silencio. Un cónyuge con sobrepeso puede contratar a un entrenador personal, digamos, o un padre ausente puede pasar un tiempo con los niños.

Estos cambios suelen parecer prometedores al principio, pero es posible que te preguntes cuán sinceros o duraderos serán. Tal vez incluso te fastidien. Te preguntas: «¿Por qué ha hecho falta una infidelidad y la amenaza de la separación para conseguir que mi pareja hiciera lo que le venía reclamando todos estos años?».

Los cambios también pueden asustarte, ya que te seducen para confiar en alguien que puede que te defraude de nuevo. Como la parte herida, es posible que te preguntes: «¿Me estás manipulando? Una vez que me haya comprometido de nuevo contigo, ¿supondrás que todo está bien y volverás a tus antiguas andadas?». Como la parte infiel, es probable que te preocupes: «¿Estás cambiando solo para atraerme y engañarme para que deje a mi amante? Una vez que haya regresado, ¿te volverás de nuevo complaciente contigo mismo y me dejarás con el deseo de haberme marchado para siempre?».

Si tu pareja se niega a cambiar en cosas que son esenciales para ti, o fracasa al mantener sus promesas, sería sabio hacer las maletas y seguir adelante. No obstante, si ves que está haciendo un esfuerzo, quizá deberías poner en suspenso tu escepticismo, bajar tus barreras de desconfianza y darle una oportunidad sincera para que haga lo necesario. Tu pareja no puede entrar en tu vida a menos que tú le abras la puerta.

Preocupación #5 (para parejas): «¿Me quieres a mí o quieres todo el paquete?»

Tu deseo de ser amado por lo que eres probablemente sea mayor ahora que nunca, y de ahí viene tu desconfianza por las motivaciones de tu pareja. Si tu pareja quiere comprometerse de nuevo, es posible que supongas que no es debido a ti mismo, sino por un conjunto de circunstancias favorables que solo te incluyen a ti tangencialmente. Tal vez esta suposición no sea consciente o correcta, pero influirá fuertemente en tu decisión de quedarte en la relación.

«¿Por qué debería intentar que mi marido regresara?», me preguntó una paciente llamada Gail. «Él tiene miedo de perder a los niños, el césped, el perro perdiguero, el televisor de cincuenta y cuatro pulgadas. ¿Quién sabe? Puede que se haya dado cuenta de que la vida de soltero no es tan atractiva y quiera a alguien que le recoja las camisas de la lavandería. No estoy segura de estar siquiera dentro del cuadro».

Jeff, un hombre infiel, también dudaba de lo importante que era para su esposa: «Judy desea que regrese para que le pague las facturas de la Visa, y tener hijos», se quejó. «Sin embargo, no es a mí a quien quiere. Cualquier hombre le vendría bien».

Es normal preguntarse qué papel juegas en la decisión de tu pareja de comprometerse de nuevo, y considerar seriamente separarse si parece que solo te aprecia por los pagos de la hipoteca o las comidas. No obstante, si esperas ser amado *solo* por ti mismo, y te sientes humillado y condescendiente cuando no lo eres, tienes unas expectativas irrealistas acerca de lo que une a las parejas.

Incluso cuando eran novios, es probable que tu pareja no se sintiera atraída totalmente por ti, sino por un retrato idealizado de tu persona, así como por tu capacidad para mejorar la imagen que él o ella tenía de sí. La seguridad económica y emocional, la compañía, el consuelo y la familiaridad de un hogar, el apoyo en momentos de enfermedad o la ancianidad... todos estos son elementos de cualquier relación duradera. Todos son incentivos para permanecer juntos y satisfacer necesidades tan básicas y profundas como el amor. Si eres feliz en casa, no te importará ser valioso por lo que aportas a la relación, más allá de ti mismo; de hecho, puede que te sientas mejor al saber que estás satisfaciendo a tu pareja de muchas maneras. Sin embargo, si no eres feliz, es probable que pienses que tu pareja te está amando por razones equivocadas, y que te sientas usado y poco valorado.[1]

Puede ser doloroso de admitir, pero después de la infidelidad tal vez ambos prefieran el lote entero a estar con el otro. No obstante, no hay una manera de asignarles porcentajes a los factores que los unen. En caso de esforzarse por restablecer una conexión íntima, quizá vean en su momento que sus vidas están unidas de mil modos y que no es ni posible ni preferible aislar a esa persona que llamas tú mismo del paquete que viene contigo.

Preocupación #6 (para parejas): «¿Son mis razones para quedarme son suficientemente buenas?»

Puede que te preocupe que *tú* también te estés quedando por los motivos equivocados. Y tal vez tengas razón.

«Estoy aquí porque soy católico, y punto», admitió un paciente. «Hice un compromiso que se supone que debe ser para siempre. Y aunque me sienta muy miserable, tengo que preguntarme qué estoy haciendo».

«Nadie en mi familia se ha divorciado nunca», me contó otro paciente, «y no tengo ni idea de por dónde comenzar. Pero me aterroriza quedarme en un matrimonio tan debilitante como el de mis padres».

Si permaneces ahí solo por un sentimiento de culpa, miedo o deber, tal vez debas repensar tu decisión o prepararte para una vida de encarcelamiento autoimpuesto: tú, el prisionero, y tú, el guardián de las llaves.

Miremos algunas de estas razones cuestionables para quedarse.

Razón #1: «No puedo vivir solo».

Si te quedas con tu pareja porque crees que no puedes vivir solo, económica o emocionalmente, detente un momento y pregúntate: «¿Estoy siendo justo conmigo mismo? ¿Estoy subestimando mi capacidad para funcionar, mantenerme y crearme una vida satisfactoria fuera de esta relación?». Es posible que tengas miedo de estar solo, pero descubras, cuando examines tu vida más objetivamente, que antes pasabas tiempo a solas y lo hiciste bien; o que no lo hiciste bien, pero eras más joven, contabas con menos recursos, eras menos solvente y tenías más deudas que ahora.

Tal vez te percibas a ti mismo como alguien dependiente económicamente de tu pareja, pero subestimes tus calificaciones o recursos para encontrar trabajo. ¿Tuviste trabajo antes? ¿Estás exagerando lo seguro y protegido que te has sentido, lo bien que se te ha cuidado, mientras has estado con tu pareja? Una mujer, que creía que era incapaz de sobrevivir por su cuenta, se percató de que su marido, el gran proveedor, había estado apostando gran parte de sus ahorros de toda la vida, y había sido ella la que había evitado que los bancos les embargaran la casa.

Es importante preguntarte qué es lo que te asusta de estar sin pareja. A menudo lo que hace la idea terrorífica o deprimente es el significado que tú le das: que no eres lo suficiente bueno para atraer a otra persona, que hay algo en ti por lo que no puedes ser amado. Lo que te decepciona tal vez sea menos la realidad de vivir solo que tus suposiciones negativas sobre la idea. Si eres sincero contigo mismo, es posible que te des cuenta de que te has estado centrando en lo solo que te sentirías *fuera* de la relación y has estado ignorando lo solo que estás *dentro* de una relación que es abusiva o sofocante.

Razón #2: «Mi religión dice que los votos del matrimonio son inviolables y que no se pueden romper».
Aunque el contrato de tu matrimonio ha sido violado, puede que tu religión aun así te exhorte a considerar el vínculo como sagrado, el divorcio como un pecado y el perdón como algo divino.

La doctrina religiosa puede darle significado a la vida como una fuente de certeza moral, satisfacción espiritual y consuelo.[2] Sin embargo, lo que indican los estudios recientes sobre el compromiso es que tus probabilidades de mejorar la calidad de tu relación son mayores cuando tus creencias religiosas refuerzan un deseo profundo y sincero de comprometerse de nuevo que cuando actúan como coacciones impuestas desde arriba.[3] Cuando un dogma religioso es tu única razón para quedarte, tal vez termines satisfaciendo a tu fe, pero no a ti mismo ni a tu pareja.

Razón #3: «La misma idea de desmantelar la relación me parece demasiado sobrecogedora».
Es posible que el pensamiento de separarse sea más de lo que puedes manejar. «¿Me llevo el iPad y mi marido se lleva el ordenador portátil?», se preguntaba una de mis pacientes mientras se imaginaba dividiendo sus posesiones. «Eso es más de lo que puedo soportar ahora mismo». Y aun así, cuando se imaginaba viviendo con sus sospechas bien fundadas, se preguntaba qué sería peor, si el trauma de la separación o la realidad de vivir en una relación dañada durante el resto de su vida. «Uno es breve, lo otro dura toda la vida», dijo ella poco antes de llamar a un abogado.

Razón #4: «Soy responsable de cuidar de mi pareja».
Algunos de ustedes tal vez se preocupen de que su pareja se desmorone si se van. Esta preocupación puede revelar un deseo saludable de reconstruir su relación, pero también puede ocultar tu miedo a

separarte, tus dudas sobre estar solo, tu necesidad de ser necesitado, tus recelos de buscar una vida que funcione para ti.

Si todo lo que has hecho es sacrificarte, es probable que tu cónyuge prefiera librarse de ti y tener la oportunidad de encontrar a alguien que quiera compartir una vida con él genuinamente. Cuando no te comprometes de un modo significativo, no puedes hacer mucho por restaurar o nutrir la idea del yo que tiene tu pareja, y es posible que él o ella estén mejor encontrando apoyo en otro sitio.

Preocupación #7 (para parejas): «¿Deberíamos permanecer juntos por los niños?»

Los padres se angustian por el impacto que su divorcio y la fragmentación de su familia tendrán en sus hijos. Y hacen bien.

Aunque los descubrimientos dependen de la edad, el sexo y el nivel de adaptación psicológico en el momento del divorcio,[4] la mayoría de los estudios confirma que a los niños de familias divorciadas les va peor como grupo que a los niños de familias intactas, al menos durante los dos primeros años después de la separación, en las áreas de los logros escolares, la conducta, la adaptación psicológica, la autoestima y la competencia social.[5]

Sin embargo, parece igual de claro que lo que más determina el bienestar de un niño es menos la presencia de ambos padres en la misma casa que el nivel de conflicto interparental al que se expone al niño, ya sea antes, durante y después del divorcio. Parece mejor para los niños pertenecer a una familia divorciada con bajos niveles de conflicto que a una intacta en la que hay altos niveles.[6]

En su estudio sobre noventa y ocho familias divorciadas, la socióloga Connie Ahrons descubrió que tanto hombres como mujeres consideraban que permanecer juntos por los hijos era un error, que debían haberse separado antes y que sus hijos «estaban mucho mejor en un hogar sincero y que funcionaba bien, aunque fuera uno con la experiencia de un divorcio».[7] Por supuesto, la gente tiende a ofrecer razones para justificar su comportamiento; si esas parejas hubieran decidido permanecer juntas y hacer funcionar las cosas, hubieran llegado a conclusiones diferentes.

Nadie te animaría a separarte caprichosamente sin intentar resolver primero los conflictos. Sin embargo, si permanecen juntos solo por el bien de los hijos —si simplemente intentan mantenerse a flote en un matrimonio amargado y exánime debido a la culpabilidad, el miedo o la obligación— a la larga, es posible que no les estén haciendo un favor a sus hijos. Por el contrario, se arriesgan a proveerles un modelo de amor lamentable, uno que ustedes no querrían que ellos imitaran en su vida adulta. Además, si se sienten insatisfechos en su matrimonio y se ensimisman y deprimen demasiado, es posible que sus hijos sufran su retraimiento emocional.

Si decides separarte o divorciarte, tal vez la distancia física entre tú y los niños sea menos dañina para ellos que la distancia emocional. Son una familia, ya sea que compartan el mismo techo o no, y las adaptaciones psicológicas de tus hijos dependen más de tu capacidad emocional que solo de tu proximidad física. Si dejas el hogar, o si ves a tus hijos solo a tiempo parcial, deberías esforzarte lo más posible por mantener una relación cariñosa con ellos. Como concluye Joan Kelly en su análisis investigativo sobre los ajustes posteriores a un divorcio, es más probable que los niños que «comienzan la experiencia del divorcio en buena forma psicológica, teniendo relaciones cercanas y cariñosas con ambos padres», mantengan su adaptación «al continuar sus relaciones con ambos padres de una manera significativa».[8]

Tu decisión de marcharte tal vez sea menos crucial para la adaptación de tus hijos que tu voluntad de desarrollar un «acuerdo de crianza» con tu ex cónyuge.[9] Kelly descubrió que los hijos que se adaptaron positivamente después de la separación tenían más probabilidades de mantener un nivel similar de adaptación después del divorcio si sus padres evitaban expresiones directas y agresivas de su conflicto frente a ellos. Los hijos no se deprimieron más ni demostraron una conducta más desviada a menos que «uno de los progenitores le pidiera que llevara mensajes, hiciera preguntas inoportunas acerca del otro progenitor, o creara en el niño la necesidad de esconder información o sentimientos acerca del otro padre».[10] En otras palabras, los niños se las arreglan para sobrevivir relativamente ilesos a menos que se vean atrapados en medio del conflicto.

Mientras consideras tus opciones, recuerda que tus elecciones no son solo quedarte infelizmente casado o felizmente divorciado, sino mantener intacto un matrimonio que merezca la pena solucionando sus diferencias e insatisfacciones. No debería sorprender que la mayoría de los niños, cuando se les da a elegir, prefieran que sus familias se queden juntas y se lleven bien. Si en tu mente tienes suficientes buenas razones para comprometerte de nuevo, es posible que no solo preserves la familia nuclear para tus hijos, sino que tal vez les enseñes una valiosa lección para la vida: que la gente que una vez se hizo daño e incluso se odió puede aprender a amarse de nuevo; que la gente puede separarse y después regresar; que los conflictos interpersonales se pueden resolver exitosamente; y que una crisis en la intimidad puede conducir a un cambio significativo y una conexión mayor.

Preocupación #8 (para la parte herida): «No es posible que me quieras si hiciste lo que hiciste, ¿por qué íbamos a continuar juntos?»
Convencido de que tu pareja no podría acostarse nunca con otra persona y seguir amándote, o incluso amarte de nuevo, puede que sucumbas al desespero o la indignación, abandonando una relación que en tu corazón te gustaría salvar.

Algunos tal vez se guarden el dolor con pensamientos como: «Soy un perdedor», «No puedo competir» y «Nadie puede quererme», catalogando su relación como una broma terrible. Es posible que otros evidencien su dolor y actúen preventivamente, abandonando a la persona que los abandonó. El hecho de que tu pareja parezca tener más opciones que tú, y menos que perder si la relación fracasa, tal vez solo incremente tu deseo de sacar ventaja. Es probable que tu ira te dé poder y que rechaces dejar de sentirla, aunque solo esté enmascarando sentimientos de autodesprecio, necesidad, celos o desilusión.

Resulta natural querer volverle la espalda a alguien que te ha herido o reemplazado, y proclamar que estás mejor por tu cuenta. ¿Quién de nosotros, después de todo, no querría creer que esta persona es desechable? Sin embargo, te animo a no tomar una decisión vital irreversible mientras te sientas tan magullado. Tu suposición de que tu pareja no te quiere, o que nunca te quiso, tal vez no sea verdad. Es posible que haya razones para que sucediera la infidelidad que tienen poco o nada que ver contigo o la vida que llevaban juntos. Tal vez tu pareja se sienta más humillada y contrita de lo que está dispuesta a admitir, y quiera esforzarse contigo para restaurar la relación si puedes aceptar esa posibilidad.

«Estaba a punto de dejar a mi marido por engañarme demasiado a menudo», me contó una paciente llamada Betty. «Pensaba: "¿Qué es el amor si no se traduce en una conducta amorosa?". Sin embargo, él llegó a ver, y me hizo ver a mí también, que lo que lo empujaba a otras mujeres no era su infelicidad conmigo o su amor por ellas, sino su miedo a intimar con cualquiera; su preocupación de que si dejaba que alguien lo conociera, lo considerarían como un fraude. Cuando comprendí esto, me sentí menos rechazada personalmente e intenté ser paciente mientras él solucionaba sus problemas con el terapeuta. Fue un comienzo».

Si estás hundido en una depresión, intenta ir más allá de la autoflagelación emocional o la fijación obsesiva en ti mismo como víctima, y mirar hacia afuera a lo que la infidelidad te dice acerca del interior dañado de tu pareja. Si te sientes indignado, intenta arriesgarte a mostrar la parte indefensa de tu ira: el miedo, el dolor, la humillación que yace debajo. Sin importar cómo te sientas, ya sea deprimido o enojado, necesitas hablar de tu dolor de un modo que permita que tu pareja te haga caso, y que te posibilite a ti averiguar si a esta persona le importa lo suficiente escuchar y si es lo bastante grande como para asumir su parte de responsabilidad en el problema.

Preocupación #9 (para parejas): «¿No está mal que yo sea demasiado cariñoso, que pase tanto tiempo contigo, antes de estar seguro de querer comprometerme de nuevo?»

Algunos de ustedes tal vez piensen que deben mantener la distancia con su pareja y no ser demasiado cariñosos hasta saber con certeza si quieren volver a estar juntos o no. El problema con esta estrategia es que está casi garantizado que provoque un abismo mayor entre ustedes. Después de todo, ¿cómo esperan desarrollar más sentimientos positivos hacia alguien con el que se niegan a relacionarse de una manera más positiva?

Cuando Bob comenzó su aventura con Laura, dio por sentado que estaba mal continuar viviendo con su esposa, Susan, así que buscó un apartamento y se mudó. Inseguro acerca de con cuál relación continuar, accedió a encontrarse con Susan una vez a la semana para mantener el contacto y negociar cuestiones prácticas tales como llevar al perro al veterinario, visitar a los parientes enfermos y pagar las facturas de la casa.

Bob evitaba a su mujer sexualmente y se negaba a darle señales de afecto (llamarla por su cumpleaños, desearle buena suerte el primer día de su nuevo trabajo), incluso cuando se sentía cariñoso. «Es lo más respetable», insistía, «mientras esté involucrado con otra persona».

Bob no estaba enfadado con Susan ni loco por Laura, pero su vida se centraba ahora en Laura y ella se convirtió en su única fuente de compañerismo, como amiga y compañera sexual. «Supongo lo que habría sido eso para Susan y para mí», admitió Bob más tarde, «pero ella me suplicaba que no me apartara completamente, y yo estaba feliz de no hacerlo. Iba a casa y ella tenía mi cena favorita esperándome, y después íbamos al cine con nuestros mejores amigos. O nos sentábamos en la salita como solíamos hacer siempre, bebiendo chocolate caliente, tumbados en el sofá con nuestros libros. Al principio era increíblemente incómodo. Incluso raro. Sin embargo, poco a poco me di cuenta de cuánto la echaba de menos. Eso me ayudó a tomar la decisión de quedarme».

Es probable que tú, la parte herida, insistas en tener algunas charlas acerca del significado de la infidelidad, y que tú, la parte infiel, vayas a tener que aceptarlas para demostrar que te importa la angustia que has causado y estás dispuesto a cambiar. No obstante, ahora mismo los dos necesitan algo más que confrontaciones dolorosas para volver al camino, así que los animo a que las dejen a un lado de vez en cuando y le den a su relación una oportunidad para tomar aire fresco. Ayuda hacer cosas que una vez les agradaron a ambos.

Una amiga me dijo que después de un maratón de sesiones de terapia de pareja, ella y su marido fueron a comer a un restaurante chino. «Estábamos exhaustos de pelear toda la tarde», me contó. «Todo lo que hicimos fue compartir rollitos primavera y reírnos del aspecto que debíamos haber tenido en la oficina del terapeuta, pero fue uno de los momentos más agradables que pasamos en meses».

Si hay momentos en que cualquiera de los dos se siente cariñoso y quiere mostrarlo físicamente, sugiero que lo dejen claro y permitan que su cónyuge decida si sus insinuaciones son apreciadas. Aunque tal vez no estén viviendo juntos, no tienen por qué estar separados emocionalmente, ni siquiera sexualmente, siempre y cuando ambos intenten superar con sinceridad su incertidumbre y tu pareja no crea que estás más comprometido de lo que lo estás en realidad.

Comprendo lo terriblemente aterrador que debe resultarte a ti, la parte herida, mostrarte vulnerable solo para arriesgarte a que tus sentimientos sean pisoteados de nuevo. Si las insinuaciones sexuales de tu pareja parecen amenazarte o violarte, por supuesto que tienes que honrar esos sentimientos y mantener la distancia. Sin embargo, es posible que todavía seas capaz de disfrutar, e incluso de alimentar, expresiones de afecto físico o verbal, aparte del sexo. Tal vez te sientas más cómodo con ello si en otros momentos tu pareja está dispuesta a enfrentar los problemas más estresantes que hay entre ustedes.

Aunque tal vez sus interacciones resulten algo cohIbídas ahora mismo, negarse el uno al otro solo hará que crezcan muros mayores entre ustedes. Tal vez supongas que tu pareja no quiere hacer nada contigo hasta que superes tu incertidumbre, pero es posible que te equivoques. La presión que ejerces sobre ti mismo para sentirte totalmente seguro antes de compartir un tiempo de calidad puede ser algo autoimpuesto, no algo que tu pareja necesite o tan siquiera espere de ti.

Preocupación #10 (para la parte infiel): «¿No será más fácil tomar una decisión mejor sobre mi amante si pasamos más tiempo juntos?»
Cuando insistes en que estás pasando todos los momentos libres con tu amante solo para averiguar hacia dónde va la relación, es posible que no estés haciendo nada más que ponerle una cara respetable a la lujuria. No obstante, puede que también te encuentres genuinamente confuso acerca de la intensidad de tus sentimientos y estés buscando una estrategia para resolver tu incertidumbre acerca del compromiso.

El problema con este enfoque desequilibrado es que probablemente te hundirás un poco más en la inercia de la infidelidad y aprenderás poco o nada de tus sentimientos hacia tu pareja. Si lo que quieres es romance, adelante, dedícate a tu amante, pero sé consciente de cuánto esto hará inclinar la balanza en desventaja de tu pareja. En la novela *Separation* [Separación], la parte herida capta la diferencia entre sí mismo, el marido durante siete años, y el nuevo novio de su esposa: «El descubrimiento se ha ido, y solo queda el reconocimiento [...] y la violencia de la conquista siempre triunfará ante la ternura, aunque solo sea temporalmente [...] Por eso los que aman salen perdiendo ante los que están enamorados».[11]

Más adelante, cuando la pasión desaparezca y surja el conflicto, puede que veas a tu amante de manera más crítica y le otorgues a tu pareja una luz más favorable. Sin embargo, para entonces puede que no haya pareja a la que regresar.

Pasar tiempo con la persona de la aventura no te dará la perspectiva que necesitas para tomar una decisión sabia; solo te acercará a esa persona. Si quieres poner a prueba la fortaleza de la relación con tu pareja, tienes que invertir en ella, aunque tus sentimientos hacia la persona de la aventura todavía sean fuertes.

DECIDE DECIDIR

Tienes una importante decisión vital frente a ti: reconstruir la relación o dejarla. Al igual que la mayoría de las parejas a las que veo, quizá supongas que el mejor o único modo de resolver este dilema es escuchar a tu corazón. Incluso los expertos en relaciones humanas ponen primero los sentimientos. Cuando le pregunté a un eminente psiquiatra por qué dejó a su mujer después de veinticinco años para casarse con una de sus estudiantes, hizo una pausa y dijo: «Mi amante me hace sentir vivo». Eso era. Yo esperaba que él sacara a relucir una de sus complicadas teorías psicológicas de su maletín académico, pero sus sentimientos le parecían tan fuertes, tan ciertos, que no veía razón para examinarlos más de cerca.

Sin embargo, te animo a tomar tu decisión de un modo más deliberado y considerado, uno que sea *cognitivo* en vez de *emocional*. No estoy sugiriendo que ignores tus sentimientos, sino que te cuestiones las suposiciones que hay detrás de ellos y ayudan a crearlos; suposiciones acerca de tu pareja, del amor y del compromiso.

La mayoría de las parejas que sobreviven con éxito a una aventura comienzan el proceso de sanidad con un sentimiento global de incertidumbre. Nunca empezarás si esperas sentirte motivado o seguro al cien por ciento. Lo más importante es que tomes la decisión consciente de empezar. Tú, la parte infiel, debes terminar tu relación sexual o romántica con tu amante, o al menos suspenderla durante la cantidad de tiempo que tu pareja y tú acuerden. Tú, la parte herida, debes invitar a tu pareja de nuevo a tu vida. Y los dos deben comprometerse por completo a llevar a cabo el proceso de reconectarse, como se explica en este libro. Eso no significa que deban sentirse seguros acerca de su futuro juntos, solo que deben *comportarse como si* estuvieran seguros mientras trabajan para cambiar el modo en que se perciben y se tratan entre sí. Pongan sus sentimientos negativos a un lado, comprométanse, demuéstrenlo insistiendo en las estrategias para fomentar la confianza y la intimidad, y entonces, solo entonces, vean si se sienten más cariñosos y amados. Si esperan a sentirse más positivos antes de actuar positivamente, su relación no va a aguantar el proceso.

EMPIEZA

Aunque hayas tomado la decisión de comprometerte de nuevo, puede que te sientas abrumado por lo que uno de mis pacientes llamó «las horas de cirugía restauradora que quedan por delante». Aquí tienes unas cuantas sugerencias para que comiences.

Proyección en el tiempo
Imagina cómo sería tu relación si hicieras algunos de los cambios que te pide tu pareja, y si tu pareja hiciera lo mismo por ti. Recuerda: los cambios pequeños pueden implicar una grandísima diferencia.

Ahora intenta imaginarte dentro de seis meses, un año, cinco años, disfrutando el uno del otro, sabiendo que su decisión de permanecer juntos estuvo bien. Si puedes imaginarte superando la amargura y el desespero, y usando lo que has aprendido de la infidelidad para darle nueva vida a tu relación, es más probable lograr que ocurra.

Haz una promesa
Una promesa formaliza lo que han acordado, y les da cierto objetivo claro hacia el cual trabajar y con el que medir su progreso. Una pareja accedió a lo siguiente:

«Me importas tanto y pienso tan bien de ti que quiero que esto funcione. No me siento cien por ciento amorosa o segura en cuanto a esta decisión, pero este porcentaje probablemente sea irrealista dado lo que hemos pasado. Prometo explorar mi contribución a los problemas de nuestra relación y realizar los cambios que tú más necesites, incluyendo cambios en el modo en que nos comunicamos y relacionamos el uno con el otro. Quiero que estés feliz conmigo, y voy a esforzarme para que eso suceda».

Escucha sin reaccionar
No escuches demasiado ni tomes literalmente los insultos de tu pareja. Hay tanta acritud y falta de entendimiento entre ustedes que es más sabio «ponerse tapones en los oídos» que reaccionar a la defensiva y por despecho a cada acusación de tu pareja. Intenta ir más allá de las palabras y escuchar el corazón herido que yace detrás. Ambos están luchando para comprender lo que ha pasado, restaurar su idea del yo y conseguir algo de equilibrio en sus vidas hechas pedazos. Nadie tiene la verdad ahora mismo.

MIRA HACIA DELANTE
Hacer funcionar de nuevo una relación después de una infidelidad no es fácil, pero tampoco lo es disolverla. Aquellos de ustedes que

puedan mirarse a sí mismos con sinceridad; aquellos que hayan compartido una historia fuerte y positiva con su pareja; que hayan luchado para apoyar la carrera y las dificultades de la vida de su pareja —las tensiones económicas, las inseguridades personales, la familia política, los problemas de salud, las metas no conseguidas y la increíble sensación de incompetencia que a menudo viene con la paternidad— tienen una oportunidad única, quizá una que solo se presente una vez en la vida, de sanar sus heridas y unirse con más seguridad y amor sin sacrificar los recuerdos valiosos. Los animo a que no se den la espalda a la ligera.

El resto de este libro los ayudará a transformar un pasado dañado en un futuro amoroso y esperanzador: una experiencia que en sí misma puede ser profundamente sanadora. En el siguiente capítulo comienza el proceso de ayudarlos a desenredar el significado y la historia de la infidelidad.

TERCERA FASE

Recuperación de la infidelidad:
«¿Cómo reconstruimos
nuestra vida juntos?»

CINCO

Aprende de la infidelidad

Qué aterrador es el pasado que nos aguarda.
—Antonin Slonimski, poeta polaco

Muy a menudo culpamos a nuestra pareja de lo que va mal y no vemos la relación entre nuestros conflictos personales de toda la vida y los conflictos en nuestra relación; entre el daño que llevamos dentro de nosotros mismos y el daño que experimentamos como pareja.

En un intento por asignar la responsabilidad de la infidelidad, las partes heridas suelen pensar: «Eres tú el que ha estado con otra persona. No me culpes a mí». Las partes infieles tienden a pensar: «No podía contar contigo; me empujaste a hacerlo». Es probable que ambos insistan en sus propias versiones del mismo conflicto, a veces consoladoras, pero ciertamente contradictorias y a menudo demasiado simplificadas. La siguiente variación de puntos de vista es muy típica:

Ella: «Mi marido sigue flirteando, incluso después de su infidelidad».

Él: «Mi mujer es patológicamente desconfiada».

Él: «Ella siempre me está contradiciendo en público. Resulta vergonzoso e insultante».

DESPUÉS DE LA INFIDELIDAD

Ella: «Él nunca me deja decir ni una palabra. Siempre tiene que ser el experto».

Ella: «Él me ignora y me hace sentir irrelevante».

Él: «Ella es imposible de complacer. Si paso un solo momento haciendo cosas para mí, se lo toma como un rechazo».

Este capítulo te pide que dejes de apuntar tus flechas hacia el otro y aceptes una carga apropiada de responsabilidad por la infidelidad. No es que los dos sean igualmente culpables; no lo eres, aunque solo sea porque nadie puede hacer que otra persona engañe. Sin embargo, en vez de regatear los porcentajes —cuánto es tu culpa, cuánto la mía— ambos necesitan mirar cómo han contribuido a sus problemas en casa.

En la búsqueda de pistas, ayuda explorar:

- si has sido herido por experiencias vitales tempranas, y de qué modo ese daño puede estar socavando tu relación hoy;
- si has sido dañado por las infidelidades en tu propia familia;
- si las características que te disgustan de tu pareja pueden estar relacionadas con las que a ti te gustan o envidias, y que te faltan;
- si algunos sucesos vitales estresantes en el momento de la infidelidad pueden haberte desequilibrado y han contribuido a tus problemas en casa.

Consideremos tu relación a través de cada uno de estos prismas, y después reunamos tus conocimientos en un ejercicio muy concreto.

ENFRÉNTATE A TU YO DESFIGURADO: EXPLORANDO CÓMO FUISTE HERIDO POR EXPERIENCIAS EN LA INFANCIA, Y CÓMO ESE DAÑO PUEDE ESTAR SOCAVANDO TU RELACIÓN HOY

Mientras interactuabas con tus padres, hermanos y otras personas importantes en tu infancia, y mientras observabas cómo ellos interactuaban entre sí, desarrollaste ciertos modos dominantes de sentir, pensar y comportarte que se fusionan en la persona a la que conoces como tú mismo. Es probable que esta idea de tu yo se haya fortalecido con los años y afecte el modo en que te relacionas hoy con los demás, aunque las personas que te cuidaron durante la infancia se hayan marchado. Quizá te aferres a este yo familiar a ciegas y tenazmente, por muy disfuncional que sea. Esta es la persona a la que conoces tan bien, la que te has pasado toda la vida *siendo*, aquella con quien te encuentras más cómoda.

Aquí tienes algunas de las emociones que puedes haber experimentado de niño; intenta identificar las que se apliquen a ti, y añade otras de tu parte:

Sentimientos positivos: seguro, contento, confiado, atendido, alabado, respetado, aceptado, valorado, animado a expresarse.

Sentimientos negativos: asustado, insuficiente, desconfiado, solitario, celoso, aburrido, necesitado, desatendido, presionado, no amado, humillado, criticado, obligado.

Esos y otros sentimientos influyen y definen tu zona de confort como adulto. Es posible que hoy busques y te sientas románticamente atraído por personas que te hacen experimentar de nuevo emociones similares, ya sean positivas o negativas.

Junto con esos sentimientos, es probable que hayas desarrollado ciertos esquemas dominantes —percepciones y creencias arraigadas— acerca de quién eres y lo que puedes, o deberías, esperar de los demás. Por ejemplo, si te abandonó uno de tus padres, tal vez hayas aprendido a esperar que la gente que amas te abandone; si abusaron de ti emocional o físicamente, puede que hayas aprendido que el mundo es un lugar poco seguro y tienes que cuidarte de ser herido de nuevo.

También adquiriste modos específicos de relacionarte con los demás. Aprendiste qué decir o hacer para conseguir lo que quieres, o cómo asimilar o vivir con el dolor de haber sido rechazado. Te sientes cómodo con cierto nivel de intimidad (o de falta de intimidad) y has aprendido a actuar de determinada manera para preservarlo. Al final aprendiste, o fuiste víctima, de tus interacciones del día a día en ese mundo pequeño y privado conocido como hogar.

Hiciste tu mayor esfuerzo por sentirte seguro y feliz, dadas tus predisposiciones heredadas y tus recursos limitados como niño, pero si te faltó cualquiera de estas importantes experiencias en tu crecimiento, es posible que nunca hayas llegado a ser un adulto saludable, seguro y competente:[1]

1. Sentirte a salvo y seguro.
2. Vivir en el mundo de forma independiente.

3. Tener conexiones emocionales sólidas con los demás.
4. Ser valorado.
5. Sentirte libre para expresarte.
6. Sentirte libre para salir y divertirte.
7. Vivir con limitaciones realistas.

Al privarte de cualquiera de estas experiencias esenciales, es probable que crecieras con heridas emocionales que afectaron la elección de tus parejas y el modo en que te relacionas con ellas. Por lo tanto, es posible que:

Te sientas atraído por alguien que, con el tiempo, te permita repetir tus experiencias infantiles con amor, por insatisfactorias que hayan llegado a ser.

En la fase idealizada del noviazgo te pudo parecer que esta persona tenía el poder mágico de sanarte: de deshacer el daño de tu pasado y liberarte de tu yo viejo y familiar. Sin embargo, según va pasando el tiempo, tal vez descubras que has elegido a alguien que evoca dentro de ti las mismas emociones negativas y profundamente arraigadas que experimentaste en tu niñez.[2]

Interpretes las palabras y acciones de tu pareja de un modo que refuerce las experiencias inadaptadas que tuviste de niño.

Esta es una variante del fenómeno de que «cuando la única herramienta que tienes es un martillo, todo problema te parece un clavo», de modo que ves en los demás lo que conoces o lo que buscas, basándote en tus experiencias tempranas. Si de niño fuiste controlado, por ejemplo, puede que percibas a tu cónyuge como controlador, sea o no verdad. Como escribe Anaïs Nin: «No vemos las cosas como son, vemos las cosas como somos».[3] «En ese sentido», escribe el psicólogo clínico Jay S. Efran, «todas nuestras percepciones son, literalmente, *propias*, incluyendo la ilusión más difícil de sacudirse de encima: la de que somos capaces de ver una realidad externa e independiente».[4]

Manipules sin saberlo a tu pareja para que te responda de modos que te resultan desagradables, pero familiares.

En otras palabras, empujas inconscientemente a tu pareja a tratarte tan mal que te percibes a ti mismo, el mundo y los demás del mismo modo distorsionado al que estás acostumbrado.[5] Así que, si tus padres resolvían el conflicto ignorándote, provocas que tu pareja te ignore.

Consideremos ahora las siete experiencias formativas que enumeramos antes y veamos cómo es probable que crecer sin ellas esté dañando tu relación hoy.

Eres incapaz de sentirte a salvo o seguro
Existen dos maneras usuales en las que posiblemente tus padres crearan un entorno hogareño inseguro para ti:

1. Te abandonaron, física o emocionalmente, y creciste sintiéndote necesitado o con ansiedad crónica. En tus relaciones adultas percibes rechazo con demasiada facilidad y muy a menudo. Tu esquema del abandono dice: «La gente que amo me dejará».
2. Abusaron de ti, física o emocionalmente, y creciste sintiéndote desconfiado, intimidado, humillado. En tus relaciones adultas percibes control y sumisión con demasiada facilidad y muy a menudo. Tu esquema de desconfianza dice: «La gente que me ama me hará daño».

Miremos cómo estas dos experiencias traumáticas —el abandono y el abuso— pueden afectar el modo en que te relacionas con tu pareja.

La parte infiel
Incapaz de «arriesgarlo todo y amar completamente»,[6] buscas un amante para distanciarte de tu pareja o disminuir la temperatura emocional entre ustedes. Tu infidelidad reduce tu miedo a ser emocionalmente dependiente de alguien que supones te dejará o te hará daño de forma inevitable. También puede permitirte mantener en secreto para tu pareja quién eres en realidad, y de este modo al menos temporalmente tener la sensación de libertad y control.

Una infidelidad también puede servir para castigar a tu pareja e igualar los marcadores. Al haber sido traicionado temprano en la vida, ahora tú traicionas a quien amas para buscar el desagravio de los errores pasados.[7] Si experimentaste abuso de poder cuando eras niño, ahora buscas tener tú el poder para sentirte invulnerable.

Compartir ese poder es ponerte en riesgo; ejercerlo es mantener el control. Y así tu relación se convierte en un campo de batalla doméstico en el que luchas por la dominación.

Cuando Jane tenía diez años, su madre hizo las maletas y se la llevó a vivir a otro continente para alejarse de su padre alcohólico. Ella no volvió a verlo jamás. «Jane es una niña estupenda», escuchó a escondidas que un día su madre le decía a él por teléfono. «También es tuya. Ven a conocerla. Te necesita». Diecisiete años y docenas de cartas sin contestar después, Jane se casó con lo que ella llamaba «un iceberg emocional» que la hacía sentir tan poco importante y tan poco amada como su padre. A lo largo del matrimonio ella rara vez se enfrentó a él debido a su soledad, pero tomó represalias por medio de una serie de aventuras de una noche. Su matrimonio adquirió un tinte competitivo, siendo el ganador aquel que menos necesitara al otro. «Él piensa que es muy sabio», me confió Jane, «pero no tiene ni idea de mi vida privada. Si no puede encontrar tiempo para mí, me las apañaré por mi cuenta».

La parte herida
Al haber sido abandonado en tu juventud, eres incapaz de relacionarte con los demás de un modo íntimo o auténtico, y terminas aferrándote a tu pareja o haciendo demandas excesivas de su tiempo. También lo atacas con sospechas infundadas (aquellas que emanan de tus experiencias pasadas y preceden a la infidelidad de tu pareja).

Al haber sido expuesto al abuso de poder, te conviertes en un adulto demasiado acomodado y pasivo, sintiéndote después atrapado y secretamente resentido hacia una pareja que parece controlar hasta el detalle más pequeño de tu vida, siempre insistiendo en hacerlo a su manera. Si no es así, reflejas el abuso que una vez experimentaste al convertirte en alguien despótico y manipulador, ignorando o rechazando constantemente las necesidades de tu pareja. De un modo u otro es posible que tu comportamiento lleve la relación al límite y te deje sintiéndote tan aislado como te sentiste en el pasado. Puede que incluso precipites lo que más temes: ser abandonado.

El padre de Sheila tenía un historial de promiscuidad. Ella recuerda cómo se escondía en su cuarto ya entrada la noche, escuchando las peleas de sus padres debido a las traiciones de él. Su papá nunca las reconoció y sus progenitores nunca se separaron, pero el sentimiento en la casa siempre era de tensión y tristeza. Después de dos años de formación profesional se casó con Sam. Cada mañana, cuando él se levantaba para su importante trabajo en Nueva York, ella se obsesionaba por su vida secreta. Sus sospechas tomaron fuerza propia y llegó a acusarlo deliberadamente de quedarse hasta tarde en la oficina y acostarse con su asistente. Sam se sintió incapaz de lidiar con sus incesantes interrogatorios y sus estallidos de ira. «Se volvió inconsolable», me dijo. «No había nada que yo pudiera hacer para asegurarle mi amor por ella, a menos que me encerrara en casa. Después de un tiempo, ella ganó. Me agotó. Realmente empecé a temer llegar a casa y comencé a salir con una mujer que trabajaba en mi mismo piso. La he estado viendo desde entonces».

Eres incapaz de funcionar de forma independiente
Tus padres no te animaron a formar tu propia identidad, desarrollar una vida independiente o confiar en tus propias decisiones. Como resultado, creciste sintiéndote dependiente, vulnerable, incompetente. En tus relaciones adultas te sientes controlado por las necesidades emocionales de los demás, y culpable o temeroso cuando intentas expresar las tuyas. Tu esquema de falta de autonomía dice: «No puedo hacerlo solo».

La parte infiel
Una infidelidad para ti puede ser un acto de rebelión, un modo de declarar tu independencia de las relaciones que sientes que son demasiado íntimas o abrumadoras. Al haber crecido en una casa en la que tus límites fueron ignorados y no existía privacidad, aprendiste a hacerte valer por medio del secreto y el subterfugio. Incapaz de ser tú mismo en presencia de tu pareja, sientes la necesidad de salir de la relación para respirar.

David creció sin padre. Su madre, una superviviente del Holocausto, temía perder a su único hijo (física y emocionalmente), de modo que se negaba a dejar que trajese a sus amigos a casa. Todos los días iba a buscarlo a la escuela. Él percibió a su madre como una persona asfixiantemente controladora, y a sí mismo como alguien dependiente y débil. Amar, para él, significaba sumergirse en otra persona y perderse a sí mismo. «Mi relación con mi madre era como la de una polilla con una luz», me contó. «Era peligroso acercarse mucho, pero no podía irme lejos».

David se sintió atraído por Muriel, porque como su madre, ella era temerosa e insegura, y lo necesitaba demasiado. Durante su matrimonio él luchó por encontrar un modo de conectarse con ella y a la vez ser alguien independiente y sincero consigo mismo. Necesitaba el amor de su esposa para sentirse completo y dominar su miedo a estar solo; pero cuando atendía las necesidades de ella, se sentía incómodo y resentido. «Cargué con dos mujeres dañadas, mi madre y mi esposa, y me sacrifiqué a mí mismo por ambas», me contó. Él creía que solo podía negociar sus necesidades con prostitutas.

La parte herida
Temeroso de crear una vida por tu cuenta, envidias la individualidad de tu pareja y te sientes ansioso siempre que funciona sin ti. Esperas que tu pareja enriquezca tu vida empobrecida, sin ninguna ayuda de tu parte. O te vas hacia el otro extremo, convirtiéndote en alguien ferozmente independiente, que nunca permite que su pareja lo ayude.

Anna, hija única, fue criada por una madre que vivía para protegerla y proveerle cosas. Cuando Anna tenía tres años, estaba jugando en el patio trasero y su madre entró en la casa para doblar la ropa que había lavado. Cuando regresó, Anna no estaba. La madre la encontró calle abajo, sentada en la acera, llorando. Había sido secuestrada por un hombre que la había subido a su auto y persuadido para que lo masturbara.

Desde aquel día la madre de Anna, motivada por la culpa, se volvió aun más protectora, aplastando cualquier esfuerzo de su hija por ser independiente. Se le prohibió cerrar la puerta de su habitación en casa o vivir fuera del campus en la universidad. La actitud cuidadosa y prohibitiva de su madre hizo que a Anna le resultara imposible desarrollar ningún concepto de eficacia o dominar sus interacciones con el mundo. Como adulta, se vio comprometida con un hombre que lo hacía todo en la pareja, y que continuó protegiéndola de la vida. Sin embargo, la pasividad, la dependencia y la falta de espontaneidad de Anna poco a poco lo fueron minando, y él acabó teniendo una aventura con alguien que parecía más viva e interactiva, más «real».

Eres incapaz de conectarte emocionalmente con los demás
Tus padres no consiguieron interactuar contigo de un modo cálido y educativo, y creciste en un vacío emocional, sintiéndote solo, sin preocuparle a nadie, vano. En tus relaciones adultas experimentas a los demás como desinteresados o fríos, y reaccionas permaneciendo

distante, saltando de relación en relación, o buscando desesperadamente la atención de personas que te decepcionan. Tu esquema de privación emocional dice: «Nadie está de mi parte».

Es probable que al haber sido criado sin herramientas para ser un colaborador cariñoso, no sientas intimidad con nadie, incluyéndote a ti mismo. El compromiso, la intimidad, compartir las responsabilidades... son solo cosas abstractas para ti.

La parte infiel
Te acuestas con todo el mundo con la esperanza de encontrar a alguien que esta vez forme un vínculo significativo y perdurable contigo. A fin de escapar de tu sensación de esterilidad interior, te vuelves compulsivamente sexual y reclamas la excitación y la novedad de toda una serie de encuentros breves. Las relaciones duraderas te parecen intolerablemente predecibles y desilusionadoras.

Chuck creció en un hogar divorciado con un padre narcisista que estaba demasiado ocupado haciendo negocios para percatarse de él. «No creo que tuviéramos nunca una charla íntima», me dijo. «La única vez que fanfarroneó acerca de mí, exageró la verdad. Yo ponché a tres bateadores en una entrada, y él le dijo a todo el mundo que nadie me había bateado un lanzamiento en todo el juego. Este hombre no tenía ni idea de quién era yo».

Cuando Chuck cumplió los diecinueve años, comenzó a salir con Marilyn. Después de seis meses de citas, descubrió que ella se estaba acostando con su mejor amigo. Chuck y Marilyn resolvieron sus diferencias y se casaron, pero Chuck nunca creyó que pudiera satisfacerla. Poco después del nacimiento de su primer hijo, él comenzó a usar servicios de acompañantes. Aunque Marilyn permanecía siendo fiel, la tachaba de fría y distante, y continuaba recordándole su pasada infidelidad como una excusa para la suya. En su interior, él estaba aterrorizado por tener un compromiso íntimo. Estaba seguro de que aunque dejara que ella se acercara continuaría sin ser cariñosa. Al mantenerla a distancia, nunca comprobó si ella permanecería a su lado o no, o si podría aceptarlo. El sexo anónimo y la ira farisaica le permitían permanecer distanciado satisfactoriamente.

La parte herida
Tu familia nunca te enseñó cómo relacionarte de un modo cariñoso, o cómo conectarte con alguien cuando te sintieras desconectado.

Lo compensas hoy ocultando el amor o demandando más de lo que nadie puede dar, y apartando a tu pareja.

Sara creció sin padres. Su madre sufría de una depresión clínica y rara vez salía de la habitación. Su padre trabajaba largas horas como abogado a ciento treinta kilómetros de casa, y una vez, cuando ella tenía doce años, se mudó a un apartamento separado durante varios meses. Ninguno de sus progenitores mostró interés por sus sentimientos, ni le explicó qué estaba pasando. Ella creció sintiéndose poco amada, solitaria, perdida; privada de una sensación de unidad familiar, sin una idea de lo que era un «nosotros». El hombre que eligió para casarse resultaba emocionalmente inalcanzable para ella y solo pensaba en sí mismo. «Algunas veces la única manera de conseguir su atención era gritándole», me contó. Hace poco, él sugirió que intentaran un proceso de separación. Ella sospecha que él está involucrado con otra persona.

Eres incapaz de valorarte a ti mismo

De niño tus padres te criticaban frecuentemente y te hacían sentir que no estabas a la altura de sus expectativas. En ausencia de sus elogios o reconocimientos, creciste sintiéndote defectuoso, incapaz de ser amado, sin apoyo, avergonzado. En tus relaciones adultas percibes el ridículo, el rechazo o la culpa con demasiada facilidad. Tu esquema de autoestima dice: «No soy lo suficiente bueno».

La parte infiel

Al tener problemas de idoneidad personal, eres vulnerable a las atenciones de un admirador cariñoso. Cuando tu feminidad o tu masculinidad están amenazadas (por ejemplo, por un aborto o una bancarrota), buscas un amante que enmascare tus sentimientos de vergüenza o inferioridad. Lo que te atrae de tu amante parece ser lo especial que es esta persona, pero es posible que solo se trate de tu necesidad de restaurar tu yo herido: de sentirte más sexy, deseado, ganador.

John, un importante abogado, adoraba a sus hijos... a todos menos al pequeño, Chris. Mientras los demás siguieron los pasos de su padre y fueron a Harvard, él se tuvo que conformar con una universidad estatal. Mientras los demás comenzaban exitosas carreras en la abogacía, Chris comenzó a fabricar ropa deportiva femenina. Se reía cuando la familia lo llamaba la oveja negra, pero por dentro le dolía.

Chris se casó con Rita, porque ella lo admiraba y lo hacía sentir bien. Sin embargo, cuando su negocio cayó en picada, ella no pudo hacer nada para evitar su humillación. Cuando Rita le ofrecía consejos, todo lo que él escuchaba era a su padre diciéndole: «Típico. No puedes hacer nada bien». Chris comenzó una relación con Debbie, su gerente de ventas, catorce años más joven que él, que le ayudó a recuperar sus pérdidas económicas y el respeto por sí mismo.

La parte herida
Tus problemas de idoneidad personal hacen imposible que te relaciones con alguien de forma íntima o completa. Tu negatividad los denigra a ambos y empuja a tu pareja a salir por la puerta.

Cuando los padres de Susan se divorciaron, ella se quedó con su mamá. Sin embargo, como su madre fue incapaz de encargarse de una hija testaruda y un trabajo a tiempo completo, la envió a vivir con su padre. La joven esposa de él se quejaba francamente de esa intrusión. Susan nunca sintió que tuviera un hogar propio o un lugar donde la quisieran. Finalmente se casó con Rob, buscando que él llenara ese vacío. No obstante, su necesidad hacía que fuera difícil amarla. Al final Rob encontró refugio en la mejor amiga de su mujer, lo que solo reforzó su sentimiento de que era defectuosa.

Eres incapaz de expresarte
Tus padres nunca te dejaron tener voz propia. Hoy intentas complacer a los demás y te callas para evitar conflictos. Sueles sentirte subyugado, incomprendido, manipulado, desechado. En tus relaciones, percibes a los demás como controladores e insensibles a tus necesidades. Tu esquema subyugador dice: «Mis necesidades no cuentan».

La parte infiel
Mantienes tus necesidades ocultas en tu interior y después te resientes silenciosamente de lo mucho que das y lo poco que recibes a cambio, yendo a otro lugar a suplir tus necesidades. Has tenido éxito a la hora de mantener la paz, pero terminas sintiéndote una víctima, sin reconocimiento, solo.

Fritz creció en un hogar dominado por su exitoso padre. Su madre sonreía mucho. Nadie se alteraba nunca. De adulto Fritz fue a trabajar para su padre y se casó con una mujer de voluntad fuerte llamada Roberta, a la que agasajaba con atenciones y regalos. Al principio la pareja parecía encajar a la perfección, pero no mucho después Roberta lo estaba atacando por vivir a la sombra de su padre. Fritz no dijo nada, pero al final expresó su rabia teniendo una aventura con su joven contable.

La parte herida

Al silenciar tus necesidades, eres capaz de mantener una candidez edulcorada en tu relación. Sin embargo, por dentro te sientes furioso, aburrido y frustrado. Explotas periódicamente con hostilidad, ahondando la separación entre ustedes. Tu silencio no causa la infidelidad de tu pareja, pero te coloca en la insufrible posición de tolerarla.

La madre de Mindy trató de mantener la casa lo más libre de estrés que pudo para no agravar a su marido asmático. Mindy creció aprendiendo que nunca había que estorbar. Al final se casó con Sal, un anestesiólogo adormecido en su capacidad de reclamar sus derechos, y ella se pasaba el tiempo atendiendo las necesidades de su marido, mientras él solo se atendía a sí mismo. A ella le molestaba la manera en que la abandonaba tanto como su capacidad de adularse a sí mismo, pero no decía nada. «No puedo legislar el amor», me contó ella. «Si soy buena con él, querrá pasar tiempo conmigo».

Aparentemente, nadie era suficiente bueno para Sal excepto Sal, y la relación continuó deteriorándose. Mindy lo veía cada vez menos hasta que un día lo encontró en la cama con su enfermera.

Eres incapaz de relajarte y divertirte

Tus padres nunca te permitieron seguir tus inclinaciones naturales y disfrutar por tu cuenta, así que creciste sintiéndote agobiado y estresado. En tus relaciones adultas, acarreas demasiada responsabilidad y después sientes que se aprovechan de ti. Tus esfuerzos perfeccionistas te llevan a disciplinarte demasiado, a ti y a tu pareja. Fácilmente percibes a los demás como débiles o vagos y reacios a compartir la carga. Tu esquema implacable dice: «Todo recae sobre mí, será mejor que lo haga bien».

La parte infiel

Al haber sido enseñado a ser excesivamente responsable, casi perfecto, buscas un amante que te dé algo de lo que te fue negado en la infancia. Le atribuyes este renacimiento al amante, cuando en realidad sucede porque finalmente te has dado permiso para ser indulgente o permisivo contigo mismo, reemplazando las rígidas reglas internas con unas que gratifican tus necesidades momentáneas.

Keith fue directamente desde la secundaria al programa de formación de Whirpool para ayudar a mantener a un padre desempleado y un hermano inválido que vivían en casa. Él estaba resentido con ambos. La mujer que eligió para casarse, Michelle, tenía una espontaneidad infantil y era tan alegre como él sobrio, pero no pasó mucho tiempo antes de que a Keith le molestara su capacidad para equilibrar el trabajo y el ocio —para encontrar tiempo a fin de ir al gimnasio, llamar a los amigos, disfrutar durante las comidas— mientras que él se agotaba en la fábrica. «Se está deshaciendo de mí», se quejó él. «Se está aprovechando de mí». Cuando él consiguió liberarse finalmente de su demandante ética laboral y recompensarse a sí mismo, fue por Skype con una bailarina rumana de un club nocturno.

La parte herida
Atado a estándares imposibles, desarrollaste hábitos compulsivos que hoy se llevan parte de la alegría, el romance y la creatividad de tu vida. Corres tan rápido y con tanto ahínco que no tienes tiempo para oler las rosas o darte cuenta de que tu pareja le está regalando una docena de ellas a otra persona.

El padre puritano de Dorothy la amonestaba solo por ser humana. Se casó con Ernie, que estaba demasiado preocupado con su poesía como para conciliar la chequera o llevar a los niños a la escuela. Mientras más intentaba Dorothy cambiarlo, más se distanciaban. La inflexibilidad de ella hacía que Ernie sintiera que no podía ser natural. Sus peticiones, como su necesidad de orden, eran razonables pero continuas. Un día ella le dijo que sacara la basura. En vez de eso, se llevó a la niñera.

Eres incapaz de establecer o aceptar límites realistas

Tus padres hicieron demasiado por ti, o te enseñaron a considerarte superior a los demás. Como adulto, te falta disciplina, esperas un trato especial y te ofendes cuando la gente te pone restricciones o te fuerza a seguir las reglas. Percibes con facilidad que los demás están violando tus derechos, aunque tú estés siendo insensible a los suyos. Este esquema prepotente dice: «Estoy por encima del resto; me merezco tanto como pueda conseguir».

La parte infiel
Es posible que tu pareja esté luchando para abordar tu grandiosidad, pero dado lo ciego que eres a cómo afectas a las personas, quizás no te hayas dado cuenta. En vez de eso, probablemente veas a tu pareja como alguien que fracasa a la hora de satisfacer tus necesidades, sintiéndote agraviado y privado. Al haber crecido sin un modelo de reciprocidad maduro —un dar y tomar mutuo— no puedes ver que tus demandas de amor son excesivas y eres incapaz de cuidar a tu pareja de tal modo que te dé derecho al tratamiento que piensas que mereces. Tu insatisfacción en el hogar, junto con tus infidelidades, te parecen perfectamente legítimas, porque esperas demasiado de tu pareja y muy poco de ti mismo. Al evitar la incomodidad de una autoevaluación, es poco probable que te sometas a terapia, o que leas este libro.

Howard fue criado por unos padres ricos y poderosos que enfatizaban la obtención del estatus y el reconocimiento. Rara vez le ponían límites, y en más de una ocasión confiaron en sus abogados para cubrir sus huellas cuando él fue pillado quebrantando la ley. De adulto saltó de matrimonio en matrimonio, siempre enamorado hasta la médula hasta el nacimiento de los hijos, que lo hacían sentir secundario.

La parte herida
Al estar poco acostumbrado a ponerte límites internos o enfrentarte a tus fracasos personales, es natural que tú tampoco estés leyendo este libro. Probablemente estés invirtiendo tu energía en preservar una idea inflada de ti mismo, o buscando a alguien que la preserve para ti. Sientes que tienes derecho a que te cuiden, mientras haces muy poco por ganártelo. Sin embargo, la infidelidad de tu pareja, puede que te fuerce a enfrentarte a tus imperfecciones y te dé la perspectiva que necesitas para convertirte en una persona más amable.

La madre de Michelle crió a sus cinco hermanas sola y juró que le daría a su hija una infancia más tranquila. A Michelle rara vez la disciplinaban y podía eludir sus responsabilidades —vaciar el lavavajillas, conseguir un trabajo temporal para el verano— con impunidad. Nunca la animaron a sobresalir. «La vida es corta», le decía su madre. «Disfrútala».

Michelle se casó con Keith, que pronto se cansó de sus maneras sibaritas e insistió en que consiguiera un trabajo. A ella le molestaban sus ultimátums... hasta que Keith comenzó a ver a otra mujer y ella descubrió que era reemplazable.

EJERCICIO

No es posible identificar en un libro todos los modos en los que tal vez hayas sido herido de niño, o todas las maneras en que tus heridas hayan afectado al desarrollo de tu personalidad, tu elección de parejas o tu papel en la infidelidad. El hecho de que tus padres te trataran de un modo en particular no te ata a ninguna clase de comportamientos o creencias. Sin embargo, tendemos a llevar nuestro yo dañado a nuestras relaciones más íntimas, y representamos de nuevo con nuestras parejas nuestras luchas de la infancia. Por amargas o desalentadoras que puedan ser, son lo que conocemos y lo que solemos fomentar.

Es difícil establecer cuánto de tu insatisfacción es culpa de tu pareja (tratándote de tal modo que te hace experimentar lo que viviste cuando eras niño), y cuánto es tu culpa (manipulando a tu pareja para que te trate de ese modo viejo y disfuncional).[8] Para comenzar a hacer estas distinciones, necesitas aprender más acerca de tus vulnerabilidades, más sobre tu propio yo menos hermoso. Como punto de partida te sugiero que intentes contestar estas preguntas:

1. ¿De cuál de las siete experiencias de la infancia descritas en esta sección fui privado?
2. ¿Qué sentimientos (ver la lista en las pp. 109–110) fueron más dominantes o familiares para mí mientras crecía?
3. ¿Qué ocurría en mi relación con mis padres, cuidadores importantes o hermanos, o en sus relaciones entre sí, que me hacía sentir de esta manera?
4. ¿Qué le faltaba al modo en que me trató mi madre? ¿Cuál era mi mayor necesidad sin suplir? ¿Cómo afectó esto a la persona en la que me convertí y a la forma en que me siento hoy conmigo mismo?
5. ¿Qué le faltaba al modo en que me trató mi padre? ¿Cuál era mi mayor necesidad sin suplir? ¿Cómo afectó eso a la persona en la que me convertí y a la forma en que me siento hoy conmigo mismo?
6. ¿Qué era lo que más me gustaba de cómo me trataba mi madre? ¿Cómo afectó esto a la persona en la que me convertí y a la forma en que me siento hoy conmigo mismo?

7. ¿Qué era lo que más me gustaba de cómo me trataba mi padre? ¿Cómo afectó eso a la persona en la que me convertí y a la forma en que me siento hoy conmigo mismo?

8. ¿Qué aprendí acerca del amor del modo en que mi madre y mi padre me trataban?

9. ¿Qué aprendí acerca del amor del modo en que mis padres se trataban entre sí?

10. ¿Quiénes fueron otras personas importantes en mi vida? ¿Qué me enseñaron sobre el amor y cómo afectaron mi concepto de mí mismo?

11. ¿Cómo te culpo a ti, mi pareja, por hacerme sentir del mismo modo que me he sentido siempre?

12. ¿De qué modo me culpas a mí por hacerte sentir como siempre te has sentido?

13. ¿De qué forma te he herido donde tú ya eras vulnerable?

14. ¿De qué forma me has herido donde yo ya era vulnerable?

15. ¿Cómo te provoco para que tú reacciones ante mí de maneras que me hacen daño, como solían herirme?

16. ¿Cómo me provocas para que yo reaccione ante ti de maneras que te hacen daño, como solían herirte?

17. ¿Qué es lo que más valoras de lo que te doy?

18. ¿Qué es lo que más necesitas de mí para sentirte a salvo, seguro y valorado?

AGRAVIOS TRANSGENERACIONALES: EXPLORANDO CÓMO PUEDE QUE HAYAS SIDO DAÑADO POR LA INFIDELIDAD EN TU PROPIA FAMILIA

Es probable que tus experiencias con la infidelidad cuando eras niño conformen el modo en que piensas y experimentas la infidelidad hoy. Si uno de tus padres fue infiel, hay probabilidades de que hayas crecido en una atmósfera llena de secretos y tensión, con tus límites desdibujados, tu derecho a un entorno estable y seguro denegado. Tal vez la niñera con la que contabas para que cuidara de ti por la noche de repente comenzó a cuidar a tu papá; tal vez el mejor amigo de tu padre se convirtió en el mejor amigo de tu madre... y tu padrastro. O los dos padres te reemplazaron por un nuevo compañero de juegos, y no hubo modo de ganar la competición. O uno de tus padres te confió que el otro era un adúltero, y te imploró que nunca revelaras el secreto. El padre infiel, absorbido por la pasión de la aventura, tal vez tuviera poco tiempo para ti, y te evitara o se apartara para escapar de tu mirada condenatoria. El padre herido puede que acabara tan deprimido, tan obsesionado con la persona de la aventura, que no le prestara atención a tu sufrimiento. Es posible que ambos progenitores compitieran por tu apoyo o tu perdón, mientras pasaban de largo o menospreciaban tu dolor.

Hoy día, mucho después de que la infidelidad haya sido reconocida o superada, todavía puedes sentir la cicatriz, quizá aún albergando sentimientos negativos sobre ti mismo y llevándolos contigo a tus relaciones más íntimas. Acribillado por la inseguridad, tal vez hayas tenido problemas para percibirte a ti mismo como alguien digno, amable, un ser humano especial. No es fácil amar, ni ser amado, cuando los sentimientos de abandono, invalidación o traición son el centro de tu yo.

Démosle un vistazo ahora a cómo esos patrones tempranos de infidelidad pueden haber dejado una marca en ti.

Los efectos de las infidelidades previas en las partes infieles

Es más probable que cometas una infidelidad si uno de tus padres también lo hizo.[9] Esto puede parecer extraño en un principio. ¿Por qué querrías emular a los que hicieron trizas tu mundo? ¿No querrías darle a tu vida la estructura y la solidez que nunca conociste? La respuesta es sí, por supuesto que querrías, pero no esperas que eso suceda, así que tienes una aventura para crear una distancia segura entre tú y tu pareja y protegerte de ser violado de nuevo. Aprendiste la lección: amar es hacerte asequible al dolor. Ser fiel te hace sentir dependiente y vulnerable; ser infiel te hace sentir invencible.

Mike nunca olvidó el día en que su padre se marchó de casa. Fue en su decimotercer cumpleaños, y se encontró a su madre llorando en la mesa de la cocina. Pasaron tres semanas antes de que su papá pasara, sin anunciarlo, a recoger los palos de golf y sus corbatas de Gucci. Su madre le dijo lo que su padre se negaba a admitir: que se había mudado con otra mujer. Mike nunca sintió que su padre estuviera orgulloso de él; ahora estaba seguro. Reflexionando ya adulto, se dio cuenta de que aquel día hizo consigo mismo un pacto de no volver a amar a nadie totalmente nunca más... y mantuvo su promesa. Incluso después de haberse casado con Barbara, siguió comprometido a llevar una vida de promiscuidad.

Una infidelidad puede elevarte, como a Mike, a una posición de poder y control. ¿Qué mejor modo de evitar sentirte como tu padre infiel te hizo sentir que convirtiéndote tú mismo en ese padre? Al identificarte con el agresor te quitas de encima el papel de víctima. Ya no eres el que fue abandonado; ahora eres *tú* quien abandona. Ya no eres el que fue marginado o abusado emocionalmente; ahora eres *tú* quien margina y abusa. Estás lejos del dolor y al mando.

Andrea supo durante años que su padre era un adúltero y su madre estaba crónicamente deprimida. No podía esperar para dejar la casa y envolverse en la calidez de una relación cariñosa y comprometida. Sin embargo, una noche, sintiéndose irrelevante para su prometido, le gritó, condujo hasta un bar y se lanzó en brazos de un hombre casado. Con un repentino pesimismo nihilista intentó levantarse contra la angustia de su pasado. «No necesito a John [su novio]; él es reemplazable», me dijo. «Todas los penes son iguales en la oscuridad».

Una infidelidad puede permitirte odiarte a ti mismo más que a tu padre; dirigir hacia tu persona la rabia que sientes contra el progenitor que rompió tu familia. Al hacerte a ti mismo el objeto de tu desprecio, nunca tendrás que soportar la pérdida del padre que no te tomó en cuenta para nada. A veces es más fácil y menos confuso odiarte a ti mismo —verte como débil, moralmente reprensible, egoísta, impulsivo, «no bueno»— que enfrentarte a aquel que te defraudó, en particular si tu propio desprecio te permite sentirte tan defectuoso como tus padres te hicieron sentir. Al dirigir tu menosprecio y vergüenza hacia ti mismo, te las apañas para permanecer apegado a un padre que se separó de ti y asumir el control de tu dolor.

Janet nunca se enfrentó a la rabia que sentía hacia su padre por acostarse con otras mujeres mientras su madre estaba en tratamiento con quimioterapia. En vez de eso, ella se acostó con el mejor amigo de su marido, convirtió su ira en vergüenza y la dirigió hacia el interior de sí misma. «He tirado todos mis valores por la ventana», me dijo. El problema de esconderse de su rabia era que le impedía tener relaciones auténticas con cualquiera: su padre, su marido o ella misma.

Es poco probable que la *actitud* de tu familia con respecto a la infidelidad provocara que tú fueras infiel, pero puede que allanara el camino.[10] Si creciste en un entorno donde se toleraba el adulterio, y escuchaste mensajes como «los hombres son todos iguales» o «lo que tu pareja no sepa no le hará daño», es posible que de adulto tengas más probabilidades de ser infiel. Los mensajes viajan a través de las generaciones.

Los efectos de las infidelidades previas en las partes heridas

No es coincidencia que tantos de mis pacientes cuyos padres tuvieron aventuras tengan parejas que también los han engañado. Al aferrarte a alguien que te traiciona, o al provocar que esa persona te traicione, experimentas de nuevo el mismo rechazo que cuando eras niño. No es que te guste ser sustituido; no reclamas de forma consciente el abandono ni vas en busca del dolor deliberadamente. Lo que quizá haces inconscientemente es buscar a alguien que te trate de tal manera que repita tus experiencias tempranas de ti mismo. Aunque tu pareja esté comprometida contigo, es probable que aun así leas en el comportamiento de esa persona lo que tú estás programado para ver, y entonces reacciones de tal modo que refuerce tus ideas preconcebidas.

El padre dominante de Eddie, un mujeriego sin remordimientos, tenía el hábito de poner por los suelos a su hijo hipersensible en cada oportunidad. Cuando el chico cumplió los veinte años se vio obligado a casarse con una imperiosa y promiscua mujer llamada Alison. Su apego a ella repetía su temprana experiencia del amor: una relación entre un abusador y una víctima. A los dos años de matrimonio, después de la tercera infidelidad de Alison, consiguió amontonar la suficiente autoestima como para romper con ese patrón y abandonarla.

Cuando Eddie se enamoró de Linda, juró que no volvería a repetir los patrones del pasado. Sin embargo, estaba tan acostumbrado a ser dominado que no sabía cómo tolerar una relación en la que se apoyaban tanto el uno al otro. «Esto debe ser amor», me dijo. No obstante, más tarde se encontró tramando enfrentamientos que minaban su felicidad. Si Linda tan solo miraba a otro hombre, él la aporreaba con preguntas acerca de su fidelidad. A solas en mi oficina, la devaluó a ella y a la relación. «No la amo tanto», insistió. «No es tan atractiva ni especial».

Al mismo tiempo, Eddie se amonestaba por tratar de destruir lo mejor que le había sucedido. ¿Hacía eso para intentar representar de nuevo el abandono que había experimentado primero con su padre y después con su antigua mujer, Alison? ¿Para disminuir el valor de Linda y sentirse menos dependiente, menos desprotegido? ¿Para probar su amor? ¿Para reforzar su idea de sí mismo como un ser humano incapaz de ser amado?

Eddie encontró una cierta triste verdad en todas estas explicaciones y se convenció de su comportamiento, así que pudo dejar de contaminar su relación. No fue fácil. Confiar en que tu pareja te ama y está comprometida contigo es difícil si te han enseñado lo contrario durante toda tu vida. Al haber sido abandonado antes, te preguntas por qué no serás abandonado de nuevo.

Historia repetida

Algunas veces puede haber una semejanza muy extraña entre las circunstancias de tu traición mientras eras niño y las de tu traición como un adulto. Yo no creo que la gente esté condenada a repetir viejos patrones, o que los recree deliberadamente, pero ocurren con una regularidad perturbadora. Hay dos experiencias típicas que mis pacientes han compartido conmigo.

Justo antes de que Lauri naciera su padre anunció que dejaba a su madre por otra mujer. Lauri creció atendiendo a una madre que más tarde fue diagnosticada con esquizofrenia. Treinta y cuatro años después, cuando Lauri estaba embarazada de nueve meses de su tercer hijo, su marido anunció que estaba enamorado de otra mujer y que se iba de casa. En el hospital, Lauri dio a luz a su hija sola y, con una macabra sensación de *déjà vu* (que ya había vivido esa experiencia), cuando salieron la llevó a una casa sin padre.

Stephanie creció con una madre alcohólica y un padre infiel. De joven ella cumplía las funciones de una figura paterna y a menudo los sermoneaba sobre la importancia de cambiar de hábitos. A fin de escapar de ellos se comprometió con Hal, solo para descubrir que era un alcohólico que se veía con otra persona en otra ciudad. Ella empezó a sermonearlo a menudo para que cambiara de hábitos.

Sin importar cuáles sean las similitudes entre las infidelidades de tu pareja y las de tus padres, es probable que tu herida se haga más profunda —que reabra un canal de vulnerabilidad dentro de ti— si experimentaste una traición cuando eras pequeño. No es que la idea de tu injuria hoy no sea genuina ni profunda, sino que está contaminada por el trauma de tus experiencias tempranas. Ese trauma tiene que ser reconocido y tratado de forma separada. No puedes restaurar tu relación hoy hasta que te deshagas del daño del pasado.

EJERCICIO

Les aconsejo especialmente que se confíen el uno al otro sus encuentros infantiles con la infidelidad. Hablen de cómo se sintieron en aquel momento, y cómo sus experiencias pueden haber reducido su capacidad para valorarse a sí mismos y sentirse seguros y confiados en su relación hoy. Revelar sus historias personales no hará que la infidelidad sea menos decepcionante, pero ayudará a que comprendan la profundidad y la intensidad de sus reacciones y a sentirse más cercanos entre sí, más como aliados que como enemigos.

También los animo firmemente a que hablen de la infidelidad con sus hijos, a un nivel de detalles que ellos puedan asimilar. Anímenlos a reconocer sus sentimientos —su dolor, su ira, su confusión— y enfréntelos con ellos. Si pueden reconocer su dolor —escuchando sinceramente, sin defenderse ni explicarse— es posible que los ayuden a evitar errores similares en sus vidas adultas. Discúlpense por el daño que han causado, por no haber estado disponibles ni haber sido sensibles. Habla acerca de ti mismo, sabiendo que tu pareja está haciendo lo mismo. Invita a tus hijos a referirse al tema una y otra vez, siempre que lo necesiten. No temas dejarles ver tu dolor o tu esperanza por el futuro de la familia. Más adelante tal vez quieras compartir con ellos lo que has comprendido de cómo tú personalmente contribuiste a tus problemas maritales. Quizá también quieras revelarles tus propias experiencias con la infidelidad mientras crecías y cómo te marcaron.

Para sanar las heridas de las infidelidades previas y hacer que tu relación avance, te recomiendo que intentes separar el pasado del presente y trates las reclamaciones que todavía mantienes contra la persona que te traicionó en tu infancia. Un modo de hacerlo es escribiéndole a esa persona una carta, revisándola tantas veces como necesites hasta que sientas que estás expresando exactamente lo que quieres decir. Si la persona está viva, quizá puedas mandársela. Tu propósito no es suscitar una respuesta compasiva (si eso pasa, genial), sino estar preparado para no recibir ninguna o una defensiva u hostil. Lo más importante es que reconozcas el amplio espectro de tus sentimientos y hagas las paces con tu pasado.

Aquí tienes una carta que uno de mis pacientes, llamado Mike, le escribió a su padre infiel casi tres décadas después de la aventura de su progenitor. Fue el modo que tuvo Mike de romper el pacto silencioso que había hecho consigo mismo de que nadie más se le volvería a acercar.

Querido papá:

He esperado casi treinta años para sacar el tema de por qué nos dejaste a mamá y a mí. Espero que no sea demasiado tarde para hablar de ello. No te estoy escribiendo para acusarte o hacerte sentir culpable; de hecho, espero que al hablarlo podamos comprendernos mejor y quizá acortar la distancia que todavía nos separa.

Papá, siempre he querido preguntarte por qué te marchaste sin hablar conmigo, por qué estuviste lejos tanto tiempo, por qué no sabías o no te importaba (eso parecía) cómo me afectaba aquello. Me sentía totalmente insignificante para ti. La verdad es que siempre sentí que nunca conseguía llegar lo suficiente alto como para que te sintieras orgulloso de mí. ¿Puedes ayudarme a entender por qué actuaste de este modo? Sea cual sea la explicación, probablemente no resulte tan mala como lo que he asumido como verdad.

No te culpo por marcharte, por ser infeliz en tu matrimonio, ni siquiera por no saber cómo hacer que las cosas funcionaran con mamá. Yo ahora llevo casado veintidós años; sé lo difícil que es hacer que un matrimonio siga junto. He fracasado de muchas maneras. Incluso he tenido mis infidelidades.

Durante años no pude enfrentarme a lo furioso que estaba contigo por haberme abandonado, por no hacerme sentir casi nunca que me amabas o estabas orgulloso de mí, por hacer que yo cuidara de mamá. Sin embargo, he llegado a darme cuenta, al menos para poder sobrevivir, de que lo que tú hiciste no tenía nada que ver conmigo; que yo solo era un niño, que no hice nada mal, que no era insuficiente de ninguna manera en particular. He aprendido a no tomarme nunca más de forma personal lo que pasó.

Cuando tenía trece años y te marcharse, decidí que nunca dejaría que nadie se me acercara tanto de nuevo, que nunca amaría a nadie. Mantuve mi promesa. No obstante, hace poco, como [mi esposa] Barbara ha descubierto mis infidelidades, hemos comenzado a hablar con más sinceridad entre nosotros, y estoy comenzando a sentir que no tengo que mantener la distancia con ella nunca más, y que no quiero vivir una vida tan controlada y aislada. Me estoy acercando a ella, del mismo modo en que me estoy acercando a ti hoy.

Si deseas responder, me encantaría escucharte. Si no puedes, solo quiero que sepas —y voy a decirlo en voz alta para mí mismo— que ya no voy a invertir mis energías en hacer daño, en sentirme inseguro, en mantener el mundo a un palmo de distancia de mí. Te perdono por la infelicidad que debiste sentir para marcharte. Incluso te perdono por marcharte del modo en que lo hiciste. Te deseo una vida mejor ahora. Me deseo a mí mismo una vida mejor ahora.

Por cierto, los niños están muy bien. Te animo a que te relaciones con ellos. Estoy seguro de que a ellos también les encantará conocerte mejor.

Con amor,
Mike

COMPRENSIÓN DEL «FACTOR CIENTO OCHENTA GRADOS»: VER CÓMO LAS CUALIDADES QUE TE DISGUSTAN DE TU PAREJA PUEDEN ESTAR RELACIONADAS CON AQUELLAS QUE TE GUSTAN O ENVIDIAS, Y QUE QUIZÁ TE FALTAN A TI

Según se asienta la desilusión, es probable que descartes las cualidades positivas de tu pareja y te enfoques selectivamente en lo malo. Puede que incluso olvides que las cosas buenas existieron. Si los dos van a sacar la relación adelante, tienes que aprender que las cualidades que te gustan y te disgustan de tu pareja a menudo son caras opuestas de los mismos atributos, que no puedes tener lo uno sin lo otro, y que tu insatisfacción tal vez esté diciendo tanto de tus propios conflictos internos sin resolver como dice de los de tu pareja.

Becky se sintió inicialmente atraída por la estabilidad de Steve, pero con el tiempo llegó a odiar su falta de espontaneidad. Lo que no lograba ver era que ambas cualidades brotaban de la misma raíz. El problema no era que él hubiera cambiado, sino que ella le había atribuido diferentes significados al mismo comportamiento; un día amaba la seguridad y la estructura que él le daba a su vida, y al día siguiente odiaba lo oprimida que la hacía sentir. Cuando ella recordó el caos de su infancia —su padre era un drogadicto, su madre tenía episodios maniacos— se dio cuenta de que las cualidades que criticaba de su marido (su inflexibilidad, su falta de alegría) estaban relacionadas con aquellas que apreciaba en él (su previsibilidad, su confiabilidad) y que le faltaban a ella.

Vicky pasó su infancia tratando de complacer a sus padres hipercríticos. En la universidad se vio atraída por un hombre que, a diferencia de ella, parecía totalmente autosuficiente. Después de casarse, atendió las necesidades de su esposo y lo animó a ignorar las de ella. No pasó mucho antes de que se sintiera agobiada y sin apoyo, igual que se había sentido en casa. Ahora veía los atributos de su pareja de forma diferente. Lo que había entendido como autosuficiencia ahora lo veía como egoísmo. Lo que había pasado por independencia ahora lo veía como indiferencia.

Yo le llamo a este fenómeno —que ciertos rasgos básicos de la personalidad desencadenen tanto lo que amas como lo que odias de tu pareja— el «factor ciento ochenta grados».[11]

Las cualidades que consideras negativas son un lado de la ecuación. Las cualidades que te atrajeron por primera vez, o que todavía te parecen atractivas, son «la otra cara». Ponlas una junto a otra y descubrirás que ninguna de ellas existe aisladamente; que aquello que consideras bueno viene inevitablemente acompañado de lo malo; que los atributos que te repelen también pueden atraerte cuando los miras desde otro ángulo.

Aquí tienes algunos atributos negativos que quizá hayas experimentado alguna vez como positivos:

Atributos negativos (cara b)	Atributos positivos (cara a)
falto de espontaneidad, pasión y sentido de aventura; aburrido	estable, confiable, de ánimo templado, contento
busca constante la aprobación; retraído, inútil, débil	considerado, atento, acomodaticio
atontado, ensimismado, irresponsable	creativo, flexible, espontáneo
triste, compulsivo, materialista, interesado	disciplinado, productivo, efectivo, responsable, exitoso
depravado, necesitado, hipersexual	desinhIbído, sexual, apasionado
poco comunicativo, reservado, soso	calmado, pacífico, misterioso
narcisista, que busca llamar la atención	afable, sociable, solícito
deprimente, molesto	profundo, pensativo
tonto, superficial	amante de la diversión, caprichoso
asfixiantemente invasor, necesitado, controlador	atento, generoso, desprendido, interesado
frío, apartado, nada cariñoso, egoísta	independiente, confiado, estable, fuerte, autosuficiente
histérico, inestable	expresivo
arrogante, controlador	experto, competente

Es importante que veas cómo tus conflictos personales sin resolver pueden hacer que te obsesiones con la cara negativa e impedir que alguna vez te sientas contento con alguien, incluyéndote a ti mismo. Maggie Scarf se refiere a «los aspectos desconocidos, repudiados y completamente desintegrados de nuestra propia personalidad», y explica: «Lo que una vez fue inaceptable dentro de uno mismo es lo que ahora resulta tan intolerable e inaceptable en la pareja. La guerra dentro de cada miembro de la pareja se ha transformado en una guerra entre ellos. Y cada uno cree que no se puede conseguir la paz y la armonía a menos que el otro cambie».[12] En otras palabras, las cualidades que odias de tu pareja tal vez estén relacionadas con las que odias de ti mismo. También pueden estar relacionadas con las que te faltan, y envidias a tu pareja por tenerlas.

La historia de Keith y Michelle ilustra algunos de estos puntos. El padre de Keith hizo todo lo que pudo para evitar un solo día de trabajo duro, pasando de un plan desastroso para hacerse rico enseguida a otro. Keith se sentía resentido con su padre por no hacer su parte y se identificaba con su madre, que sostenía a la familia con su sueldo de Stop & Shop. El amor, para Keith, no era otra cosa que sacrificio personal.

De adulto, Keith era impetuoso, obsesionado con sus objetivos, ambicioso. Sin embargo, aunque podía llegar eficientemente desde el punto A hasta el B, a menudo sentía que algo faltaba. «Me siento obcecado e irritable muy a menudo», me dijo. «La vida, simplemente, no es muy divertida».

Keith se sintió atraído en un principio por Michelle por lo desenfadada y cálida que era, así como por su capacidad para disfrutar del momento y estar satisfecha con lo que tenía: las cualidades que más le faltaban a él. Sin embargo, no mucho después él comenzó a obsesionarse con la cara b de esos atributos. Lo que una vez le pareció espontáneo en ella ahora le parecía irresponsable; lo que una vez le pareció divertido ahora le parecía indisciplinado. Le molestaba tener que apoyarla a ella y a su pasatiempo de la fotografía. Si ella podía entretenerse, ¿por qué él no? A fin de demostrar que tenía razón, alquiló un estudio para sus «noches trabajando hasta tarde en la oficina» con la esposa de un vecino. Allí, por primera vez, escapó de su yo excesivamente concienzudo y constreñido. Keith no quería romper su matrimonio, pero no sabía cómo sentirse mejor en él. Después de que Michelle descubriera lo que estaba pasando —se dio cuenta de que él estaba sacando grandes sumas de los cajeros automáticos y se lo dijo— Keith comenzó a analizarse a sí mismo. Lo que descubrió fue que aquella insatisfacción decía mucho más de él que de Michelle.

«Me di cuenta de que ella no es la fuente de toda mi infelicidad o la única que necesita cambiar», reconoció. «Mi padre representaba una pérdida económica para nosotros, y no quiero que mi esposa también lo sea. Sin embargo, sé que estoy demasiado sensible con respecto a eso, que Michelle no es mi padre, y que ella es buena para mí, haciendo que me ría y ayudándome a ver que hay más cosas en la vida aparte de hacer dinero».

Keith se negó a permitir que los que él consideraba los atributos negativos de Michelle envenenaran su relación, y trabajó para reconocer qué había en ellos que los hacía atractivos.

«Siempre me había molestado cómo ella se escabullía de las responsabilidades», me contó, «cómo llega a casa y en vez de acomodar las compras o doblar la ropa llama a sus amigos o revisa su correo electrónico. No obstante, he llegado a aceptar que el bien viene acompañado del mal, y aunque odio lo indisciplinada que puede ser, admiro cuánto disfruta de la vida, a diferencia de mí».

Para reforzar esta nueva comprensión, Keith elaboró una tabla, poniendo en un lado lo que le molestaba y en el otro lo que admiraba o envidiaba de esas mismas características. Esto es lo que escribió:

Atributos negativos de Michelle	Atributos positivos de Michelle
procrastina	vive el momento
falta de disciplina	espontánea
no interesada en hacer dinero	orientada hacia las relaciones
descuidada	de trato fácil
irresponsable, derrochadora	despreocupada
ingenua	optimista
espera que se cuide de ella; consentida	mejora la calidad de nuestras vidas de un modo no económico

Ahora era el turno de Michelle. Ella tampoco había sido completamente feliz con el matrimonio. Aunque fuera Keith el que la había engañado, ella más de una vez había fantaseado con acostarse con otra persona.

La madre de Michelle, cargada de responsabilidades durante su infancia, había animado a su hija a vivir el momento. Michelle no se lo agradecía. «Mi madre no esperaba nada de mí», se quejó. «Era como si pensara que yo no tenía una pizca de creatividad en el cuerpo, como si no fuera buena más que para los buenos momentos».

Michelle se sintió atraída por Keith porque él parecía creer en su talento artístico. Él era centrado y emprendedor, a diferencia de ella, y la ayudó a organizar y dirigir su energía.

Haciendo avanzar el tiempo tres años, esas mismas cualidades de él ahora la volvían loca. «Yo solía pensar que él era productivo», me dijo. «Ahora solo creo que es adicto al trabajo. Él me animó a que desarrollara una carrera no porque amara mis fotografías, sino porque no quería mantenerme».

Para ayudar a Michelle a apreciar la otra cara de los atributos de Keith —el lado que le atrajo de él en primer lugar— le pedí que hiciera una lista de sus cualidades negativas y las emparejara con las que una vez amó. Esto es lo que escribió:

Atributos negativos de Keith	Atributos positivos de Keith
controlador, no puede compartir el poder o colaborar en la toma de decisiones	ingenioso, competente, exitoso
compulsivo, impulsivo, no divertido	organizado, productivo, centrado
inseguro acerca del dinero	responsable, anima mi trabajo
materialista	mantiene un alto estándar de vida

El ejercicio le recordó que lo que ella objetaba estaba relacionado con lo que la seguía atrayendo de él, y la ayudó a reconectarse con lo que le gustaba. También le enseñó que lo que le molestaba de él (su materialismo, su compulsiva ética laboral) estaba ligado a las cualidades que siempre le habían faltado a ella misma (perseverancia, ambición). Si alguna vez iba a sentirse más satisfecha con su esposo, tendría que mirar con más profundidad sus propios problemas personales.

«Mi madre nunca me hizo trabajar un solo día de mi vida», me contó Michelle. «Ella me enseñó que tenía derecho a ser dependiente. Keith quiere cambiar las reglas, y estoy molesta con él por eso. Sin embargo, puedo ver que él no es malo o irracional por pedirme que haga la parte que me corresponde».

EJERCICIO

El factor ciento ochenta grados puede enseñarte, como sucedió con Keith y Michelle, a pensar de manera diferente en tu insatisfacción. Te puede mostrar que la pareja que te molesta o te frustra no está automáticamente equivocada, ni está mal para ti; que aunque creíste que ustedes dos se llevaban mal en ocasiones, también lo contrario puede ser cierto a largo plazo. Tú elegiste a esa persona —alguien que quizá sea muy diferente a ti— por una razón. Esa razón puede ser que te sientes atraído por cualidades que no has desarrollado o te resultan inaccesibles, envidias, o eres incapaz de expresar por tu cuenta. Los mismos atributos que criticas tal vez te hagan crecer y te ayuden a superar tus limitaciones.

Para ayudarte a ver esto, te animo a que te hagas las siguientes preguntas:

1. ¿Qué atributos me disgustan de mi pareja?
2. ¿Qué revela de mí aquello a lo que me opongo, o me molesta, de estos atributos? ¿Representan algo que repudio de mí mismo?
3. ¿De qué modo estos atributos negativos están relacionados con los que admiro y que en un primer momento me atrajeron de mi pareja?
4. ¿Qué revela de mí que me sintiera atraído por esos atributos en mi pareja? ¿Me faltan a mí mismo? ¿Los envidio?

El factor ciento ochenta grados te desafía a ver las diferencias de ambos de un modo distinto, uno en el que tú reconcilias, toleras, y tal vez a veces abrazas las partes luminosas y oscuras de la personalidad de tu pareja, y de ti mismo.

SEGUIMIENTO CRONOLÓGICO: VE CÓMO ALGUNOS SUCESOS IMPORTANTES EN EL MOMENTO DE LA INFIDELIDAD PUDIERON DESEQUILIBRARTE

Identificar los sucesos vitales importantes que contribuyeron directa o indirectamente a la infidelidad puede que te ayude a comprender mejor por qué sucedió, y que te dé algo de confianza acerca de cómo puedes prevenir que ocurra de nuevo.

Con sucesos vitales importantes me refiero a crisis personales u otras circunstancias que crean un desequilibrio emocional dentro de ti y alteran la naturaleza de tu relación: circunstancias como el nacimiento o la muerte de un ser querido, o un cambio en la salud o la situación económica.

Algo que puede añadirle peso al impacto de esos sucesos vitales es su congruencia con tensiones a las que eres particularmente vulnerable. Si creciste siendo sensible a los problemas del abandono o el rechazo, por ejemplo, es probable que te sientas más deprimido cuando muere uno de tus padres que cuando quiebra tu negocio. No obstante, si creciste siendo sensible a las cuestiones de competencia y logros, es más probable que te deprimas cuando tu negocio fracasa que cuando te enfrentas a un rechazo personal.[13]

Estos sucesos vitales importantes hacen que sea difícil vivir contigo, la parte herida, y empujan lejos a tu pareja. Hacen que tú, la parte infiel, te muestres más necesitado e inestable, seas más vulnerable a la tentación. Tu infidelidad puede ser un intento por recuperarte de una crisis externa que socava tu idea de ti mismo, y al final tal vez tenga más que ver con lo que está pasando dentro de ti que con un problema específico en la relación.

Aquí hay algunos factores estresantes que probablemente desequilibren a cualquiera de los dos y precipiten una aventura.

Enfermedad o accidente

Tú o alguien que amas tiene una enfermedad o un accidente serios, o recibe un diagnóstico médico sin muchas expectativas de vida. Te sientes vulnerable, mortal. Entras en pánico al pensar en cuánto no has conseguido o experimentado. Otra alternativa es que entres en pánico debido al pensamiento de ser abandonado.

Cuando Barry tuvo un ataque cardiaco con cuarenta y dos años, revisó su vida y decidió que se le estaba acabando el tiempo. «Hay muchas cosas que quiero hacer antes de morir», pensó. Cerró su oficina por primera vez en veinte años y partió a un gran viaje turístico por Europa con su joven secretaria.

Tracy desarrolló cáncer de ovarios. Su marido, Victor, de repente sintió temor de perderla, de sentirse tan dependiente de ella. Tomó el control de esos sentimientos cometiendo una infidelidad, abandonando a su mujer antes de que ella pudiera abandonarlo.

Muerte

Alguien que amas (no tu pareja) muere. Sientes profundamente la pérdida del apoyo y el consuelo que esta persona te daba, los cuales tu pareja no puede reemplazar. Otra alternativa es que te sientas liberado del juicio de esa persona, y libre para actuar de un modo nuevo y sin sanciones.

«Cuando mi hijo se quitó la vida», me contó Kate, «encontré más sencillo centrar mi amargura en mi marido que perderme en mi dolor. Buscando consuelo, acudí a otra persona».

«El divorcio era una abominación para mi madre y no podía lidiar con su desaprobación», explicó Doug. «A la semana de su muerte había dejado a mi esposa y me había mudado con la mujer que amaba».

Desarraigo

Te trasladas a una nueva comunidad y sufres la pérdida de los entornos conocidos, la familia, los amigos. Lo compensas encontrando a un amante. O te deprimes tanto y te muestras tan insociable que tu pareja se busca uno.

El ascenso de Mark lo llevó de Peoria a Manhattan. Su esposa se sentía aislada y abandonada, por lo que se apartó furiosamente de él. Mark, sin tener a nadie con quien celebrar su éxito, también se sentía aislado y abandonado, y se involucró con su asistente.

Un cambio de estatus

Experimentas un cambio de poder o recursos. La parte que solía sentirse más dependiente obtiene un reconocimiento en su carrera o se vuelve más independiente económica o emocionalmente. La parte que solía sentirse dominante ahora está a la sombra, le teme al abandono («Estoy seguro de que me vas a abandonar ahora que ya no dependes de mí»), y tiene una aventura para sentirse necesitado o que está en control.

Mientras Michael se sintió superior a su mujer y pudo dominarla, su matrimonio, tal como estaba, se mantuvo unido. Sin embargo, cuando ella se encargó de los reclamos que él le hacía —perdió quince kilos y regresó a la universidad para completar su carrera— él se involucró con su joven profesora de voz, quien restauró su amenazada sensación de poder e importancia.

Fracaso personal

Experimentas lo que percibes como un fracaso personal: la pérdida de un trabajo, la infertilidad, una bancarrota.

Una semana después de que Ron fuera despedido de su puesto de inversor bancario, visitó un bar local con sus colegas de Wall Street y acabó en un motel con una corredora de bolsa. «Me las estaba dando de poderoso», admitió. «Me sentía competitivo y no particularmente exitoso».

Transiciones vitales

Sufres transiciones vitales mayores que cambian la naturaleza de tu relación, como un embarazo, el nacimiento de un hijo o la partida de un hijo a la universidad (el síndrome del nido vacío).

«Cuando nació el bebé», recordó Dick, «a mi mujer no le importaba nada más. Me sentí totalmente reemplazado. Así que fui y la reemplacé a ella».

Abuso de sustancias

Tú o tu pareja se vuelven adictos al alcohol o las drogas.

«No sabía que Adam estaba deprimido por su negocio y que se medicaba con *merlot*», explicó Holly, su esposa, «pero sí sabía que parecía totalmente ensimismado y no tenía interés por mí. Me sentía tan rechazada y sola que cuando mi terapeuta se me insinuó, lo tomé como un cumplido».

Sigue la cronología: un ejemplo

Es normal que no haya un solo suceso, sino varios al mismo tiempo, que conduzcan a la infidelidad. Los animo a ti y a tu pareja a trabajar juntos para identificar estos sucesos y considerar, sin acusaciones, cómo crearon espacio para una tercera persona.

Dean y Mary comenzaron esta discusión dibujando una cronología de sucesos vitales importantes y explorando cómo cada uno de ellos ayudó a desestabilizar su relación.

Sucesos vitales importantes	Respuestas
Julio	
Nos trasladamos de Chicago a New Haven. Dean comenzó en un empleo de mucha presión con una cadena de hoteles, trabajando para un jefe al que no podía complacer. Mary se encontraba sin familia ni amigos.	*Dean:* «Tenía miedo de ser despedido. Me sentía responsable por la felicidad de Mary, una carga que me molestaba. Pasé muchos años apoyando a mi madre cuando mi padre se marchó, y no podía soportar someterme de nuevo a eso».
	Mary: «Me sentía sola e ignorada. Confiaba en Dean para que me distrajera».
Agosto-noviembre	
Mary quería un bebé e intentó quedar embarazada.	*Dean:* «Yo intentaba hacerla feliz, pero no estaba seguro de encontrarme preparado. Nuestra vida sexual se convirtió en algo obligatorio, controlado por la temperatura».
	Mary: «Este fue un momento feliz para mí. Dean nunca me dejó ver que él sintiera tanta incertidumbre».
Diciembre	
Mary quedó embarazada. Dean visitó a su mejor amigo, cuyo primer hijo acababa de nacer.	*Dean:* «Vi lo exhausto que estaba mi amigo, lo restringida que se había vuelto su vida. Sentía que se me cerraba una puerta».

Enero

El hermano de Mary tuvo un grave accidente automovilístico. Dean celebró su trigésimo cumpleaños.

Dean: «Me preocupaban todas las cosas que nunca había visto o hecho».

Mary: «Pasé muchísimo tiempo en el hospital visitando a mi hermano. No estuve pendiente de Dean realmente».

Febrero

Mary tuvo un aborto.

Dean: «Casi me sentí aliviado. No pensaba que pudiera cuidar de mí mismo, mucho menos de una familia».

Mary: «Me sentía defectuosa y desmoralizada, y me aparté de Dean».

Abril

Dean tuvo una aventura.

Dean: «Me sentí libre, capacitado, en control... como mi viejo y alegre yo de nuevo».

Identificar esos sucesos vitales no excusó la aventura de Dean ante Mary, pero ayudó a que ella la considerara de una manera menos personal. Saber que ella fue solo parte del problema le quitó un peso de encima y le dio la confianza necesaria para arriesgarse a amar a Dean de nuevo. Dean, por su parte, vio que la insatisfacción tenía menos que ver con Mary que con las presiones de su nueva vida y sus temas de responsabilidad del pasado sin resolver.

El ejercicio también les enseñó, como puede hacerlo contigo, que la vida misma tal vez sea el enemigo: que las tensiones del día a día conspiran contra nosotros, que necesitamos unir fuerzas contra ellas, no el uno contra el otro.

COMPARTIR LA RESPONSABILIDAD: UN EJERCICIO DE CAMBIO[14]

Este ejercicio es la prescripción para un cambio. El mismo los ayuda a unir todos los conceptos abstractos que hemos venido tratando en este capítulo y aplicarlos de un modo muy concreto y gráfico siempre que se encuentren en conflicto. Les muestra los cambios específicos que necesitan hacer para manejar sus diferencias y reducir las posibilidades de que uno de ustedes vuelva a engañar.

No es suficiente con cambiar el modo en que actúan; si van a superar viejos patrones, también necesitarán cambiar el modo en que piensan y sienten. Por lo tanto, he dividido este ejercicio en tres categorías muy diferentes y simplificadas a propósito:

1. El componente conductual: el modo en que tratas a tu pareja.
2. El componente cognitivo: los significados y las expectativas que acompañan a tus interacciones.
3. El componente emocional: el modo en que te sientes hacia tu pareja.

Paso a paso, aprenderás a:

- identificar qué haces que disgusta o provoca a tu pareja;
- identificar los pensamientos y percepciones que alimentan tu comportamiento;
- identificar los cambios específicos que tu pareja quiere que hagas;
- desarrollar una actitud o perspectiva que haga que estos cambios sean aceptables para ti;
- observar cómo tus sentimientos cambian a la vez que tus conductas y actitudes.

El ejercicio consiste en escribir o sopesar tus respuestas a las siguientes preguntas. Pueden hacerlo juntos o por separado. Para hacer más claro lo que estoy pidiendo, he incluido un caso de estudio a fin de que lo sigan y lo adapten a sus propias circunstancias.

El suceso detonador
¿Qué pasó en realidad? Aténganse a los hechos; no interpreten lo que significó para cada uno.

Caso de estudio

Al tercer día de sus vacaciones haciendo esquí, Keith no había tenido aún sexo. Él insistía en que se levantaran a las siete todas las mañanas para ir a las pistas nada más abrieran. Michelle habría preferido quedarse en la cama y hacer el amor algunas mañanas, pero siguió el plan de su esposo. Ella quería detenerse a disfrutar de un desayuno nutritivo, sin embargo, sabiendo lo malhumorado que se pondría él, no dijo nada y compró algunos panecillos en la gasolinera de camino al teleférico. Al final ella le gritó: «Ni siquiera sé por qué querías que viniera contigo a estas vacaciones. Todo lo que hago te parece inconveniente. Solo deseas hacer exactamente lo que tú quieres. Me siento como una extraña para ti». Keith simplemente siguió conduciendo.

Identificación del conflicto

Tu comportamiento: ¿qué hiciste para herir a tu pareja?

Caso de estudio

Keith: me centré en sacar el máximo partido de la actividad, ignorando o rechazando las necesidades de Michelle; nunca busqué tiempo para la intimidad.

Michelle: ignoré mis necesidades, seguí con el plan de Keith, después le grité.

Tu conocimiento: ¿qué piensas o supones que te hizo actuar de esa manera?

Caso de estudio

Keith: los billetes del teleférico son caros, así que debemos esquiar lo más que podamos. Michelle es muy lenta por las mañanas. Ella probablemente quiere parar a desayunar, pero si yo no lo menciono, tal vez lo deje pasar. En cuanto al sexo, más adelante.

Michelle: probablemente Keith quisiera estar con Jane [su ex amante]; él no se siente atraído por mí y no me ama. No importa lo que yo quiera. No tengo voz en esta relación.

Tus sentimientos: ¿cómo te hizo sentir este conflicto? Valora cada emoción por separado en una escala entre 1% y 100%.

Caso de estudio

Keith: impaciente 100%, molesto 90%, incómodo 100%, ansioso 80%.

Michelle: desatendida 90%, no amada 100%, resentida 100%, controlada 90%.

Resolución del conflicto
Tu comportamiento: ¿qué cambios conductuales específicos te gustaría que hiciera tu pareja? ¿De qué manera diferente le gustaría a tu pareja ser tratado?
Caso de estudio
Keith: Michelle quiere que baje el ritmo. Que le pregunte qué desea hacer *ella*. Que organice nuestros planes para que nuestros intereses encajen. Ella quiere que yo haga cosas por ella sin sentir molestia ni que me estoy sacrificando. Quiere que aprenda a disfrutar sintiéndome más cercano a ella. Que deje espacio para la intimidad.

Michelle: Keith quiere que le diga qué necesito en vez de seguir adelante con sus planes, sintiéndome desatendida y controlada, y después echándoselo en cara. Si yo decido hacer lo que él quiere, no desea que lo use en su contra. También quiere que yo comprenda que el hecho de que él sea compulsivo no tiene nada que ver con su amor por mí, pues así es como es.

Tu conocimiento: ¿qué actitud o perspectiva necesitas adoptar para que puedas hacer esos cambios voluntariamente?
Caso de estudio
Keith: parar de sustituir la actividad por la intimidad, hacer lo que debo por relacionarme. Mis padres me enseñaron poco acerca del afecto. Necesito pensar cómo quiero que mi matrimonio con Michelle sea diferente. Sé que estaré demasiado cansado después de esquiar para hacer el amor, así que o lo hago por la mañana o acorto el día. La he engañado, y ahora ella necesita que yo le muestre interés sexualmente y la haga sentir deseada. Sin embargo, me estoy engañando a mí mismo al pensar que hago esto solo por ella. Cuando tomo el tiempo para hacer el amor, normalmente a mí también me alegra haberlo hecho.

Renuncié a mi niñez para cuidar a mis padres, así que me molesta hacer cosas por cualquiera, incluida Michelle. No obstante, me equivoco al ver cada acuerdo como un sacrificio. Estas no eran solo mis vacaciones.

Michelle: conozco a Keith. Quiere conseguir el máximo por su dinero. Yo me hago daño a mí misma tomando su conducta de forma personal. Él me ama y le gusta el sexo conmigo. Simplemente no sabe cómo parar o bajar el ritmo. Sabe que es impulsivo y no le gusta particularmente esa parte de sí mismo. Hay ocasiones en las que admiro lo organizado y eficiente que es, y aprecio sus esfuerzos por ayudarme a comenzar mi negocio.

No le hago un favor a Keith cediendo a sus planes e ignorando los míos, y después odiándolo por oprimirme. Si el desayuno significa tanto para mí, tengo que decirle que tendrá que llegar a las pistas media hora más tarde.

Cuando me siento desatendida, como me pasaba de pequeña, tiendo a reprimirme y explotar después. Sin embargo, gritarle a Keith hace que él se ponga a la defensiva y que le resulte más fácil ignorarme. Tengo que hablar con calma, pero con firmeza. Si le grito, él no va a escuchar.

Tus sentimientos: ¿cómo te sientes ahora?
Caso de estudio
Keith: impaciente 60%, molesto 30%, incómodo 70%, ansioso 30%.

Michelle: desatendida 40%, no amada 25%, resentida 35%, controlada 25%.

Ustedes, como Keith y Michelle, tienen que apartarse del contenido específico de su altercado y ver cómo esto encaja en un patrón más amplio de conflicto. La mayoría de las parejas discuten por un puñado de cuestiones a lo largo de su vida juntos. Los detalles cambian, pero el conflicto casi siempre es una variación de unos cuantos temas muy deteriorados con los que se sensibilizaron en sus primeros años. Al igual que muchas de las parejas que veo en mi consulta, es posible que ustedes se sorprendan por la frecuencia con que estos temas se repiten: por cómo continúan malinterpretándose e interactuando con su pareja con la misma inadaptabilidad y experimentando las mismas emociones dolorosas tan familiares, sin importar de qué trate la discusión. Keith, por ejemplo, llegó a reconocer su tendencia a enfatizar la productividad sobre la intimidad, a ver cada acuerdo como un sacrificio y apartarse emocionalmente. Michelle llegó a ver su tendencia a disgustarse con las restricciones y las planificaciones, a sentirse desdeñada o poco valorada, y a menospreciar sus sentimientos para estallar después.

Al compartir las responsabilidades —identificando los pensamientos y conductas recurrentes que los disgustaban, buscando alternativas concretas y escribiendo nuevos guiones— Keith y Michelle aprendieron a manejar y, en ocasiones, a pasar por alto sus conflictos. Ese esfuerzo requirió un trabajo duro, compromiso, consciencia de uno mismo, sinceridad y madurez. No ocurrió porque sí. Sin embargo, cuando comenzaron a hacer cambios por el bien de su relación y sus yo más integrados, provocaron respuestas más positivas de cada uno y se vincularon con más solidez.

Espero que ustedes también se esfuercen por comprenderse a sí mismos y a su pareja mejor, a poner en común su sabiduría acumulada, a desarrollar compasión y perdón por las limitaciones del otro y las dolorosas experiencias tempranas, y a diseñar un futuro mejor juntos, basado en un entendimiento más profundo de quiénes son y quiénes se están esforzando por ser. En resumen, espero que compartan responsabilidades para sentirse más satisfechos y amados en casa.

Ahora volvamos nuestra atención de las lecciones del pasado a las del presente, de comprender por qué sucedió la infidelidad a aprender cómo se pueden recuperar de ella. El siguiente capítulo trata de la tarea concreta de restaurar la confianza.

SEIS

Restaura la confianza

> Los corazones no se obtienen como un regalo, sino deben ser
> ganados por aquellos que no son totalmente hermosos.
> —William Butler Yeats, «A Prayer For My Daughter»

La confianza no es un regalo. Debe ganarse, y no solo con confirmaciones verbales, sino con cambios específicos en la conducta. Tú, la parte infiel, tienes que demostrarle a tu pareja por medio de acciones concretas y atrevidas: «Estoy comprometido contigo. Tú estás a salvo conmigo». Tú, la parte herida, tienes que disponerte a la posibilidad de confiar de nuevo y reforzar los esfuerzos de tu pareja por ganarse de nuevo tu confianza. No puedes castigar para siempre, no puedes ser frío y distante para siempre, o tu pareja desistirá de intentar conectarse de nuevo. Tienes que exponer claramente lo que tu pareja puede hacer por ti, y luego darle a esa persona un mapa de acceso de nuevo a tu vida.

Cuando hablo de confianza me refiero, por supuesto, a tu creencia de que tu pareja te será fiel. Sin embargo, hay otra clase de confianza que importa también: la confianza, esencial para ambos, de que si se aventuran de nuevo en la relación, tu pareja se encargará de tus reclamaciones y no te dejará arrepintiéndote de la decisión de reconectarse.

La primera parte de este capítulo te enseña a cambiar tu comportamiento de un modo que reavive de nuevo ambos tipos de confianza. La segunda parte desafía algunas suposiciones comunes que sabotean tu capacidad de actuar de un modo que favorezca la confianza. Al dar ambos pasos —cambiar la conducta y superar la resistencia al cambio— incrementarás enormemente tus posibilidades de superar la infidelidad y reconstruir una relación romántica.

PRIMERA PARTE: CAMBIAR TU CONDUCTA

Si vas a cambiar tu conducta hacia tu pareja, quizá tengas que actuar a veces *como si* te sintieras más cariñoso, seguro y compasivo de lo que te sientes en realidad. Si esperas hasta que tu afecto regrese, puede que estés haciendo esperar demasiado a la relación. Cede ante tus dudas y miedos y tu relación puede morir. Cambia primero tu comportamiento —actúa de un modo más consciente y positivo— y los sentimientos de amor vendrán después.

Es posible que en el pasado llegaras a casa por la noche, gruñeras un hola, te pusieras a rebuscar silenciosamente en el correo, y corrieras escaleras arriba para lavarte o devolver algunas llamadas. No estabas necesariamente excluyendo a tu pareja: tal vez solo intentabas relajarte después de un largo día de trabajo. Pero ahora, en los despertares de la infidelidad, y en honor a una relación más rica, tienes que hacer algo más. Como el coreógrafo de una danza íntima, tienes que sopesar exactamente qué te gustaría ver suceder entre ustedes dos y actuar de un modo que hará que ocurra con seguridad. Tienes que revelar qué es importante para ti y reeducarte para tratar a tu pareja de un modo que diga: «Me gustas. Me importas». Si eso parece demasiado trabajo, lo es; pero probablemente exige mucha menos cantidad de tiempo y esfuerzo que el que derrochan en pelearse.

Existen muchas cosas que ambos pueden hacer para restaurar la confianza. Yo encuentro útil dividirlas en dos categorías: les llamo *conductas de bajo costo* y *conductas de alto costo*.[1] Como esperarías, las conductas de bajo de costo normalmente son más fáciles de lograr, porque demandan menos de ti emocionalmente. Las de alto costo requieren un sacrifico mayor.

Conductas de bajo costo

Más adelante aparece una lista de conductas de bajo costo para fomentar la confianza que quizá quieras observar en tu pareja. Tal vez tu pareja ya muestre algunas, otras rara vez o nunca. Usando estas conductas como un punto de partida, haz tu propia lista de lo que quieres de tu pareja y escríbelo en la columna central de la «Tabla para fomentar la confianza» de la página 152.[2]

Tú, la parte herida, necesitas solicitar conductas que te hagan sentir más cuidado, apreciado y seguro («Cuéntame cuándo te encontraste con la persona de la aventura»; «Muéstrame afecto a veces sin que sea con una intención sexual»). Tú, la parte infiel, necesitas requerir conductas que reafirmen que tus esfuerzos por recuperar la confianza están dando resultado («Dime cuándo te sientes más optimista sobre nuestro futuro juntos») y que reafirmen que tu pareja está intentando solucionar tu insatisfacción en el hogar («Muestra comprensión ante mi necesidad de pasar tiempo a solas»; «Dime cuándo te gusta el modo en que interactúo con los niños»). Asegúrate de tratar todos los aspectos de la relación: comunicación, tiempo libre, economía, sexo, los hijos y otros miembros de la familia, hábitos personales y todos los que sean necesarios. Muchas de las conductas que tú solicitas, tal vez te las pida también tu pareja.

Aquí tienes una lista de ejemplos:

- «Proporcióname un itinerario preciso cuando viajas».
- «Limita tus viajes durante la noche».
- «Dime cuándo te encuentras con la persona de la aventura o escuchas hablar de ella».
- «Dime de qué formas te resulto atractivo».
- «Muéstrame qué te agrada sexualmente».
- «Dime cuándo te sientes orgulloso de mí, y por qué».
- «Llámame o mándame un mensaje durante el día».
- «Dime cómo te sientes; comparte tus pensamientos íntimos conmigo».
- «Dime cuándo te sientes feliz o más optimista sobre nuestro futuro juntos».
- «Vuelve del trabajo a tiempo para cenar con la familia».
- «Dedica más tiempo a los juegos preliminares, besando y acariciando».
- «Dime qué te disgustó durante el día».
- «Dime qué te complació durante el día».
- «Enfócate en lo que estoy diciendo y no te distraigas cuando hablamos».

- «Dime cuando sientas que te he fallado».
- «Esfuérzate por dejar pasar tu enfado y ponte de nuevo en marcha conmigo».
- «Toma una clase de masajes conmigo».
- «Muéstrame afecto fuera del dormitorio».
- «Compra muebles nuevos para el dormitorio (a donde trajiste a la persona de la aventura)».
- «Háblame directamente de tus sentimientos. No te calles ni te apartes o me ataques. No uses el humor o el sarcasmo para decirme las cosas».
- «Pregúntame cómo me siento; no interpretes mi comportamiento ni supongas que sabes qué estoy sintiendo».
- «Susténtame y muestra comprensión cuando esté disgustado; no renuncies a mí».
- «Haz algunos planes divertidos y nuevos durante el fin de semana para los dos».
- «Cuando me hables en un tono degradante o desdeñoso, discúlpate cuanto antes».
- «Dime cuándo te sientes inseguro acerca de nosotros en vez de asumir que te estoy engañando».
- «Lee y discute conmigo un libro de autoayuda acerca de cómo mejorar nuestra relación». (Entre los que recomendaría están *Try to See It My Way* [Trata de verlo a mi manera] de B. Janet Hibbs,[3] *Sentirse bien en pareja* de David B. Burns,[4] y *Conseguir el amor de su vida* de Harville Hendrix.[5])

Al escribir tu propia lista de deseos, asegúrate de:

1. *Ser todo lo positivo y específico posible.* Haz de tu lista algo más que una letanía de quejas. Si indicas solo lo que tu pareja hace que te irrita o te hiere, no estás comunicando lo que quieres y estarás obligando a la otra parte a ponerse a la defensiva. Concéntrate en lo que quieres que tu pareja *haga*: en esas conductas específicas y observables que los acercarán. Por ejemplo, en vez de pedir algo general o negativo («No seas tan controlador»), dile a tu pareja en *términos positivos y específicos* exactamente lo que necesitas («Acepta a veces mis planes, aunque no sean justo lo que tú quieras hacer, y sé afable con respecto a ello).

2. *Respeta las peticiones de tu pareja al ser importantes para él o ella.* Cada lista es extremadamente personal; lo que te anima a ti

(por ejemplo: «Llámame durante el día y muestra interés en cómo me siento») tal vez solo moleste a tu pareja. Los cambios que se te pide que hagas te pueden parecer frívolos o gratuitos, pero tienes que respetar que a tu pareja le importan.

3. *Responde a diferentes peticiones en días diferentes.* Varía las peticiones que decidas satisfacer. No repitas una o dos e ignores el resto. Recuerda: las cosas pequeñas y afectuosas que hacen el uno por el otro en el día a día pueden marcar una diferencia tremenda en cómo se sienten con respecto al otro. Y del mismo modo su ausencia.

4. *Pongan sus listas en un lugar visible.* Colóquenlas en el escritorio del ordenador, dentro del armario, o en algún otro lugar accesible para que recuerden constantemente satisfacer las peticiones del otro.

5. *Registra la fecha en tu «Tabla para fomentar la confianza» siempre que tu pareja satisfaga una de tus peticiones.* Es posible que suene compulsivo, pero al reconocer los esfuerzos conscientes de tu pareja por complacerte, los refuerzas e incrementas la probabilidad de que continúen. Tal vez así también corrijas un error cognitivo en ti mismo conocido como *enfoque selectivamente negativo*, en el que insistes en lo negativo y descartas todo lo que lo contradiga. Es normal que recuerdes los malos momentos más vívidamente que los buenos, que resumas el día más en términos de momentos que te disgustaron o enardecieron tu desconfianza que en términos de aquellos que refuercen un sentimiento de bienestar. Sin embargo, al registrar las fechas de las acciones de tu pareja, te recuerdas a ti mismo que el cambio es posible. Si alguna vez te desesperas por salir adelante y piensas: «Soy el único que lo está intentando», o «Nada de lo que hago importa de todas maneras, pues nunca me perdonará», solo tienes que consultar de nuevo las fechas de la tabla para una comprobación que te hará sentir más agradecido, esperanzado y paciente.

6. *Haz lo que tu pareja te pide, te sientas o no esperanzado con respecto al futuro.* Habrá momentos en los que la reconexión te parecerá imposible, en los que mires a tu pareja y te preguntes: «¿De verdad puedes cambiar lo suficiente para que te ame, o para sentirme amado por ti, de nuevo? ¿Realmente te preocupas por mí o solo estás actuando mecánicamente?».

Intenta mantenerte firme durante esos momentos. Puede que tus dudas estén alimentadas por tus propios miedos e inseguridades. También es posible que sean provocadas por una pareja que está tan asustada y herida como tú, que ignora tus necesidades temporalmente para comprobar tu resolución y sondear la profundidad de tu compromiso. Si dejas de intentarlo porque tu pareja lo haya hecho, le das a esa persona una oportunidad para culparte por la ruptura de la relación. Si continúas satisfaciendo las peticiones del otro y te niegas a desviarte, tu pareja se sentirá obligada no a confrontarte, sino a considerar su propia resistencia.

7. *Añade nuevas peticiones a tu lista y discútelas según vayas aprendiendo más de ti mismo y de lo que necesitas para sentirte seguro y amado.* Cuando el marido de Martha la llevó a la fiesta de su oficina, la abandonó al lado de los aperitivos y apenas volvió a dirigirse a ella durante el resto de la noche. Al día siguiente, ella añadió la siguiente petición a la lista: «Cuando salgamos juntos, mantente junto mí frecuentemente, pon tu brazo sobre mi hombro o toma mi mano si te sientes cariñoso, y hazme sentir que estás orgulloso de presentarme a tus amigos».

Tabla para fomentar la confianza

(Nombre de A) Lo hizo hoy	Conductas para fomentar la confianza	(Nombre de B) Lo hizo hoy

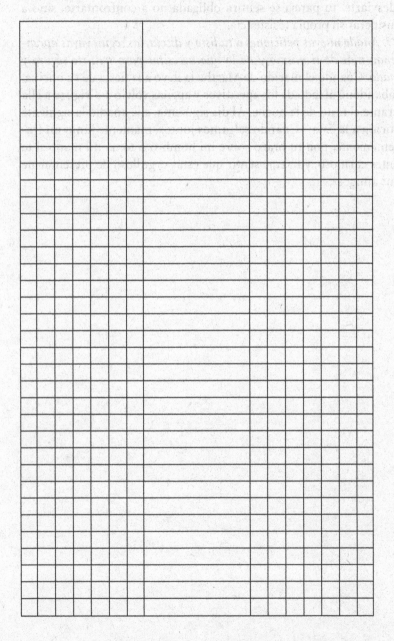

Restaura la confianza

Según vayan interactuando de un modo más consciente, reconocerán conductas adicionales que los complacerán o los disgustarán. Añádanlas a sus listas. Mientras más información puedas darle a tu pareja acerca de lo que te importa, más capaz será él o ella de hacerte feliz.

Miremos brevemente cómo una pareja que vive junta, Arlene y Tim, usaron las conductas de bajo costo para restaurar la confianza.

Arlene quería sentirse más amada, y Tim sentirse más aceptado por cómo era. Arlene se había acostado con un colega del trabajo, no para reemplazar a Tim, insistía, sino porque se sentía sola y descuidada. Su lista de conductas de bajo costo era relativamente corta, pero iban al meollo de lo que Tim podía hacer para hacerla sentir más apreciada:

- «Sonríeme y préstame toda la atención cuando te hable».
- «Háblame con un tono de voz más cálido y cariñoso».
- «Invítame a unirme a tus actividades divertidas; haz planes con antelación para que yo pueda desearlos».
- «Toma mi mano cuando caminemos».
- «Dime cuándo sientes amor por mí».
- «Dime por qué me quieres».

La lista de Tim, también corta, evidenciaba su necesidad de sentir que podía ser él mismo, que «había espacio en nuestra relación para que yo fuera yo».

- «Si estoy callado, pregúntame qué estoy pensando; no des por sentado que me estoy apartando de ti o me siento crítico».
- «Muestra comprensión ante mi necesidad de trabajar unas cuantas horas en la oficina los fines de semana».
- «Comprende que yo hablo más despacio que tú, y no me interrumpas. Parafrasea mi punto de vista; ayúdame a franquearme».
- «Muestra más interés en lo que a mí me interesa: la política, por ejemplo».
- «Haz algo más que compartir los gastos y el trabajo de mantener nuestro apartamento».

Nada de lo que Tim y Arlene pusieron en sus listas, o lo que tú y tu pareja pongan en las suyas, debe tomarse como una petición o un requerimiento: así que no tengan miedo de escribir todo lo que les importe. Hablen de lo que están pidiendo y el impacto positivo que esperan que logre. Una vez tengas claras las peticiones de tu pareja, intenta cumplir con todas las que puedas y actuar de maneras nuevas que sabes que servirán de apoyo. Te animo a que te veas a ti mismo en un cruce de caminos decidiendo qué ruta tomar y preguntándote: «¿Cómo manejaría normalmente esta situación? ¿Cuál es mi patrón usual? ¿Qué respuesta provoca eso en mi pareja? ¿Qué pasaría si actúo de forma diferente?».

Cuando Arlene sintió la vieja punzada de saltar sobre Tim en un restaurante por estar tan silencioso y ensimismado, se detuvo y se preguntó a sí misma: «¿Qué hay en la lista de Tim que pueda hacer para hacerlo sentir más aceptado? ¿Me estoy tomando su conducta de manera demasiado personal?». En vez de discutir con él, ella tomó su mano y le dijo: «Pareces perdido en tus pensamientos. ¿Qué pasa?». Apreciando sus esfuerzos por entenderlo, Tim fue capaz de contarle que había estado mirando a la pareja que tenían al lado y pensando en lo malo que era él conversando. Recordando la lista de peticiones de Arlene, le reveló sus verdaderos sentimientos: que a pesar de su silencio se estaba sintiendo muy cerca de ella. Entonces tomó su mano y la besó.

Las conductas de bajo costo pueden inyectarle sangre fresca a tu relación en un momento en que se está desangrando. Probablemente crearán un aumento decisivo en la confianza y permitirán que sientas más esperanza y conexión. Por desgracia, la transfusión por sí sola no es suficiente para revitalizar una relación dañada, y los efectos normalmente se desvanecen a las semanas. Aunque ambos pueden continuar con estas conductas de bajo costo —las necesitan para reimpulsar su relación y llegar a creer el uno en el otro de nuevo— tú, la parte infiel, debes prepararte para sacrificios mayores.

Conductas de alto costo

Como vimos en el capítulo 1, la persona herida lleva sobre sí una parte desproporcionada de la carga de la recuperación una vez que la infidelidad se ha conocido. Aunque los dos están luchando para darle sentido a lo que ha ocurrido, eres tú, la parte herida, quien casi siempre tiene una carga emocional más pesada que llevar. Es tu tarea controlar tus obsesiones, calmar la rabia que sigue gritando dentro de ti por el dolor del rechazo, restaurar tu yo perdido, actuar de un modo que sea atractivo para tu pareja, arriesgarte a ser vulnerable y tener intimidad de nuevo, y perdonarte a ti mismo igual que a tu compañero.

Por otra parte tú, la parte infiel, normalmente quieres acabar cuanto antes: ya has confesado, ya has prometido fidelidad... ¿por qué, te preguntas, no se confía en ti ahora? Lo más frecuente es que te sientas aliviado, limpio, dispuesto a seguir adelante. Es posible que incluso te sientas emocionalmente fortalecido por una aventura que ha reafirmado que sigues siendo deseable. En resumen, tienes interés en confiar y perdonar, mientras que a tu pareja *no* le interesa, al menos no por el momento.

Ambos necesitan intercambiar conductas de bajo costo como un modo de corregir y compartir la responsabilidad de lo que iba mal en la relación. Las conductas de alto costo son solo responsabilidad tuya, la parte infiel. Son los regalos que conllevan sacrificio, las penitencias, que debes considerar hacer para redirigir el daño que has causado y reequilibrar la balanza. No es suficiente con que digas: «Confía en mí, cariño; estoy aquí para quedarme». Tienes que respaldar tu afirmación con gestos radicales que son «caros»: en otras palabras, que requieren un sacrificio real que probablemente te hará sentir incómodo y vulnerable.

Estas conductas de alto costo no deberían ser arbitrarias ni punitivas. Son acciones específicas que tu pareja te requiere, o que tú te comprometes a hacer por tu cuenta, que le dan al otro una razón para creer que no vas a engañarlo de nuevo y que invertir en la relación no es una tonta pérdida de tiempo.

Aquí tienes algunos ejemplos:

- «No contactes ni te asocies con el círculo de amigos o familiares de la persona de la aventura».
- «Abandona el club o la asociación a la que pertenece la persona de la aventura».
- «Transfiere algunos de tus bienes a mi nombre».
- «Pon algo de tu dinero en una cuenta conjunta».
- «Asígnale tu secretaria [la persona de la aventura] a otra persona, y si no es posible encuentra otro trabajo».
- «Haz una escapada romántica conmigo».
- «Pon tú el dinero para que termine mis estudios universitarios».
- «Muéstrame tus extractos bancarios mensuales, los de la tarjeta de crédito y las facturas de teléfono».

- «Ve a terapia conmigo y hablemos de empezar una familia».
- «Haz lo que haga falta para dejar las drogas o el alcohol (entrar en una clínica de desintoxicación o asistir regularmente a las reuniones de Alcohólicos Anónimos)».
- «Trasládate a otra ciudad conmigo».
- «Explora por medio de una terapia los efectos de la infidelidad de tu madre o tu padre sobre ti».
- «Ven a terapia de pareja conmigo y esfuérzate por descubrir qué dice exactamente la infidelidad acerca de ti, de mí y de los dos».
- «Responde a todas mis preguntas sobre la persona de la aventura frente a un terapeuta, para que así tenga más claro que estás diciendo la verdad».

La diferencia entre las conductas de alto y las de bajo costo es totalmente subjetiva, y varía de persona a persona. Lo que uno de ustedes encuentra fácil de cumplir («Pon el coche a mi nombre»), otro puede encontrarlo amenazante y comprometedor. Lo importante que sea cierta conducta para ti depende en parte de las circunstancias de la infidelidad. Si tu esposa financiaba su cita semanal con una cuenta personal, puede que te resulte esencial tener acceso a su banco y a los extractos de la tarjeta de crédito. Si tu marido se estaba acostando con su secretaria, puede que le exijas que cambie de trabajo o secretaria.

Tal vez sea particularmente estresante para ti, la parte infiel, negociar conductas de alto costo que amenazan tu yo, como las que se definen por medio de tus ingresos o tu carrera. Sin embargo, ceder es posible, como ilustran los siguientes casos.

Roy, un abogado establecido en una pequeña comunidad suburbana, tenía una historia de infidelidades de una noche, usualmente con mujeres que recogía en los bares. Una noche su esposa, Barbara, llegó a casa temprano y se lo encontró en la cama con su última conquista. Cuando ella compartió su humillación con un amigo, descubrió que todos los del pueblo ya sabían acerca del carácter mujeriego de su esposo: los vecinos, el propietario de su restaurante favorito, incluso su hijo. «Me sentía tan deshonrada públicamente que no podía imaginarme más viviendo en esa comunidad», me dijo.

Roy parecía sincero en cuanto a controlar su adicción sexual y comenzó una terapia individual y de pareja para probarlo. No obstante, Barbara estaba nerviosa con respecto al futuro. Como una mujer orgullosa cerca de su edad de jubilación, se sentía incapaz de obtener suficiente seguridad económica por sí misma para mantener una fracción de su actual estilo de vida. «¿Y si Roy no solo me engaña de nuevo, sino que me abandona?», preguntó. «¿Y si siento que debo abandonarlo? ¿Cómo voy a mantenerme?».

Barbara consideró reducir sus pérdidas, terminando un matrimonio de treinta y seis años, y buscar el mejor acuerdo que los tribunales pudieran garantizarle. Sin embargo, ambas partes quería claramente seguir juntas, así que animé a Barbara a que le explicara directamente a Roy sus inquietudes y elaborara con él una lista de conductas de alto costo que pudiera tratar directamente esas inquietudes. Lo que pidió fue esto:

- «Me gustaría que él continuara con la terapia».
- «Me gustaría que transfiriera el 75% de sus bienes a mi nombre». (Ella necesitaba esta muestra de compromiso para aquietar sus preocupaciones económicas y convencerse de que él iba en serio con respecto a lo de ser fiel.)
- «Me gustaría que buscara un nuevo trabajo en otra comunidad, y que se asentara allí conmigo». (Ella se sentía expuesta públicamente en su ciudad.)

Roy estaba dispuesto a seguir la terapia y a conseguir ayuda con lo que él también veía como un problema. Del mismo modo se sentía cómodo transfiriendo la mayoría de sus bienes a nombre de Barbara para demostrar su compromiso de un modo tangible. Fueron a un abogado y establecieron un acuerdo.

La tercera petición —mudarse— era la que representaba serios problemas para él. La consideraba exorbitante, incluso manipuladora. Estaba establecido profesionalmente, y trasladarse significaba la pérdida de estatus e ingresos. Sin embargo, vio que se arriesgaba a perder a Barbara si le daba demasiado poco y demasiado tarde, y que ella le estaba pidiendo que accediese a un nuevo comienzo no para herirlo, sino para ayudarla a creer de nuevo en él y a superar su sensación de vergüenza.

Al final, él prosiguió con la transferencia a otra ciudad. Por fortuna, en el momento en que fue concedida, Barbara había vuelto a sentirse reintegrada a la comunidad y no quiso marcharse. La disposición de Roy de perder lo que le importaba tanto —hacer lo que fuera para que su esposa recuperara otra vez la confianza en él— fue suficiente para ella. Esa conducta de alto costo no restauró por si sola la confianza, pero combinada con otras conductas, sirvió como un puente para la recuperación.

Estancamiento: cuando no puedes decirles que sí a las conductas de alto costo

A veces no serás capaz de estar de acuerdo con las conductas de alto costo debido a los significados que asocias a ellas: un significado que tiene tanto que ver con tus heridas de la infancia como con tus conflictos actuales. Uno de ustedes, por ejemplo, puede insistir en sentirse en primer lugar todo el tiempo porque fue ignorado en su juventud, mientras que el otro puede negarse a que nadie se sienta especial debido a que se pasó la niñez atendiendo las necesidades de uno de sus padres. Uno se puede negar categóricamente a hacer lo que el otro demanda.

Si llegan a ese punto muerto, tienen que dar marcha atrás y examinar cómo sus problemas personales —aquellos que tratamos en el capítulo 5— pueden estar interponiéndose en un compromiso importante. Eso es lo que Ed y Miriam hicieron.

La aventura de Ed con su secretaria duró casi tanto como sus cuatro años de matrimonio. Cuando Miriam lo descubrió, él prometió ser fiel, pero a ella le resultaba imposible confiar en su esposo mientras él y su secretaria trabajaran juntos.

Ed trató primero con las conductas de bajo costo. Salía del trabajo a las seis, como pedía su mujer (cuando estaba teniendo la aventura a menudo se quedaba hasta tarde); se consiguió otra secretaria; llamaba a su mujer durante el día para informarle dónde estaría; y a menudo la invitaba a reunirse con él para comer en la oficina.

Sin embargo, esas conductas no eran suficientes para Miriam. Ella necesitaba algo más convincente. Si él no podía trabajar en una oficina diferente que la persona de la aventura, entonces ella pensaba que debía renunciar y encontrar otro trabajo. Ed entró en pánico. Acababan de ofrecerle ser accionista en la empresa y tenía un gran futuro allí. Miriam estaba embarazada. No era el momento de buscar ofertas de empleo.

Estaban estancados. Ed veía a su mujer emocionalmente alterada e incapaz de perdonar. Sus peticiones de alto costo eran malignas y sin sentido para él, solo significaban que quería controlarlo. «Aunque supliera todas sus demandas, ella nunca confiaría en mí de nuevo, así que, ¿qué importa?», me dijo él. Ambos se negaban a ceder.

A fin de avanzar los animé a que analizaran aquellas cuestiones personales que los conducían a asumir esas posiciones tan irreconciliables. Para Ed eso significaba enfrentar su profunda sensación de ineptitud, que provenía de toda una vida rivalizando con sus hermanos altamente calificados. Su falta de confianza en sí mismo lo hacía dudar de su valor en el mercado de trabajo. Para Miriam significaba enfrentarse a un sentido de violación de toda una vida. «No solo se trató de que mi padrastro abusara de mí», me contó, «sino de que mi madre lo sabía y eligió seguir a su lado. Lo prefirió a él en vez de a mí. Lo que Ed hizo fue traer de vuelta toda la amargura y el dolor. Veo que estoy buscando que haga sacrificios no solo para que pueda confiar en él de nuevo, sino para que yo misma pueda eliminar todos aquellos años de sufrimiento».

Estas reflexiones personales los ayudaron a suavizar sus posiciones. En el momento en que este libro fue a imprenta, Ed estaba buscando un nuevo trabajo y se esforzaba por salir de la sombra de sus hermanos. Miriam, apreciando el alcance de su sacrificio, se había vuelto más paciente y confiada, y aprendió a no hacerlo responsable de todo lo malo que había ocurrido en su vida.

Al igual que Ed y Miriam, tú necesitas explorar por qué ciertos sacrificios parecen esenciales y otros imposibles de satisfacer. También tienes que apreciar lo que significan para tu pareja, e intentar llegar a un arreglo.

SEGUNDA PARTE: SUPERAR TU RESISTENCIA AL CAMBIO

Por mucho que te guste la idea de utilizar los ejercicios para fomentar la confianza, te garantizo que te resistirás a realizar algunos. No es que seas una mala persona o no quieras que la relación mejore, sino que es probable que tus suposiciones profundamente programadas se interpongan en el camino. Puede que algunas hagan que dejes de comunicar tus necesidades, y que otras te impidan satisfacer las necesidades de tu pareja. E incluso que otras te fuercen a menospreciar lo que tu pareja intenta hacer por ti. Démosle un vistazo a nueve bloqueos cognitivos comunes:

1. «No tengo derecho a pedirle a mi pareja que cambie por mí».

2. «Si digo lo que necesito, le haré daño a mi pareja o se enfadará, y crearé más conflicto. Es mejor mantener mi insatisfacción para mí mismo».
3. «Mi pareja debería intuir lo que necesito. No tendría que explicárselo».
4. «No puedo pedir amor. Si tengo que hacerlo, no lo quiero».
5. «Si mi pareja hace lo que le pido, no espontáneamente sino solo motivado por un deseo consciente de ganarse mi confianza, no cuenta».
6. «Mi pareja está respondiendo a mis peticiones solo para engañarme y hacer que vuelva. Tan pronto empiece a confiar de nuevo, regresaremos a donde empezamos».
7. «No tendría que reconocer las conductas de mi pareja para fomentar la confianza».
8. «Mi pareja me hirió o me defraudó y debería cambiar primero».
9. «No puedo y no debería actuar de un modo que fomente la confianza cuando estoy tan enfadado».

Bloqueo cognitivo #1: «No tengo derecho a pedirle a mi pareja que cambie por mí».

Esta actitud tan común es disfuncional porque te silencia y te desconecta de tu pareja y de ti mismo. Te niega la oportunidad de averiguar si tu pareja está dispuesta a responder a tus quejas, y le impide a tu pareja la posibilidad de hacer el bien.

Mira dentro de ti mismo y pregúntate: «¿Por qué encuentro tan difícil pedirle algo a mi pareja, algo solo para mí? ¿De dónde viene esta idea de que no tengo derecho a nada? ¿Alguno de mis padres me ignoró o me castigó cuando intentaba hablar? ¿Crecí en un hogar donde aprendí a no cargar a los demás con mis necesidades? ¿Fue uno de mis padres un modelo de modestia?».

Te animo a que actúes contra este bloqueo cognitivo y prepares una lista completa de cambios que quieres que tu pareja haga por ti. Es posible que descubras que has estado atrapado en tu propia mente, te has impuesto un aislamiento que es innecesario y te has negado la necesidad básica de ser cuidado durante demasiado tiempo.

Bloqueo cognitivo #2: «Si digo lo que necesito, le haré daño a mi pareja o se enfadará, y crearé más conflicto. Es mejor mantener mi insatisfacción para mí mismo».
El deseo de mantener la paz a cualquier precio es un obstáculo común aunque peligroso para restaurar la confianza y la intimidad. Esa era la actitud de Teri después de su infidelidad. Necesitaba que su marido alcohólico supiera que lo había engañado porque él no estaba disponible para ella, y que nunca se sentiría satisfecha en casa hasta que él se encargara de su adicción. Sin embargo, mantuvo el silencio y esperó a que todo aquel caos desapareciera.

Con el tiempo, Teri llegó a ver que una petición de cambio no era un ataque al carácter de su pareja, sino un regalo en beneficio de su relación. Ella le siguió el rastro al miedo al enfrentamiento hasta su padre, que le enseñó a obedecer su autoridad y la castigaba por expresarse. «Tengo que ser sincera contigo de un modo en que mi padre nunca me permitió ser con él», le dijo a su esposo. Tengo miedo de distanciarte, pero te he empujado aun más lejos al engañarte y no decirte directamente cómo necesito que cambies».

Hablar con tanta franqueza detuvo el proceso de su terror y le enseñó a Teri que a menos que una persona se arriesgue al conflicto, no puede haber cercanía ni solución.

Bloqueo cognitivo #3: «Mi pareja debería intuir lo que necesito. No tendría que explicárselo».
Esta suposición es una receta para los malos entendidos y la insatisfacción, como sucedió con una paciente llamada Helen. Cuando su marido, Richard, regresó a ella después de una aventura de un mes, no llevaba el anillo de casado. El significado para Helen estaba muy claro: él estaba indeciso todavía sobre si comprometerse de nuevo y quería que las mujeres supieran que seguía disponible. Sin embargo, su patrón fue no decirle nada y consumirse en privado. «Él sabe lo importante que es eso para mí», me dijo. «¿Por qué tendría que sacar yo a relucir el tema?».

Animé a Helen a añadir la petición de que él llevara su anillo a la lista de conductas de bajo costo, y a tratar el asunto con él. Lo que ella descubrió fue que había perdido el anillo y tenía miedo de decírselo. Una vez que la cuestión salió a la luz, él compró uno nuevo y estaba feliz de llevarlo.

Es importante que te des cuenta de que tu pareja no sabe leer la mente, que es tu trabajo expresar tus necesidades, y que si tu pareja no se anticipa a ellas siempre, eso no significa que no te ame.

Bloqueo cognitivo #4: «No puedo pedir amor. Si tengo que hacerlo, no lo quiero».

Es relativamente fácil pedirle a tu pareja que saque la basura o que llame durante el día; es mucho más duro pedirle que diga: «Te quiero».

La mayoría de las personas desprecia las expresiones de amor cuando se entregan bajo demanda y se siente degradada cuando tiene que pedirlas. No obstante, si para ti es importante que te digan que te aman, asegúrate de añadir esta petición a tu lista. Solo deja claro que quieres escuchar palabras de amor cuando sean sinceras. Tienes que liberarte para expresar lo que más necesites.

Bloqueo cognitivo #5: «Si mi pareja hace lo que le pido, no espontáneamente sino solo motivado por un deseo consciente de ganarse mi confianza, no cuenta».

Puede que algunos de ustedes devalúen los esfuerzos de su pareja por restaurar la confianza cuando no son expresiones gratuitas de amor, sino gestos deliberados hechos para reconstruir la relación. «Quiero que mi pareja se comporte de forma natural y que haga cosas que salgan de su corazón», dices. El problema con esta actitud es que mientras más se esfuerce tu pareja, menos sincera te parecerá. Al valorar los *sentimientos* de amor más que las *acciones* que conducen al amor, limitas la capacidad de tu pareja para acercarse a ti de la única manera que quizá sea posible ahora mismo.

Esto me recuerda un incidente con mi hijo Max cuando él tenía seis años. Habíamos ido a pasar el día a Vermont para esquiar. Al verlo pasar, escuché a lo lejos a un grupo de adultos maravillados por su destreza, y sentí una oleada de amor por él. Ocho horas después estábamos entrando en el garaje de casa, exhaustos y empapados. Solo pensar en despertar a Max de un profundo sueño, arrastrarlo escaleras arriba y ponerlo en la cama era demasiado, y por un momento consideré dejarlo pasar la noche en el coche. Francamente, sentía más fatiga que amor. Sin embargo, lo que hice fue forzarme a actuar *como si* sintiera amor y con paciencia llevé a la cama a un hijo con muy mal humor. Al recordar, me doy cuenta de que esta clase de amor autoinducido era más profundo y fuerte que los sentimientos espontáneos que me habían asaltado por la mañana. Aquellos sentimientos fueron reales, aunque sin esfuerzo; no me demandaron nada.

Es cuando nos entrenamos para actuar de maneras cariñosas en servicio de nuestra relación (incluso aunque no nos sintamos muy

cariñosos en ese momento) que pasamos la verdadera prueba del
amor. Se requiere mucho más para actuar cariñosamente cuando no
nos sentimos así. Eso nos demanda que vayamos a lo profundo de
nosotros mismos, que extendamos nuestros recursos y entreguemos
lo que de verdad nos importa. Demostrar un sentimiento de apego
duradero y un compromiso hacia otro ser humano puede en realidad
ser algo muy cariñoso.

**Bloqueo cognitivo #6: «Mi pareja está respondiendo a mis
peticiones solo para engañarme y hacer que vuelva. Tan pronto
empiece a confiar de nuevo, regresaremos a donde empezamos».**
Es posible que algunos de ustedes duden de la sinceridad de los esfuerzos de su pareja, y los desprecien como ejercicios de engaño. «Mi
pareja está intentando complacerme solo para seducirme de nuevo»,
me contó un hombre infiel. «Ella necesita mis ingresos». «Mi pareja
está cambiando solo para que lo deje regresar», explicó una mujer
herida. «Tiene miedo de que el acuerdo de divorcio lo despoje de sus
bienes. Cambiará ahora, pero no durante mucho tiempo». El problema con esta actitud es que hace imposible el crecimiento y la recuperación. Si no le das a tu pareja una oportunidad para cambiar, para
ganarse de nuevo tu confianza, ¿cómo vas a saber que eso es posible?
Si siempre ves duplicidad en las conductas de alto o bajo costo de tu
pareja, ¿cómo te vas a sentir confortado o reafirmado alguna vez por
ellas? La idea no es deshacerte de tu escepticismo —eso sería poco
realista— sino suspenderlo el tiempo suficiente para darle al proceso
de sanidad una oportunidad para sostenerse.

**Bloqueo cognitivo #7: «No tendría que reconocer las conductas de
mi pareja para fomentar la confianza».**
Puede que algunos de ustedes se resistan a registrar las conductas
de su pareja en la «Tabla para fomentar la confianza», basándose en
la idea de que los adultos maduros no tendrían que ser consentidos.
«¿Por qué debería reconocer cada vez que mi esposa hace algo agradable por mí?», me preguntó un hombre herido llamado Tom. «¿Por
qué debería darle una palmadita en la espalda por intentar limpiar
su propio desastre? No es una niña. Si elige actuar de un modo cariñoso, debería hacerlo sin esperar que le diga lo genial que es».

Lo que Tom, al igual que tú, puede llegar a aceptar es que todos necesitan elogio y reconocimiento; todos necesitan saber que las tareas

realizadas con amor se notan y marcan la diferencia. Si te niegas a reconocer lo que tu pareja está haciendo por el bien de la relación, desanimas las mismas conductas que quieres provocar.

Bloqueo cognitivo #8: «Mi pareja me hirió o me defraudó y debería cambiar primero».
Esta actitud del «cambia tú primero» destruye el flujo natural de una relación madura en la que una parte normalmente hace más por el otro en cierto momento, sin llevar la cuenta. También te lleva a mostrar una conducta mezquina, vengativa y altamente competitiva que destruye tu capacidad para involucrarte con los ejercicios que fomentan la confianza y el cariño. Negarse a tomar la iniciativa puede satisfacer tu sentimiento de indignación, pero no hará nada por sanar tus heridas. Te animo, por lo tanto, a desarrollar una actitud que diga: «El mejor modo de cambiar la conducta de mi pareja es cambiando primero la mía». En esencia, te estoy aconsejando que crees un entorno en el cual es más probable que tu pareja satisfaga tus necesidades. Si no sale nada de ello, al menos sabrás que hiciste tu parte.

Bloqueo cognitivo #9: «No puedo y no debería actuar de un modo que fomente la confianza cuando estoy tan enfadado».
Hay ocasiones en las que estás demasiado atrapado en tu ira como para ser constructivo, y te niegas a practicar el juego del perdón o la reconciliación.

«No me siento amado ni cariñoso, ¿así que cómo esperas que actúe como si lo estuviese?», me preguntó un hombre infiel. Ni siquiera me puedo imaginar tomando la mano de mi esposa».

«Estoy demasiado enfadada como para mirar siquiera a mi marido, y mucho menos voy a hacer ejercicios con él», dijo una mujer herida.

Estas actitudes desafiantes son comprensibles, aunque contraproducentes. Puede que te permitan sentirte menos vulnerable y expuesto, más furioso justamente, pero al final te niegan la oportunidad de comprobar qué son capaces de hacer juntos tu pareja y tú. Te animo, por lo tanto, a que des un paso atrás y te preguntes si tu negativa a hacer los ejercicios es resultado de un *razonamiento emocional*: un error cognitivo por el cual supones que puesto que sientes algo intensamente, debe ser cierto; que puesto que estás furioso con tu pareja, debes tener derecho a estarlo.

Debido a que nunca te sentirás furioso sin sentir que tienes razón —esa es una característica básica de la ira— te sugiero que no pierdas tiempo debatiendo si tu enfado es justificado, sino que te preguntes a ti mismo: «¿Es útil? ¿Cómo me sirve?». Puede que esta sea una de esas ocasiones en las que tiene sentido no actuar en base a tus sentimientos, sino en beneficio de su vida juntos, sabiendo que seguirán más sentimientos de amor una vez actúen de manera amorosa. Como dijo el poeta y escritor Robert Bly: «Hacemos camino al andar».[6]

CON LA MIRADA HACIA DELANTE

El proceso de restaurar la confianza puede llevar toda una vida, pero eso no significa que tendrás que luchar con cuestiones de confianza todos los días. Es posible que tu relación se sienta frágil y vacilante algunos años después que se revele la infidelidad, pero durante ese tiempo puedes esperar experimentar también muchos momentos tranquilizadores y alegres.

La confianza es un regalo esquivo y delicado que solo puede ganarse con el tiempo, a través del compromiso y el esfuerzo continuo. Te pido que seas valiente y seas sensible al cambio. Tal vez solo tengas una oportunidad para comprometerte con tu pareja en el proceso sanador, así que te animo a que la aproveches y respondas con tu yo más confiado: el yo que te permite tratar las quejas de tu pareja y actuar *como si* creyeras que los dos son capaces de reconectarse de una manera más sólida y amorosa que antes.

Como dijo uno de mis pacientes una vez: «Puedes tener confianza sin intimidad, pero no puedes tener intimidad sin confianza». Con la confianza viene el conocimiento de que «Me puedo entregar a ti sabiendo que no me harás daño, que me apoyarás a mí como persona y a lo que me importa. Me puedo sensibilizar al amor, porque me siento seguro contigo y valorado por ti». Los ejercicios de este capítulo te ayudarán a restaurar esa sensación de seguridad básica. Sin embargo, tienes que aprender más; por ejemplo, cómo comunicarte de una manera más constructiva, cómo renovar la intimidad sexual, cómo perdonar. El resto del libro te lleva hacia ese gran viaje.

SIETE

Cómo hablar acerca de lo que ocurrió

Muchas parejas cometen el error de pensar que pueden reconstruir su relación después de la infidelidad simplemente teniendo experiencias agradables y positivas juntos. Aunque los buenos momentos son importantes a fin sanarse —tienes que hacer espacio para los juegos y el relax— no hay substituto para hacer salir tu dolor e insatisfacción, y ser escuchado y entendido. A menos que aceptes los sentimientos de tu pareja y comuniques los tuyos, tus interacciones positivas serán como ponerle glaseado a un pastel rancio. Volvamos, pues, al tema de este capítulo: cómo hablar y escuchar con más intimidad; cómo hablar de un modo que le permita a tu pareja saber quién eres y qué necesitas, y escuchar de tal modo que le anime a ser franco y vulnerable contigo.

Aprender técnicas de comunicación constructivas es la parte fácil (ofrezco una lista de algunas de ellas al final del capítulo); estar *dispuesto a usarlas* es el desafío. «Sé exactamente lo que tengo que decirle a mi pareja para darle la vuelta a la discusión», es posible que digas, «pero estaré condenado si lo hago». Detrás de tu resistencia es probable que haya ciertas suposiciones disfuncionales y antiguas acerca de hablar y escuchar, tales como: «Si te digo que me has hecho daño te apartaré aun más de mí», o «Si escucho, pensarás que estoy de acuerdo contigo». A menos que te enfrentes a esas suposiciones, aprender nuevas técnicas será como reorganizar las tumbonas en la cubierta del *Titanic*.

CHARLA ÍNTIMA
Es momento ahora de una charla sincera, personal y profundamente reveladora sobre la infidelidad, no solo si fue revelada hace poco, sino también si pasaron hace mucho por el trauma y nunca lo discutieron de manera profunda. A menos que lo saquen del armario —lo eliminen de en medio de ustedes dos— nunca le darán el entierro apropiado. También es momento de hablar sobre viejas quejas. Para algunos de ustedes esto significa ir más allá de la depresión a fin de desatar la furia no reconocida. Para otros significa ir más allá de la furia a fin de expresar tu tristeza, miedo o vergüenza sin reconocer. Todos deben admitir su parte de errores en lo que fue mal.

Dos modos disfuncionales de hablar: silencio y estallido
Hay dos modos comunes y disfuncionales de manejar tus pensamientos y tus sentimientos. Uno es callarte, mantenerlo todo reprimido dentro. El otro es explotar, exteriorizar los sentimientos sin restricción. Démosles un vistazo a cada uno de ellos y a las suposiciones que los alimentan.

Silencio
Si has tenido demasiadas conversaciones en tu cabeza, es probable que no estés teniendo suficientes conversaciones con la persona con la deberías estar hablando: tu pareja. El silencio puede aislarte de un daño o una decepción posterior, pero también te roba la oportunidad de sentirte comprendido, suplir tus necesidades, admitir tus errores y reconectarte. Revelar lo que sientes y necesitas es un acto de amor, un preludio a la intimidad. Hablar con franqueza «y decir todo lo que hay en el corazón» no solo es un acto de valor ordinario, como Annie Rogers lo llama,[1] resulta básico para permitir que tu pareja regrese a tu vida.

Consideremos dos suposiciones comunes que pueden estar bloqueando tu capacidad de expresarte:

1. «Si te cuento lo que me está molestando, eso nos alejará más».
2. «Si admito cómo he contribuido a nuestros problemas, pensarás mal de mí o lo utilizarás en mi contra».

Suposición #1: «Si te cuento lo que me está molestando, eso nos alejará más».

La parte herida

Puede que te sientas tan feliz de tener a tu pareja de vuelta que estés dispuesto a hacer cualquier cosa para no arriesgarte a ser abandonado de nuevo, aunque eso signifique reprimir tu ira y tu caos interno. No obstante, los temas que no se sacan a la luz no se evaporan; envenenan el espacio entre ustedes.

«Para que me sienta cerca de Howard de nuevo», dijo una mujer herida, «nuestro matrimonio tiene que cambiar. Tengo que sentirme más que segura. Necesito ser capaz de ser yo misma y eso significa hablar con franqueza de mis sentimientos. Sin embargo, Howard no quiere hablar y yo tengo miedo de molestarlo. Él me dice: "Aquello ya pasó, vivamos el presente; yo solo quiero seguir adelante". Así que no lo presiono. Pero tampoco seguimos adelante».

«Un año después de que terminara la aventura de Joe, escuché que su novia había tenido un niño», me contó otra mujer herida. «Desde entonces he estado reuniendo información secretamente acerca de ella por medio de mi hija, que trabaja en el mismo departamento. ¿Es Joe el padre? No puedo dejar de preguntármelo. Siempre que lo miro me muero por averiguarlo, pero no lo hago. No puedo. Así que eso crece entre nosotros: el hijo que él no quiso tener conmigo, el que quizá le haya dado a ella».

Para que puedas sanar y perdonar debes convencerte de que tu pareja capta la profundidad con la que has sido agraviado. Y para que eso ocurra debes hablar de la infidelidad y de cómo eso te ha afectado en tu nivel más personal. Es posible que ayude volver a la lista de las nueve pérdidas del capítulo 1 y discutir cuáles has experimentado desde que se reveló la infidelidad. No aporrees a tu pareja con tu furia para vengar tus pérdidas ni niegues tu complicidad, sino permítele ver qué está pasando dentro de ti como un paso hacia la reconciliación. *Cuando permitas que tu pareja tenga acceso a tu dolor, podrás comenzar a dejar de sentirlo.*

La parte infiel

Es posible que te calles para evitar el conflicto, pero no confundas la paz con la intimidad. Guardarte tu descontento para ti no es cariñoso ni protector; solo los deja a ambos vulnerables ante otra traición. Si estás esperando otro momento menos inestable para expresarte, olvídalo; el tiempo no hará tu tarea más sencilla. Descarga tus preocupaciones ahora o el cáncer crecerá.

Vanessa se sabía desdichada meses antes de buscarse un amante, pero no dijo nada. En vez de eso, invitó sin mucha convicción a su marido a pasar tiempo con ella haciendo las compras y los mandados. Su marido, ignorante de la creciente crisis, la rechazaba educadamente. Lo que Vanessa no le decía era: «Mira, me siento sola. Necesito más de ti. Estás totalmente absorbido por tu trabajo y yo me considero irrelevante para ti. Esto es serio. Escúchame». Si aun así él no lo hubiera entendido, ella podría haberle dicho: «Estoy pensando en tener una aventura. Me siento atraída por otro hombre»; o «Estoy pensando en dejarte. No te lo digo para amenazarte, sino para mantenernos juntos».

Si Vanessa se hubiera expresado antes y de manera más directa, tal vez no habría tenido que buscar compañía en otro sitio. Sin embargo, para ella era difícil expresarse cuando se le había enseñado toda su vida a silenciar su descontento. «El silencio es oro», «No molestes», «No merece la pena pelear», «Las cosas volverán a su cauce en su momento»... estos eran los mensajes con los que creció. Lo que nadie le dijo fue: «Sin conflicto no hay cercanía; enfréntate a tus quejas o te quedarás sin otra cosa que la ilusión de la tranquilidad».

Suposición #2: «Si admito cómo he contribuido a nuestros problemas, pensarás mal de mí o lo utilizarás en mi contra».
La parte herida
Es posible que haya sido difícil admitir tu complicidad, dado lo traicionado y violado que quizá te sientas, pero la aceptación por tu parte de la carga de la responsabilidad te liberará, al menos parcialmente, del papel de víctima. Tal vez te fortalezca saber que, en vez de esperar pasivamente a que tu pareja cambie, tú también puedes hacer cosas para marcar la diferencia.

La parte infiel
Puede que te muestres igualmente reacio a aceptar tu responsabilidad, pero tu pareja necesita saber que comprendes y lamentas el daño que has causado. Si fueras egoísta o insensible, o si estuvieras siendo guiado por expectativas irrealistas y necesidades excesivas que van más allá de la responsabilidad o la capacidad de tu pareja (o la de cualquiera), ahora es el momento de admitirlo y disculparte. Recuerda:

el regalo más preciado que le puedes dar a tu pareja como reafirmación de que no la engañarás de nuevo es tu disposición a profundizar en ti mismo, enfrentarte a tus problemas personales que conllevaron a la infidelidad, y reconocerlos de manera sincera y responsable.

Aquí tienes lo que algunos de mis pacientes dijeron al empezar este proceso; quizá quieras buscar tus propias explicaciones:

- «Me derrumbé cuando mi negocio comenzó a fracasar. Me sentía totalmente humillado».
- «Cuando murió mamá no sabía cómo acercarme a ti y decirte lo miserable y solo que me sentía, cuánto te necesitaba».
- «Nunca me enfrenté a tu enfado, igual que nunca me enfrenté al de mi padre. Era un debilucho, y dejé que me pisotearas. Te odiaba por eso, porque era más sencillo que odiarme a mí mismo».
- «Nunca me sentí atractivo, *sexy* o inteligente. Dejaba que fuera el flirteo con otras mujeres lo que me hiciera sentir deseable».
- «Francamente, no sé por qué tuve la aventura, pero iré a terapia a averiguar y compartiré lo que aprenda contigo. En parte es tu trabajo hacer que yo sea feliz, pero no es tu trabajo hacer que yo sea fiel. Yo me encargaré de ello... lo prometo».

Puede que ambos se muestren reacios a revelar aquello por lo que sienten un profundo rechazo o vergüenza; puede que parezca que te hace menos digno de ser amado, más asequible a fin de ser atacado. Sin embargo, lo contrario normalmente es cierto.

Recuerdo lo doloroso que fue para mí aprender esta lección allá en quinto grado, cuando la infidelidad, pensaba, significaba no ser capaz de tener un bebé. Acababan de comprarme mi primer par de gafas. Mientras me dirigía a una fiesta de pijamas mis padres me advirtieron que cuidara de ellas. Lo intenté. No obstante, cuando llegó la hora de irse a dormir, no encontré un lugar seguro donde colocarlas entre las mantas del suelo del sótano, así que las metí debajo de mi almohada, pensando que allí nadie las pisaría. Me equivoqué. Cuando regresé a casa al día siguiente estaba preocupada de que mis padres se enfadaran conmigo, e inquieta por tener que admitir mi estupidez, así que le quité importancia a mi error. «No van a creer lo que pasó», me jacté mientras entraba por la puerta. «¡Tenían razón!». Y levanté mis gafas aplastadas. Bueno, por supuesto que mis padres se pusieron furiosos... pero no porque se hubieran roto mis gafas, sino porque llegué con aquel desdén arrogante e irresponsable. Si hubiera sido honesta, les habría dicho: «Miren, siento mucho lo de las gafas. De verdad que intenté cuidarlas, pero no acerté. Sé que son caras y siento lo que ha ocurrido». Ellos me habrían perdonado, estoy segura.

La franqueza y el análisis de uno mismo pueden permitir un acercamiento, y hacerte más amable, más humano, a los ojos de tu pareja. También pueden hacer que tu pareja se muestre menos a la defensiva y, en su momento, más dispuesta a enfrentar su contribución a la infidelidad. Mientras más culpes a tu pareja, probablemente menos responsabilidad asuma ella. Permítete ser vulnerable y eso invitará a tu pareja a serlo también.

Estallido

Cuando guardas silencio, amordazas tu descontento; cuando explotas, atacas a tu pareja con ello. Detrás del estallido, al igual que detrás del silencio, puede que haya ciertas suposiciones inadaptadas que te den permiso para airarte sin control, y que prácticamente garantizan que tu pareja te ignore o actúe del mismo modo contigo. Miremos unas cuantas de esas suposiciones:

1. «Necesito sacar a relucir mis sentimientos; no es sano censurarlos».
2. «A menos que me enfurezca, no vas a escucharme ni a entender mi dolor».
3. «Soy como soy».
4. «Tengo que sentirme satisfecho antes de parar».

Suposición #1: «Necesito sacar a relucir mis sentimientos; no es sano censurarlos».

Algunos terapeutas todavía defienden que la expresión sin restricciones de las emociones es catártica, una especie de derramamiento verbal que exorciza los sentimientos envenenados atrapados dentro de ti. Sin embargo, la mayoría de los profesionales hoy cree que la expresión de la ira sin restricciones ni control solamente conlleva a más ira, tanto de la parte que esta expresándola como de la parte que se encuentra bajo ataque.[2]

No sugiero que debas siempre bajar el volumen ni que siempre sea malo o esté mal un estallido. Tu pareja no puede comprender tu experiencia si la envuelves en una sonrisa. No obstante, la ira continua es poco atractiva, y al modular tu voz y elegir tus palabras con cuidado no le darás excusa a tu pareja para *no* escucharte. Es posible que tengas que liberarte de los sentimientos amargos antes de poder cultivar los amorosos, pero hay maneras de hacer esto que no crean más amargura. (Ofrezco una lista de ellas en las sugerencias al final del capítulo.)

Suposición #2: «A menos que me enfurezca, no vas a escucharme ni a entender mi dolor».

Puede que automáticamente supongas que niño que no llora no mama; que para ser escuchado tienes que ser dramático y montar una escena. Tal vez tengas razón: quizá tu pareja se niegue a prestarte atención a menos que despotriques, y después te tache de loco o irracional. Cuando esto ocurre uno se queda sin salida flexible y se ve forzado a sentirse aun más furioso.

Sin embargo, es posible que te equivoques: poniéndote furioso, aunque consigas la atención, quizá estés alejando a tu pareja y termines sintiéndote más solo y sin apoyo que antes. Si hablas directamente y con más calma, tal vez tu pareja te escuche con más atención y sienta tu dolor o descontento de forma más palpable que cuando estallas.

Martha le podía haber dicho a su marido infiel: «Tú me expusiste a una enfermedad mortal, porque eres un cerdo egoísta. Nunca te ha importado nadie excepto tú mismo». Lo que dijo en vez de eso fue: «No me siento segura dentro de mi propio cuerpo. ¿Entiendes lo mal que me hace sentir eso? Podrías haberme expuesto al SIDA. No me puedo imaginar qué podría haber sido tan importante para que pusieras mi vida en riesgo».

Suposición #3: «Soy como soy».

Tal vez insistas en que eres «una persona emocional» que solo puede relacionarse del modo furioso en que lo haces. Sin embargo, esos calificativos solo son excusas para justificar un comportamiento disfuncional y te dan licencia para que explotes. Si quieres que tu mensaje llegue, tienes que dejar de esconderte tras la suposición falsa y conveniente de que no puedes cambiar.

Suposición #4: «Tengo que sentirme satisfecho antes de parar».

Muchos de ustedes se ven inmersos en un conflicto y después no pueden salir principalmente porque suponen que deben sentirse satisfechos antes de parar. Esta idea te fuerza a permanecer atrapado en la batalla mucho después de que las tropas debieran haberse marchado a casa. El problema con esta estrategia es que resulta probable que dejes a tu pareja sintiéndose maltratada y a la defensiva, y mostrándose reacia a ceder en su punto de vista o a discutirlo más tarde contigo. Si quieres que se te escuche, tienes que parar una vez se te ha entendido, te sientas satisfecho o no. No pienses que con ponerte en pie de guerra y pelar otra ronda te saldrás con la tuya. Es más probable que recibas un golpe de vuelta, o saques volando a tu pareja del cuadrilátero.

Una palabra de precaución: la ira que la infidelidad ha desatado tal vez te conduzca a la violencia contra tu pareja o contra ti mismo. Algunos de ustedes, incluso aquellos sin historial de abusos físicos, quizá se sientan incapaces de controlarse y actúen de un modo que los conmocione y los ponga en peligro.

Torben y Kathy se sintieron incapaces de hablar racionalmente acerca de la infidelidad de él. Una noche antes de irse a la cama ella se puso histérica y amenazó con suicidarse. Torben, abrumado por la culpa, se puso un cuchillo en la garganta y le dijo: «Acaba conmigo. Estoy mal». Mientras Kathy corría al cuarto de baño por un frasco de sedantes, Torben hizo añicos un plato contra el suelo. Una esquirla voló hasta su cara, abriéndole el labio. Ambos se quedaron quietos y se miraron, boquiabiertos. «Dios mío», pensaron, «¿qué estamos haciendo? ¿Qué nos ha pasado?».

Estos estallidos, por extremos e inusuales que puedan parecer, a menudo vienen después del turbulento despertar de una infidelidad. En un momento en que tus emociones están nubladas, tu idea de ti mismo traumatizada, tu relación rota, debes aprender a reconocer los primeros signos de una escalada de violencia y detenerte antes de que sus confrontaciones se salgan de control. No bebas y pelees; el alcohol solo intensificará tu hostilidad. No amenaces con el divorcio; la relación es demasiado frágil para tolerar esta clase de intimidación. Si ves que las emociones se están avivando, recuérdate que tal vez no tengas la capacidad de comunicación o el autocontrol para hablar de un tema tan inflamable como la infidelidad, y apártate de lo que sea que te está disgustando. Pide una tregua temporal con palabras como: «Puedo sentir que la tensión crece entre nosotros. Acordemos parar aquí y volver a reunirnos a las cinco esta tarde para hablar más. Realmente quiero escuchar lo que tienes que decir».

Es importante estar de acuerdo en parar, pero también en volver a tratar el tema a una hora específica de modo que la persona que está desahogándose no se sienta excluida.

Cómo afecta tu pasado al modo en que hablas hoy

Para comprender por qué te quedas en silencio o explotas, considera cómo se comunicaba tu familia entre sí y contigo. De estas interacciones tú aprendiste modos de expresarte. Aquí tienes algunos ejemplos:

- Tus padres siempre se estaban gritando y tú creciste temiendo los enfrentamientos.
- Tenías varios hermanos pendencieros que te enseñaron que el único modo de que se te escuche es gritando.
- Aprendiste de una madre de carácter apocado a callar tus necesidades.
- Aprendiste de un padre explosivo y autoritario a devolver las imprecaciones.
- Aprendiste de una madre crítica que el modo de obtener aprobación es decir lo que los demás quieren escuchar, e ignorar tu propia voz.
- Aprendiste de un padre ausente que para conseguir la atención tienes que fastidiar, gritar o llorar.

Cuando te comunicas hoy con tu pareja es probable que vuelvas a representar escenarios de tu infancia que refuercen esas lecciones tempranas. Si creciste sintiéndote incomprendido, por ejemplo, puede que silencies lo que necesitas y garantices así que tu pareja no te entienda. Si creciste sintiéndote sin apoyo, puede que grites y te asegures de que tu pareja no te escuche.

Romper esos patrones que llevan así toda la vida tal vez parezca arriesgado, como nadar en aguas no protegidas. Sin embargo, al zambullirte te liberas para interactuar de un modo más íntimo y permites que tu pareja te escuche y considere tus necesidades seriamente, tal vez por primera vez.

Aquí tienes dos escenarios contrastados. En uno de ellos, Curtis está estancado en el silencio. En el otro, Sarah le habla a su silencio y trabaja para superarlo.

Escenario #1: Curtis y Alice

Curtis y Alice llevaron cada uno por su lado a su matrimonio un estilo inadaptado de comunicación. Encajaban perfectamente, cada uno permitiendo que el otro representara un papel bien aprendido, hasta que la infidelidad de Curtis hizo caer el telón.

El padre dominante de Curtis cuidó de su familia y creó en casa un ambiente aparentemente libre de conflicto. Si Curtis se sintió resentido alguna vez, nunca lo reconoció ante nadie, incluido sí mismo. Cuando se casó con Alice mostró la misma fachada dulce y humilde que le había presentado al mundo en su juventud. Él se sometía a los deseos de su esposa, igual que se había sometido a los de su padre, y le enseñó a ella a ignorar sus necesidades. Su vida de casado parecía libre de conflicto.

Alice también creció con un padre dominante, pero en vez de esconderse de él, ella aprendió a devolverle los insultos tan rápido como los recibía. Ella y su padre peleaban fuertemente y a menudo. En su matrimonio, ella ocupó el lugar de su padre y a menudo se encontraba vociferándole a Curtis por ser tan dócil y poco asertivo. Llegó a despreciarlo por no plantarse frente a ella.

A los veinte años de casados, cuando Curtis se equivocó con una inversión empresarial grande, Alice lo atacó con desprecio. Curtis no dijo nada, pero expresó su rabia acumulada abandonándola y mudándose con su contable. Cuando lo vi dos meses después, todavía estaba furioso con Alice por no apoyarlo. «Después de toda una vida de lidiar con su estado de ánimo», me contó, «la *única vez* que le pido algo no tiene nada que darme». Yo le señalé que en todos sus años juntos él nunca había dado ningún aviso, no había hecho ningún comentario correctivo, en cuanto a que era infeliz, ni le pidió a ella que se hiciera responsable ante él. Nunca había dicho: «Escúchame. Te necesito ahora. Yo he estado ahí cuando lo has necesitado, y si no puedes encontrar la compasión y la humanidad para que pueda contar contigo ahora, te dejo». Le pregunté cómo, después de tantos años de enseñarle a ella a *no* estar disponible, podía esperar que actuara de forma diferente.

Curtis todavía podría haberse sincerado con Alice —ella se lamentaba profundamente por el modo en que lo había tratado y quería que regresara— pero él se mantuvo en silencio, como acostumbraba, y continuó atendiendo solo sus necesidades, fuera de la relación.

Escenario #2: Sarah y John

La historia de Sarah tiene un final más satisfactorio. Al haber crecido con una madre diabética, asumió el papel de niña invisible, sin imponerle nunca sus necesidades a nadie. Su ira se acumulaba en ocasiones hasta llegar a ser lo que George Eliot llamaba «el rugido que se encuentra al otro lado del silencio», pero ella siempre terminaba sintiéndose culpable y refugiándose en sí misma. En su matrimonio con John mantenía este mismo patrón alterno de silencio y estallido.

Casi un año después de terminar su aventura con su secretaria, John anunció que se quedaría hasta tarde en una fiesta de Navidad de su oficina e invitó a Sarah a que se le uniera. Ella estaba furiosa. «Obviamente sigues viendo a esa chica», le gritó. «Si estuvieras orgulloso de mí y me quisieras allí no habrías esperado hasta el último minuto para invitarme, cuando sabías que era demasiado tarde para que fuera».

John, sintiéndose maltratado, insistía en que se le había olvidado la fiesta simplemente porque no significaba nada para él y estaba inundado de trabajo. Sarah quería creer su historia, pero continuó apaleándolo.

Aquella noche, después que John volviera pronto de la fiesta, Sarah quería hacer las paces con él, pero el silencio se interpuso en el camino. «John maneja los conflictos, normalmente, yéndose a dormir en el momento», me contó al día siguiente. «Sabía que él estaría roncando en cualquier momento y yo permanecería despierta toda la noche obsesionándome. Por la mañana me sentiría enferma e incluso más furiosa con él. No nos hablaríamos en todo el día, y para cuando llegara a casa del trabajo, estaría rabiando de enfado. Realmente necesitaba sentirme cerca de él antes de poder irme a dormir, pero mi antiguo yo silencioso simplemente estaba ahí, con miedo a moverse. Me dije a mí misma: "Idiota, ¿por qué no puedes decirle simplemente que lo sientes y pedirle que te abrace? Siempre tienes problemas pidiendo cualquier cosa, ¿por qué es tan difícil? Habla con él".

»Y lo hice. Me volví hacia él —¿estás preparada para escuchar esto?— y le dije, lastimeramente: "No puedo dormir. ¿Te importa que encienda la luz para poder leer?". "No, está bien", dijo él, y cerró los ojos.

»Yo estaba allí, pensando: "¡No puedo creerlo! Lo último que quieres ahora mismo es leer. Compórtate. Dile lo que deseas". Así que lo zarandeé para que se despertara y le dije: "John, esto es estúpido. Me siento terriblemente por nuestra pelea de esta noche... insegura de nosotros, enfadada conmigo misma por ponerme a pelear contigo. Por favor, no te vayas a dormir y me dejes desamparada. Solo abrázame".

»John abrió los ojos, sonrió e hizo un espacio frente a él. Esta vez acepté la invitación.

»Es duro creer lo difícil que fue simplemente expresarme. Tuve que superar algo en lo profundo de mí que me ataba. He vivido toda mi vida de ese modo, silenciándome o estallando. Cuando finalmente recuperé mi voz, le di a John una oportunidad para apoyarme y me experimenté a mí misma de una manera nueva: más conectada, más apoyada».

Despedirte de la persona de la aventura
Muchas personas infieles eligen dejar de ver a sus amantes sin la formalidad de una despedida. Sea cual sea la razón —culpabilidad, miedo al enfrentamiento o confrontación— tu pareja se queda creyendo que estás indeciso con la idea de regresar a casa y que sigues determinado a mantener disponibles tus opciones. Este no es el mejor clima para restaurar la confianza. Si tu amante escribiera o llamara, está garantizado que tú y tu pareja discutirían en cada ocasión.

Hay tres buenas maneras de hacer evidente tu nuevo compromiso con tu pareja. La primera es que debes despedirte de la persona de la aventura sin dejar lugar a dudas. No intentes proteger a esta persona no diciéndole nada o suavizando tus palabras; no dejes espacio a la duda. Deja claro que quieres que él o ella avance hacia otra relación más satisfactoria. En segundo lugar, debes prometerle a tu pareja que nunca contactarás de nuevo a la persona de la aventura; o, si eso no es posible, debes prometer que mantendrás los encuentros de la forma más infrecuente e impersonal posible. Tercero, si tu pareja quiere que le informes de cada ocasión en que tú y la persona de la aventura se cruzaron, debes cumplirlo; de otro modo la verdad puede salir a la luz accidentalmente y parecer un secreto que quieras esconder.

Hablar de la infidelidad
Al hablar de la infidelidad las partes heridas tienen que decidir qué quieren saber, y las partes infieles tienen que decidir cómo revelarlo. Son cuestiones potencialmente explosivas que se deben sopesar antes de que tenga lugar ninguna conversación.

La parte herida

Saber que la persona de la aventura comparte secretos con tu pareja —que los dos saben cosas que tú no— puede parecer intolerable y hacerte insistir en que te cuenten cada terrible detalle.

El problema con tener una imagen demasiado vívida está en que es probable que te atormente y que, en vez de satisfacerla, alimente tu obsesión. Tu fascinación es comprensible, pero antes de empezar con la inquisición te aconsejo que escribas tus preguntas y te cuestiones: «¿Las respuestas me ayudarán a mí —o nos ayudarán a *nosotros*— a alcanzar la recuperación? ¿Ayudarán a hacer borrón y cuenta nueva o lo revolverán todo? ¿Qué es lo que quiero conseguir con estas preguntas?».

«No me preocupaba demasiado que Jack estuviera coleccionando imágenes censurables de mujeres», me contó una paciente llamada Tracey. «Sin embargo, cuando encontré imágenes de gente teniendo sexo anal, empecé a preguntarme si él hacía esas cosas con su pervertida novia. Decidí no preguntarle porque no sabía qué hacer con la respuesta... solo hay una cantidad de aclaraciones que una persona puede admitir. Pero sí necesitaba saber si él podría estar satisfecho haciendo el amor conmigo, dado que tengo límites en lo que hago para hacerlo feliz».

La mayoría de las personas heridas, a diferencia de Tracey, tienen el don de ir tras la información que las hará sufrir. «¿Todavía piensas en ella?», «¿Disfrutabas del sexo con él más que conmigo?», «¿Alguna vez pensaste en ella cuando hacíamos el amor?», «¿Tienes alguna duda de nuestro futuro juntos?»... estas son la clase de preguntas autodestructivas que solo hacen que el cuchillo se clave más. Total, ¿para qué?

Cuando una persona herida se vuelve experta en poner trampas, todo el mundo pierde. Una editora de producción de treinta y seis años llamada Jill no era una excepción. «La aventura de Howard [con su representante de ventas] había acabado hacía dos años», me contó, «pero todavía siento la necesidad de vigilarlo. Él había prometido mantener sus conversaciones con ella a la luz. Después de una reunión de ventas, intenté hacerlo caer en la trampa. Empecé lentamente, como si olfateara las pistas. Le pregunté: "¿Has visto a Janet últimamente?". Yo sabía que sí, y él lo admitió. Y después dejé caer el anzuelo: "¿Todavía está viendo a ese chico de Arizona?". Si él hubiera sabido la respuesta, yo sabría que su conversación había cruzado la línea. Pero Howard intentó llevar el tema a un terreno seguro. "Me halaga que pienses que una joven como ella podría seguir interesada en mí", dijo él. Yo no iba a dejar que se escapara tan fácilmente, así que le devolví la pelota: "En realidad, tú eres el único que parece halagado de que una jovencita esté interesada en ti". Insistí hasta que él dejó caer las manos y salió de casa. Comprendí que no había nada que él pudiera haberme dicho para asegurarme que no era verdad. Yo iba a cazarlo, fuera culpable o no».

El mejor consejo que puedo darte es que te centres en tu relación, no en la persona de la aventura. Intenta hacer preguntas como: «¿Qué necesitas de mí para sentirte más amado y cuidado?», «¿Qué le falta a nuestra relación según tú?» y «¿Cómo te gusta que te toque?»; preguntas que te ayudarán a dejar atrás la infidelidad y tu obsesión con la otra persona.

Una paciente llamada Ann llegó a esta misma conclusión. «Cuando escuché lo de la aventura de Frank», me contó, «quise ir hasta la oficina de esa zorra y humillarla del mismo modo que ella me había humillado a mí. Quería gritarle delante de todos sus clientes que era una maldita furcia. No obstante, decidí no rebajarme y en vez de eso le escribí una carta. Deseaba que supiera que yo era una persona real con sentimientos de verdad, y que lo que hizo estaba mal. Sin embargo, no la envié, porque la verdad es que ella no es el problema, ni la solución. Si alguna vez entiende lo que me hizo o incluso si reconoce mi existencia, eso no va a ayudarme a mí o a mi matrimonio».

La parte infiel

Cuando se trata de contestar preguntas acerca de la persona de la aventura, creo que es la persona a la que has traicionado, no tú, quien tiene el derecho de decidir qué revelar. Tú deberías responder cualquier detalle que tu pareja quiera. Si intentas esconder o suavizar la verdad para proteger los sentimientos de tu pareja, es probable que seas visto como un controlador, un evasivo o alguien que pretende engañar. Sigue adelante y señala que la verdad puede herir más que sanar, pero no esperes que tu pareja escuche tu consejo o confíe en tu juicio.

Respetar los deseos de tu pareja no es, por supuesto, una licencia para ser cruel. Escoge tus palabras con sensibilidad e intenta darle información que encamine la relación en una dirección positiva. Si tu esposa pregunta: «¿Soy igual de buena como amante?», sería improductivo y cruel decirle simplemente: «No». Sin embargo, sería totalmente instructivo decirle: «El sexo era mejor entre ella y yo de lo que ha sido entre nosotros durante los últimos años, pero eso era porque estaba prohIbído y porque a veces yo siento que tú no quieres estar conmigo».

ESCUCHAR ÍNTIMAMENTE

Escuchar íntimamente significa poner tus sentimientos y creencias en suspenso, adentrarte en el mundo de tu pareja y verte a ti mismo, y la infidelidad, desde el punto de vista de tu pareja. Significa preguntarte a ti mismo sin estar a la defensiva ni en una competición: «¿Qué está intentando transmitirme mi pareja? ¿Qué quiere esta persona que yo entienda?».

Para escuchar con intención tienes que ver a tu pareja no como el enemigo, sino como alguien que puede también estar herido y cuyo mensaje para ti no es «Eres horrible», sino «Me importas. Necesito que lo entiendas». Tal vez puedas recordarte que no están discutiendo la verdad, en un sentido definitivo, sino dos maneras diferentes de verla. La forma en que tu pareja considera las cosas puede ser diferente a la tuya, pero si quieres que alguna vez lleguen a acercarse, tendrás que aprender a escucharla.

Una mujer infiel llamada Marsha descubrió que comprender la mentalidad de su pareja no es algo que ocurre de manera natural, pero se entrenó para hacerlo. Cuando su marido, Bob, le dijo: «Tú no me haces sentir amado», su primer impulso fue arremeter contra él: «¡Qué! ¡Después de todo lo que he hecho por ti!». No obstante, en vez de eso intentó comprender su miseria y mostrar interés. «Me disgusta escucharte decir eso», señaló ella. «¿Qué es lo que hago para hacerte sentir así?». Para su interior se dijo: «Déjalo hablar. Está revelando algo importante de sí mismo... y quizá de ti. No importa que pienses que está equivocado o es injusto. Si quieres acercarte, tienes que escuchar e intentar apreciar lo que él está diciendo».

Hay muchos modos de permitir que tu pareja sepa que estás escuchando, pero te recomiendo dos en particular. Se llaman la técnica del intercambio y la técnica del desarme.

La técnica del intercambio

Las parejas a menudo se pelean sin saber por qué están peleando, o corren a poner en duda el punto de vista de su pareja antes de comprenderlo. La técnica del intercambio está hecha para ayudarte a ti, el que escucha, a oír lo que tu pareja está diciendo, y a ti, el que habla, a sentir que se te está oyendo.

Así es como funciona. Cuando se está discutiendo un tema y uno de los dos comienza a irritarse o disgustarse, cualquiera de las dos partes pide una tregua y los dos «se intercambian». Esto significa que ambos dejan de apoyar sus puntos de vista —dejan de imponerle sus posiciones al otro— e intentan entrar en el mundo fenomenológico del otro. «Así que esto es lo que *tú* quieres que *yo* entienda», dices en efecto, como si intentaras parafrasear o reflejar los aspectos más importantes del mensaje de tu pareja, tanto en contenido como en espíritu. Tu pareja entonces evalúa lo que entiende que tú has captado del mensaje en una escala del uno al diez. El nueve es un aprobado. Si suspendes, tu pareja repite la parte del mensaje que no parece que hayas escuchado, y tú intentas «capturarlo», tantas veces como sea necesario, hasta que tu pareja quede satisfecha. No te sientas insultado o frustrado si no consigues una puntuación alta a la primera oportunidad. A menudo es solo después de que tú repites el mensaje que tu pareja comprende lo que no ha dicho; así que es posible que tú no hayas escuchado algo porque nunca se ha dicho. Una persona afligida quizá necesite que le repitas el mensaje varias veces antes de sentirse comprendida.

Roberta y Neil tenían dificultades para negociar cómo pasar su tiempo libre, y cuando intentaban hablarlo terminaban sin hablar nada. Neil (la parte herida) a menudo quería más tiempo juntos; Roberta a menudo quería menos. Neil la veía fría y distante; ella lo veía inseguro y necesitado. Un día, cuando ella insistió en ir sola a hacer los mandados, sus ánimos se caldearon. Neil, aplicando la técnica del intercambio, la escuchó atentamente y después intentó repetir lo que ella decía: «Te gustaría que yo te dejara salir sola algunas veces y que no me lo tomase como algo personal», dijo él. «Ves el hecho de que yo quiera estar contigo como un modo de controlarte y asegurarme de que no me vas a volver a engañar. Eso no suena cariñoso; suena a encarcelamiento».

Roberta, a su vez, escuchó a Neil y repitió sus sentimientos: «Tú quieres que yo comprenda que he provocado gran parte de tu inseguridad apartándote constantemente y no haciéndote sentir especial para mí. Te sentirías mejor dejándome hacer cosas sola si alguna vez yo te buscara para hacer cosas divertidas conmigo».

Ambas partes habían escuchado bien y ambas se sentían comprendidas.

La técnica del desarme
Esta otra técnica para escuchar[3] reduce tu sensación de polarización en una cuestión dada y te ayuda a encontrar un terreno común sobre el que apoyarte. Al igual que la técnica del intercambio, te ayuda a disminuir la violencia del conflicto al forzarte a concentrarte en lo que tu pareja está diciendo en vez de en lo que tú planeas decir en tu defensa.

En este ejercicio van buscando por turnos la verdad en la posición de su pareja —la parte con la que estén de acuerdo realmente— y reconociéndola de modo cortés y convincente.

Ed y Miriam chocaban porque él trabajaba en la misma compañía que su antigua amante, Sandy. Un día, durante una sesión de terapia de pareja en mi consulta, les pedí que intentaran la técnica del desarme. En vez de defenderse o intentar esquivar el enfrentamiento, Ed reconoció lo que él creía que era verdad en la posición de Miriam. «Mi situación en el trabajo debe volverte loca», le dijo. «Tiene que ser más difícil para ti confiar en mí y dejar de obsesionarte con Sandy cuando sabes que me voy a encontrar con ella todos los días. Puedo comprender por qué te gustaría que encontrara un trabajo en otro sitio, aunque ganara menos».

Después de escuchar a Ed validando su punto de vista fue más sencillo que Miriam hiciera lo mismo por él. «Entiendo que tú estás entre la espada y la pared», dijo ella, «que quieres complacerme, pero te preocupa encontrar un buen trabajo en otro sitio. Sé que digo que el dinero no me importa, pero después me lo gasto en abundancia. Tiene que ser duro dejar un trabajo bueno y seguro. Requiere más energía y confianza que la que sientes que tienes ahora mismo».

Este fue un punto de inflexión para ambos. Ninguno había reconocido nunca lo que había de razonable en la posición del otro. Admitirlo los hizo sentir vulnerables, y los ayudó a suavizar el conflicto y a convertirlos en colaboradores para trabajar en un problema común.

Lo que tú también necesitas ver es que, sin importar por qué estén discutiendo, a menudo hay algo de verdad en lo que tu pareja está diciendo. Es tu labor encontrarlo y afirmarlo. Es probable que tu afirmación los aleje de las dos posturas extremas y arrogantes y los acerque.

Finalmente ambos deben aprender a ser buenos oyentes y recibir las quejas de su pareja como regalos al servicio de la relación. Para renovar los lazos tienen que conocerse uno al otro mejor, y eso significa aceptar como válido lo que su pareja siente y considerar seriamente lo que el otro dice de ti. Si ambos pueden hablar francamente sin abalanzarse sobre el otro ni ponerse a la defensiva, desarrollarán un mecanismo para manejar los conflictos que los hará sentir más cuidados y comprendidos a lo largo de su relación.

Por qué tal vez no quieras escuchar

Démosle un vistazo a tres suposiciones comunes que quizá reduzcan tu capacidad para escuchar las quejas de tu pareja. (Al decir escuchar me refiero a escuchar *íntimamente*, que no implica solo la disposición a escuchar las palabras de tu pareja, sino la disposición a apreciar su perspectiva.)

1. «Escuchar tus quejas es lo mismo que decirte que tienes razón».
2. «Escuchar tus quejas es darte licencia para que te enfurezcas».
3. «Escuchar tus quejas es lo mismo que decir que te perdono».

Suposición #1: «Escuchar tus quejas es lo mismo que decirte que tienes razón».

Escuchar no significa que estás de acuerdo; simplemente significa que te importa lo suficiente como para intentar entender lo que tu pareja está diciendo. Si confundes escuchar el mensaje de tu pareja con validarlo, no escucharás, y no sabrás sobre qué estás discutiendo. A menos que escuches las quejas de tu pareja, no podrás empezar a entenderlas ni responderlas.

Suposición #2: «Escuchar tus quejas es darte licencia para que te enfurezcas».

Es posible que a algunos de ustedes les preocupe que escuchar pueda volver más combativa a su pareja; si tú eres de los que se sienten amenazados por el conflicto, no querrás avivar las llamas. No obstante, escuchar puede ser muy conciliatorio. La empatía —otro nombre para la escucha íntima— no intensifica el conflicto, lo suaviza. Tu pareja, sintiéndose reconocida y comprendida, tal vez se relaje, confíe más en ti y te responda de un modo más cariñoso. Inténtalo. Puede que descubras que escuchar es uno de los recursos más poderosos que tienes.

Suposición #3: «Escuchar tus quejas es lo mismo que decir que te perdono».
Algunos de ustedes tal vez tengan problemas para escuchar porque lo igualan a perdonar. Sin embargo, no confundan ambas cosas. Escuchar, como he dicho, solo significa que estás dispuesto a considerar la versión de la verdad de tu pareja, no que vayas a aceptarla, ni que vayas a perdonar o exonerar su comportamiento. Escuchar puede aclarar el camino hacia el perdón, pero solo es el comienzo.

Cómo afecta el pasado al modo en que escuchas hoy
Según ibas creciendo te acostumbraste a escuchar ciertos mensajes, implícitos o explícitos, en la forma en que tus familiares te hablaban o se comunicaban entre sí. Algunos te ayudaban a mejorar personalmente («Respeto tu opinión», «Lo que dices tiene sentido», «No tenemos que estar de acuerdo»). Otros, como los siguientes, te debilitaban:

- «Mejor que tengas cuidado».
- «Haces que yo sea el malo».
- «Eres un idiota».
- «No puedes tomar buenas decisiones».
- «Vamos a tener problemas».
- «Eres desagradable».
- «No sabes lo que dices».
- «Debería darte vergüenza».
- «Es tu culpa».
- «¿Qué pasa contigo?».

Cuando tu pareja te habla hoy, estás predispuesto —programado, en cierto sentido— para interpretar lo que escuchas de esa manera familiar y a veces disfuncional, y así distorsionar su mensaje y perder tu capacidad de responder de un modo objetivo y constructivo.

Josh, un abogado de cincuenta y ocho años, es un caso típico. Su padre era un bravucón que controlaba cada uno de sus movimientos. Hoy, cuando Amy, su mujer, le habla, él a menudo escucha «intromisión», «control» y «subyugación». Amy insiste en que ella está hablando por sí misma e intentando ser de ayuda. Aunque los incidentes varían —puede que ella le sugiera que renuncie a la cebolla en su bocadillo media hora antes de un cóctel o le pida que baje el volumen de la televisión del hotel— el significado personal que Josh le añade a las palabras de su esposa siempre es el mismo. Él no puede controlar su reacción porque no es consciente de cómo está contribuyendo a ella; todo lo que sabe es que Amy lo hace sentir tan manipulado e infantil como su padre, y necesita apartarse de ella para restaurar su equilibrio emocional. Por supuesto, esta solución no los sanará como pareja ni a él como individuo.

Es importante que tú, como sucede con Josh, seas consciente de tus puntos débiles, tus filtros, tus heridas —como sea que los llames— porque tal vez te estén llevando a malinterpretar lo que está diciendo tu pareja. Tienes que tener presente que el mensaje que crees escuchar puede ser bastante diferente del mensaje que tu pareja está intentado enviarte. Si entiendes mal a tu pareja (si escuchas, por ejemplo: «No me gustas y te abandono», cuando tu pareja está enfadada o disgustada), es probable que reacciones inapropiadamente (amenazando con el divorcio, por ejemplo) e incites a tu pareja a reaccionar de un modo que confirme tu suposición original (que no le gustas y te abandona).

Sabiendo que eres vulnerable a interpretar las palabras de tu pareja según tus propios temas personales, necesitas dar un paso atrás y preguntarte: «¿Existe otro modo de comprender lo que mi pareja me está diciendo; existe otro modo de procesarlo? ¿Estoy provocando a mi pareja para que se comunique conmigo como lo hicieron mis padres, reforzando así mis experiencias tempranas?».

Puedes comparar si estás interpretando un mensaje acertadamente diciéndole a tu pareja: «Lo que me has dicho me hace sentir X (débil, minimizado, controlado), pero sé que suelo sentirme así con demasiada facilidad. ¿Te estoy escuchando correctamente?». Esto le da a tu pareja otra oportunidad para explicarse, y a ti otra para escuchar con una mente abierta.

Diferencias de género a la hora de expresar y escuchar el conflicto
Los hombres y las mujeres tienden a expresar y escuchar el conflicto de maneras diferentes. Aunque las diferencias de género no se aplican a todos, comprenderlas quizá te ayude a comunicarte de una forma más constructiva y a tolerar las respuestas que de otro modo tal vez te molesten o disgusten.[4] Veamos algunos ejemplos comunes:

1. Los hombres a menudo dan consejos cuando las mujeres quieren apoyo emocional. Los hombres ven su intervención como cariñosa o útil. Las mujeres normalmente la experimentan como condescendiente o antipática.

2. Cuando los hombres muestran empatía, a menudo se sienten tontos o falsos. Tienen dificultad para creer que alguien pueda apreciar u obtener algún beneficio de que simplemente lo escuchen o validen sus sentimientos. Las mujeres muestran empatía de una manera más natural, y comprenden el valor de hacer esto.

3. Los hombres tienden a sentirse psicológicamente abrumados durante los enfrentamientos emocionales y se apartan. Cuando la tensión se eleva, también lo hacen su pulso y su presión sanguínea (una condición psicológica aversiva), y experimentan una necesidad biológica de escapar. Las mujeres, por el contrario, se sienten más cercanas cuando comparten sus quejas, y experimentan una excitación incómoda de su sistema nervioso autónomo cuando su pareja masculina se aparta.[5] Una mujer cuya pareja masculina sale huyendo siempre que ella intenta expresar su ira o su dolor se ve obligada a tomar una decisión forzada: hablar y ofender a su pareja, o permanecer en silencio y ofenderse a sí misma. «Cuando... una mujer está furiosa con su pareja por sus infidelidades, su falta de respuesta emocional o sus amenazas de marcharse, tal vez tenga miedo de que si hace saber sus sentimientos, él responderá con mayor ira o tomando acción con respecto a sus amenazas de marcharse».[6] El silencio de una mujer, demasiado a menudo, conduce a la depresión y a la pérdida del yo.

Estas diferencias de género en la comunicación a menudo se ven exacerbadas cuando la parte herida es una mujer y la parte infiel es un hombre. Es más probable que una mujer quiera hablar de su dolor y, como parte herida, tenga más dolor del que hablar. Es más probable que un hombre quiera evitar el conflicto y, como la parte infiel, dejarlo todo atrás. Cada parte se relaciona de un modo que frustra y aísla al otro.

Para que hombres y mujeres sorteen esas diferencias tienen que llegar a un acuerdo: los hombres no pueden evitar el conflicto; las mujeres no pueden abrumar a sus parejas con él.

Como hombre, tal vez debes entrar al ruedo e intentar solidarizarte con los sentimientos de tu pareja. Debes probarle que si te habla con voz calmada durante cortos períodos de tiempo, tú te esforzarás por permanecer centrado y comprender su punto de vista.

Como mujer, debes reforzar los esfuerzos de tu pareja permitiendo que su empatía te alcance y te calme... y acortando la discusión. También debes considerar ver la forma en que él te ofrece consejos no como un intento de menospreciarte o controlarte, sino de ser útil y cariñoso.

«Siempre que las cosas comienzan a ir bien entre Janet y yo», se quejó Bill, un hombre infiel, en una sesión de pareja, «ella saca a colación mi infidelidad y echa a perder todo lo bueno. Yo intento escuchar, pero no parece ayudar. El daño nunca se acaba. ¿Debemos simplemente seguir haciendo esto?».

«Estás ansioso por salir adelante», le dije, «pero cuando expresas optimismo, Janet se asusta. Ella tiene miedo de ser herida de nuevo. Tiene miedo de que simplemente estés tratando de esconder lo que pasó sin haber aprendido nada de ello. Ella ve tu optimismo como egoísta y manipulador, una manera barata y sin dolor de ser perdonado. Esto es lo que recomiendo. Tú, Bill, debes escuchar a Janet siempre que ella necesite hablar sobre su dolor; si eso significa cinco mil veces, tendrás que escuchar cinco mil veces. Tu disposición a escucharla tal vez disminuya su dolor y su necesidad de hablar de ello. Tú, Janet, no debes compartir solo tu duelo, sino tus sentimientos positivos —cualquier sentimiento cálido, amoroso y esperanzador que experimentes— para que Bill se sienta animado y sepa que su esfuerzo por apoyarte está dando resultado. Si tú, Bill, aceptas el dolor y la ira de Janet y tú, Janet, te permites sanar, los dos tendrán mejores posibilidades de abrirse camino juntos».

Sugerencias
Aquí tienes algunos consejos generales para mantener presentes mientras te comunicas:

- No asumas que lo que escuchas es lo que tu pareja está intentando decir. Tal vez estés escuchando solo lo que conoces o esperas escuchar.
- Aprende a ser un coreógrafo eficaz. Piensa hacia dónde te gustaría que fuese tu relación antes de empezar a hablar y pregúntate: «¿Qué tengo que decir para llegar allí?». Intenta actuar en contra de los viejos y conocidos patrones de comunicación que ya no

sirven a tus intereses. Por ejemplo, en vez de volverte a tu pareja con sarcasmo («Supongo que no te interesa lo que tengo que decir»), entrénate para ser rotundamente directo («Me gustaría decirte cómo me siento acerca de esto; es realmente importante que me escuches con atención»).

· Lo que discuten a menudo es menos importante que la forma en que lo hacen. Mientras se hablan el uno al otro, no se olviden de decirse: «Me gustas, creo en ti, estoy orgulloso de ti, me importas. Estoy interesado en lo que tienes que decir y en cómo te sientes».

· No saltes contra tu pareja a cada palabra; deja espacio para las respuestas imperfectas. Sé paciente y atento cuando sepas que tu pareja está intentando llegar a ti. Ve más allá de las palabras e intenta escuchar el mensaje que hay detrás.

Hay numerosas técnicas de comunicación que pueden ayudarlos a que se hablen y escuchen de una manera más productiva. Muchas de ellas se explican en *Marriage Rules*[7] [Reglas para el matrimonio] y *Diez claves para transformar tu matrimonio*.[8] Aquí tienes unas cuantas:

· Escucha lo que tu pareja tiene que decir sin *defenderte* («Sí, pero...»), sin *minimizarlo* («Estás haciendo una montaña de un grano de arena») ni *evadirte* («Me niego a hablar de ello»).

· No sobrecargues a tu pareja con diatribas; escuchen y hablen por turnos.

· Deja que tu pareja termine lo que está diciendo; no interrumpas.

· Después de haber expuesto tu explicación y que tu pareja la haya parafraseado, dejen la pelea, al menos por un corto tiempo.

· Limítense a un tema cada vez.

· Sé específico. No digas: «Tú siempre haces esto», o «Tú nunca haces aquello».

· Critica lo que tu pareja piensa o hace; no ataques su carácter (señala: «No puedo confiar en ti cuando me mientes sobre lo de encontrarte con tu antigua novia», en vez de: «Eres un mentiroso patológico»).

· No le atribuyas motivos a la conducta de tu pareja (Es mejor decir: «Creo que...», o «Mi idea es que...», en vez de: «Estoy seguro de que la razón por la que hiciste X es...»). Reconoce que tus suposiciones son personales y que quizá no sean ciertas. Eso le da a tu pareja una oportunidad para confirmarlas o corregirlas.

- Si el tono de tu pareja te causa rechazo, díselo y pídele que te hable en un tono más calmado o más respetuoso. No te marches ni hagas crecer el conflicto.
- Mira a tu pareja a los ojos cuando te hable; préstale toda la atención.
- Si no puedes darle a tu pareja toda la atención —estás ocupado, cansado o disgustado—, dilo y establece otro momento para reunirse. Después sigan adelante.

Es importante dejar que tu pareja sepa lo que quieres escuchar. Aquí tienes algunas peticiones comunes que han hecho mis pacientes; siéntete libre de añadir las tuyas:

- «Dime cuándo necesitas confirmación. No amenaces con el divorcio como un modo de obtener mi atención».
- «Dime cuándo te sientes cerca de mí o esperanzando acerca de nosotros como pareja».
- «Dime cuándo te sientes disgustado; no silencies tu dolor».
- «En vez de enfadarte, dime con calma y de forma directa qué te está molestando o qué es lo que quieres».
- «Dime que estás enfadado o disgustado de manera respetuosa; no me menosprecies». (Es mejor decir: «Al distorsionarles la verdad sobre mí a tus padres, se me hace increíblemente difícil tener una relación con ellos», en vez de: «Eres un bebé que necesita a sus papás».)
- «Háblame sobre ti y nosotros; no involucres a la persona de la aventura».
- «Cuéntame cómo te hablaba tu familia y cómo puede eso afectar al modo en que me hablas hoy».
- «Dime con qué parte de mi mensaje estás de acuerdo».
- «No des por hecho que quiero que resuelvas mis problemas a menos que te pida ayuda».
- «Discúlpate sinceramente por cómo me has herido o defraudado».
- «Saca a relucir el tema de la infidelidad para que yo no me sienta tan solo con ello».
- «Admite tu contribución a nuestros problemas».

- «Dime quién sabe algo de la infidelidad y hagamos juntos un plan para contener y manejar la expansión de la noticia».
- «No temas dejar que te vea llorando. No tengas miedo de hacerme saber el significado de tus lágrimas».

Es necesario comunicarse explícitamente y con sinceridad para restaurar la intimidad, como lo es estar físicamente cerca uno de otro. El siguiente capítulo te ayuda a volver a tener intimidad sexual de un modo que vaya más allá del sexo genital. Entiendo lo terrorífica que puede ser la idea de tocarse de nuevo: de dejar que tu pareja te conozca y te complazca, y de hacer lo mismo por tu pareja. Sin embargo, teniendo la capacidad de comunicarse para que los ayude a expresar sus deseos y miedos, y la capacidad cognitiva de entender certeramente lo que está ocurriendo entre los dos, están bien equipados para entrar en el dormitorio.

OCHO

Sexo de nuevo

Freud dijo una vez que cuando dos personas hacen el amor hay seis personas en la cama: la pareja y sus padres. Después de una infidelidad, añádele una séptima: el fantasma del amante. Este capítulo te ayuda a sacar de las sábanas a tus padres y al amante, a reducir el espacio entre ustedes y a volver a la intimidad sexual de nuevo. Por intimidad sexual me refiero a que en presencia de tu pareja puedas:

- sentirte emocionalmente seguro y protegido, aunque estés físicamente desnudo;
- ser tú mismo aun sintiéndote conectado;
- valorar la pasión y la diversión en la cama, pero confiando en que la cercanía importa más para ambos que el rendimiento;
- reconocer tus propios miedos y frustraciones sexuales, y aun así sentirte aceptado y respetado;
- pedir con franqueza lo que te complace sexualmente y ponerle límites a lo que te incomoda;
- tener compasión el uno del otro, sabiendo que lo que te hace frágil e imperfecto también te hace humano.

Justo ahora esa cercanía te puede parecer a años luz de distancia.

Es posible que tú, la parte herida, estés ansioso por la afirmación de la cercanía física, mientras apartas a tu pareja para proteger tu yo vulnerable. En ningún otro lugar te vas a sentir más inseguro, menos deseado, que en el dormitorio, donde te comparas con el amante de tu pareja, magnificando el atractivo físico de esa persona y minimizando el tuyo.

Es posible que tú, la parte infiel, eches de menos lo ilícito, el drama, la novedad de la aventura. Después de tanta atracción, puede que tengas problemas para excitarte sexualmente con una pareja que parece tímida, cohIbída o renuente. Tal vez te disuada la presión que tu pareja pone sobre ti, o que pones sobre ti mismo, para probar tu amor en la cama.

Mientras ambos luchan por restablecer sus vínculos de intimidad, puede que dos errores cognitivos bloqueen su camino. Uno es la tendencia a atribuirle significado a la conducta sexual de tu pareja sin examinar las evidencias (por ejemplo, una esposa asume que si su marido no consigue una erección debe estar engañándola). El otro es tu tendencia a establecer estándares sexuales tan rígidos o irrealistas para ti y tu pareja que su relación física parece inadecuada (por ejemplo, un marido supone que su esposa siempre debería saber lo que le gusta).

Las partes heridas normalmente suponen:

1. «Si no estás interesado en hacer el amor, o no te excitas, es porque no me encuentras *sexy* ni deseable».
2. «Si no estás interesado en hacer el amor, o no te excitas, es porque todavía me estás engañando».
3. «Nunca podré ser capaz de satisfacerte del modo en que lo hizo tu amante. No puedo competir».

Las partes infieles normalmente asumen:

1. «Si no te satisfago en la cama, pensarás que he perdido interés en ti o que todavía te estoy engañando».
2. «Tuve un gran sexo con mi amante. Puesto que mi vida sexual contigo no se puede comparar, tú debes ser el problema».

Es probable que ambos asuman:

1. «El sexo debería darse de forma natural y con facilidad. No deberíamos tocarnos o entrar en lo físico hasta que no nos sintamos más cómodos juntos».

2. «Si dejo que me toques, querrás ir más lejos».
3. «Si te masturbas significa que no me amas y que nuestra relación tiene problemas».
4. «El sexo siempre debería ser apasionado».
5. «Tú siempre deberías saber lo que me complace sexualmente».
6. «Si te pido cambios en el modo en que hacemos el amor, heriré tus sentimientos. Si hago lo que tú me pides, violaré los míos. El cambio no merece la pena».
7. «Deberíamos llegar al orgasmo simultáneamente».
8. «Deberíamos tener orgasmos múltiples».
9. «Deberíamos alcanzar el orgasmo por medio del coito».
10. «Deberíamos alcanzar el orgasmo todas las veces que hagamos el amor».
11. «Deberíamos querer sexo con la misma frecuencia, y al mismo tiempo».
12. «Si nuestra relación fuera lo suficiente fuerte, y fuéramos personas normales, no tendríamos que hacer uso de la fantasía o los juguetes sexuales».
13. «El tema de hacerse las pruebas del SIDA u otras enfermedades de transmisión sexual es demasiado controversial para sacarlo a colación».
14. «Nunca superaré la vergüenza que siento por mi cuerpo y mi manera de hacer el amor».

Démosle un vistazo a cada una de estas suposiciones cuestionables y acabaremos con algunos ejercicios para ayudarte a pensar y actuar de forma más íntima.

SUPOSICIONES DE LA PARTE HERIDA
Suposición #1: «Si no estás interesado en hacer el amor, o no te excitas, es porque no me encuentras *sexy* ni deseable».
Si tu pareja parece que no se excita nada sexualmente, es probable que asumas que tú eres la causa e ignores su contribución al problema. Traumatizado por la infidelidad, puede que veas la más mínima vacilación de tu pareja como prueba de tu propia incompetencia sexual.

Después de la infidelidad de Mark su esposa, Wendy, se culpaba a sí misma por los problemas que tenían en la cama. Su respuesta es típica.

«Me cuestiono todo el tiempo», me contó. «Quizá no sea buena para Mark. Me lleva mucho tiempo llegar al orgasmo. No lubrico tan bien como antes. Tengo demasiado miedo como para dejarme llevar. Nunca creí que fuera lo suficientemente *sexy* o atractiva para él, y ahora me molesta que él me haga sentir que tenía razón».

Enterrada en las dudas, Wendy nunca sopesó la idea de que Mark tuviera sus propias inquietudes sexuales, que eran tan importantes para sus problemas como cualquier deficiencia inherente a ella. Algunas de estas inquietudes, en realidad, precedían a su relación. Fue solo cuando Wendy se sacó a sí misma de la imagen y miró desde afuera que se dio cuenta de estas cosas:

- A Mark le preocupaba que su pene fuera vergonzosamente pequeño años antes de conocerla. Durante mucho tiempo se había visto a sí mismo como un hombre ineficaz sexualmente, poco atractivo, que eyaculaba demasiado rápido y no podía complacerla.
- La infidelidad puso a Mark bajo una enorme presión para cumplir y probar su amor por ella —él sabía lo dañada y poco deseada que la había hecho sentir su infidelidad— y la tensión quizá mató el deseo.
- Mark seguramente esperaba que ella lo rechazara después de lo que había hecho y, acostumbrado como estaba a evitar los conflictos, tal vez no quisiera iniciar el sexo y arriesgarse a ser rechazado.

Tú, como Wendy, tienes que ser consciente de las malas interpretaciones de la respuesta sexual de tu pareja. Es posible que el problema no sea que tu pareja tenga pensamientos negativos sobre ti, sino que *tú* piensas que los tiene. Lo que tu pareja tal vez más desee es una respuesta compasiva a los problemas vergonzosos, y ayuda para superarlos.

Si estás durmiendo en el otro extremo de la cama, no asumas automáticamente que tu pareja no te ama o que no quiere estar contigo. El sexo solo es una manera de relacionarse, y ahora mismo puede que sea la más estresante. Wendy se dio cuenta de que aunque su marido la esquivaba sexualmente, estaba haciendo un esfuerzo por llegar a casa más temprano del trabajo de forma regular y planeaba cosas divertidas para hacer los fines de semana. Tú también deberías ser consciente de cuándo tu pareja quiere pasar tiempo contigo y parece disfrutar de tu compañía de formas no sexuales. Lo que es importante es que alimentes y seas consciente de las interacciones positivas. No todas tienen que ser sexuales.

Sugerencias

1. Intenta generar una lista de explicaciones para los problemas de deseo y excitación de tu pareja que no te implique a ti. Wendy nombró tres:

- sentimientos muy enraizados de insuficiencia sexual;
- presión por cumplir;
- miedo al rechazo o el enfrentamiento.

Otras explicaciones pueden incluir:

- necesidad de recuperar el poder o reafirmar el control;
- deseo de herirte o castigarte;
- menstruación;
- trastornos médicos;
- fatiga y otras formas de estrés;
- efectos de la medicación, el alcohol o las drogas;
- obligación de hacer las cosas antes de permitirse tiempo para la relajación o la intimidad;
- miedo a sincerarse y sentirse vulnerable o ridiculizado;
- miedo al embarazo;
- cohibición causada por la falta de privacidad (niños o familiares viviendo en casa);
- actitudes puritanas con respecto al sexo (sensación de indecencia, suciedad o pecado);
- tendencias homosexuales;
- trauma sexual del pasado.

2. Hazle saber a tu pareja que estás luchando para considerar su desinterés por el sexo de una manera menos personal. De un modo amable, sin juzgar, pide ayuda para encontrar explicaciones alternativas que sean igualmente plausibles.

3. Es tu trabajo como la parte herida asegurarle a tu compañero que no estás buscando un sexo fantástico, sino el principio de una reconexión. Encuentra tu manera de preguntarle: «¿Qué puedo hacer para convencerte de que solo quiero que estemos más juntos?». Permite que tu pareja sepa que el rendimiento no es importante, ni las erecciones o los orgasmos, que lo que importa es que los dos creen un clima de aceptación, sinceridad y calidez.

4. Intenta valorar el tiempo que pasan juntos que es íntimo, pero no necesariamente sexual: compartiendo el periódico del domingo, cocinando su comida favorita, yendo de paseo o en bicicleta.

Suposición #2: «Si no estás interesado en hacer el amor, o no te excitas, es porque todavía me estás engañando».
Es posible que casi todos se precipiten a llegar a esta conclusión, aunque puede que no tengan ninguna prueba, solo vagas sospechas y una gran sensación de vulnerabilidad y desconfianza. No importa cuántas evidencias de lo contrario acumules, estos miedos no demostrados probablemente te carcomerán durante meses o incluso años, y harán que te resulte imposible arriesgarte a intimar.

Una contable de cuarenta y seis años llamada Jackie se encontró inspeccionando cada movimiento de su marido, buscando una confirmación para su miedo de que él todavía la estuviera engañando. Sus acusaciones incrementaban la presión que su esposo sentía para probar su amor en la cama. Esto, por supuesto, destruyó el deseo en él y en cambio reforzó las sospechas de Jackie en cuanto a que se estaba acostando con otra persona. Su interacción se puede esquematizar así:

No deberías suponer automáticamente, como hizo Jackie, que como sientes sospechas estas tienen fundamento. Si estás equivocado, tal vez estés envenenando tu relación al mismo nivel que si tu pareja te siguiera engañando.

Suposición de Jackie
«Jim me está evitando sexualmente porque todavía se está acostando con aquella chica».

Reacción emocional y conductual de Jackie
Se siente furiosa, amenazada y traicionada, actúa de forma fría y distante. Ataca a Jim con sus sospechas.

Suposición de Jim
«Si no consigo una erección ahora mismo, ella va pensar que la estoy engañando de nuevo, y va a crear todo un problema».

Reacción emocional y conductual de Jim
Se siente presionado para cumplir y no puede.
Se siente frustrado y resentido.

Sugerencias

1. Intenta distinguir el hecho del miedo. Pregúntate: «¿Cuánto sé, en oposición a cuánto sospecho sin razón excepto porque he sido traicionado antes?». Si tienes una prueba sólida de que tu pareja es infiel, es el momento de pensar seriamente si resulta beneficioso quedarte. Sin embargo, si todo lo que tienes son ligeras sospechas, contrarréstalas con la evidencia de que tu pareja está intentando llegar a ti y reconectarse: iniciando conversaciones que te importen, invitándote a sus viajes de negocios, quizá simplemente llamándote durante el día para ver cómo te sientes. Estos gestos no mejorarán por sí solos tu vida sexual ni te harán sentir más deseado sexualmente, pero pueden ayudarte a derribar tus dudas y obsesiones y a comenzar a confiar en las declaraciones de fidelidad de tu pareja.

Puede haber muchas razones para que el deseo de tu pareja o sus problemas a la hora de excitarse no tengan nada que ver con estar engañándote. Algunas están en la lista de la página 195. Tal vez ayude revisar estas explicaciones alternativas y compararlas con tus miedos sin confirmar.

2. Es posible que no seas capaz de eliminar tus sospechas, pero puedes intentar que dejen de dominar o envenenar tu vida. Tal vez te ayuden dos técnicas.

Un truco simple pero eficaz se llama *dejar de pensar*. Tan pronto empieces a pensar en tu pareja con otra persona, intenta romper tu concentración diciendo en voz alta o para ti mismo (las palabras exactas dependen de ti): «Detente. Aquí estoy de nuevo, hundiéndome a mí mismo. Deshazte de esos pensamientos». Después, enfocando tu atención en el exterior, comprueba o describe algo optimista o interesante a tu alrededor, o rememora la última vez que tuviste una interacción cálida o divertida con alguien que te importa. También puedes enfocarte en tu interior y, respirando profundamente, mandarles mensajes a tus músculos para que se aflojen y relajen. Puede que no seas capaz de obligar a tu mente a dejar de tener ciertos pensamientos en particular, pero puedes distraerla amablemente.

La otra técnica —llamada *desafiar tus suposiciones*— implica el uso de un «Formulario de pensamiento disfuncional». Lo que haces es registrar el suceso lo más objetivamente posible, así como tus sentimientos y pensamientos inmediatos. Después desafías sistemáticamente, o rebates, tus pensamientos, buscando errores cognitivos.

Aquí tienes un ejemplo de cómo una esposa evadió sus sospechas y evitó una fea escena con su marido, Jim, que los habría dejado más separados que antes. El marido había admitido varias infidelidades de una noche en viajes previos, pero había estado esforzándose por probar su fidelidad desde entonces.

Suceso objetivo: cuando Jim llegó de Zurich, se fue derecho a dormir. No tenía ningún interés en el sexo.

Reacción emocional: miedo, rechazo, sospecha.

Pensamientos automáticos: «Me apuesto lo que sea a que se ha acostado con alguien mientras estaba fuera. No hemos tenido sexo por más de una semana... él nunca llega tan lejos. Ha sido demasiado agradable conmigo desde que se marchó: prueba añadida de que se siente culpable».

Respuesta racional: «Te estás tomando esta conducta de forma personal y sacando conclusiones por adelantado. Puede que haya otras razones para que no te quiera esta noche. ¿Cómo cuáles? Como que está cansado... acaba de llegar de un vuelo de ocho horas. Como que mañana le espera un gran día de trabajo y es tarde. Como que tiene miedo de no cumplir bien y que tú te disgustes.

»Limítate a los hechos. Te invitó a ir con él, y cuando no pudiste compartir una habitación con uno de sus socios masculinos. Llamó todos los días. Parecía realmente feliz al verte cuando lo fuiste a recoger al aeropuerto, y te trajo tu perfume favorito. Seguro, puede que no todo sea sincero: una parte de él quizá esté intentando convencerte. ¿Pero qué hay de malo en ello? Restaurar la confianza lleva tiempo. Está claro que él se preocupa por ti y quiere hacerlo todo bien de nuevo. Solo porque tengas sospechas no significa que haya hecho algo mal. Déjalo pasar. La verdad es que tú también estás muy cansada esta noche. Si no te sintieras tan insegura, tampoco estarías interesada en el sexo».

Suposición #3: «Nunca podré ser capaz de satisfacerte del modo en que lo hizo tu amante. No puedo competir».
Es común compararte con la persona de la aventura del modo menos favorecedor y autocrítico. Sin importar qué sea lo que odies de tu

cuerpo o tu rendimiento en la cama, es posible que lo admires en esa persona, especialmente cuando nunca se han conocido. ¿Crees que tus pechos son demasiado pequeños? La amante debe tenerlos grandes. ¿Tu pene parece demasiado blando? El del amante debía estar hecho de acero. ¿Consideras ordinaria tu manera de hacer el amor? Tu pareja y su amante debían disfrutar del sexo más salvaje, oscuro y desinhIbído, y juntos alcanzaban múltiples orgasmos.

Tal vez fantasías como esas te hagan sentir muy indeseable e inferior, muy convencido de que te falta todo lo bueno, de que ya no funcionas como una pareja sexual activa. Si alguna vez tu vida sexual vuelve a recuperarse, necesitas ver estas fantasías como lo que probablemente son: expresiones de tus inseguridades sexuales después del trauma de la infidelidad.

La realidad es que con frecuencia los hombres tienen aventuras incluso cuando están sexualmente satisfechos en casa, y las mujeres a menudo engañan no por tener mejor sexo, sino para sentirse más amadas, apreciadas y respetadas.[1] En mi propia práctica clínica, las parejas infieles, tanto hombres como mujeres, a menudo cuentan que el sexo con la persona de la aventura suele ser tanto extraño como infrecuente, y que solo deseaban que se correspondiera con las figuraciones más salvajes de su pareja. En un estudio nacional acreditado sobre los hábitos sexuales en Estados Unidos, «la gente que reporta sentirse más complacida físicamente y más satisfecha emocionalmente son parejas casadas [...] Las menores tasas de satisfacción están entre hombres y mujeres que ni están casados ni viven con alguien; el mismo grupo que tiene fama de tener el sexo más ardiente».[2]

Esto no quiere decir que el sexo con la persona de la aventura no fuera a veces más ardiente de lo que lo es contigo; la pasión es difícil cuando tienes un ojo en el reloj y otro en los niños. Enlazado con la sensación de desafío y secretismo, el sexo ilícito puede verse como más trascendente. Sin embargo, intenta no desmoralizarte. El amor romántico es una experiencia distorsionada y transitoria, y el calor que tu pareja puede haber generado con otra persona se puede haber enfriado en este momento, como tal vez haya pasado contigo. A menudo la pasión pierde su intensidad cuando ya no es nueva ni prohIbída.

Ten en cuenta que si tu pareja ha decidido volver a comprometerse contigo es probable que sea porque le ofreces algo más profundo, más duradero, que el amor romántico. Necesitas creerlo y reclamar aquellos aspectos de tu persona que tu pareja valora de ti y que valoras de ti mismo. Necesitas confiar en que eres digno de ser amado, esforzándote por recuperar esa idea de ti que te indica que eres una persona maravillosa que has hecho feliz a tu pareja, y que puedes seguir haciéndolo de incontables maneras.

No permitas que tu obsesión con la persona de la aventura te distraiga de lo que debería ser el tema central ahora mismo: restaurar la intimidad con tu pareja, dentro y fuera de la cama. En vez de hacer comparaciones inútiles, intenta encontrar maneras nuevas de inyectar creatividad, energía y romance una vez más a tu *propia* forma de hacer el amor; en vez de competir con la persona de la aventura, sal del cuadrilátero, vuelve a enfocarte en tu relación, y encárgate de los problemas que permitieron que la persona de la aventura se interpusiera entre ustedes.

Cuando digo esto me refiero a ambos; no es solo tu trabajo satisfacer a tu pareja o crear una vida sexual satisfactoria. Desarrollar la intimidad sexual es un proyecto para dos personas.

Sugerencias

1. Si te consideras sexualmente inepto o solo ignorante, ¿por qué no educarte? Guías de autoayuda como *Getting the Sex You Want*[3] [Conseguir el sexo que quieres] o *Los secretos del orgasmo femenino*[4] pueden enseñarte acerca de tu cuerpo y tus respuestas sexuales, y hacerte sentir más competente en la cama. Puedes ver vídeos con contenido para adultos (algunos son instructivos; otros explotan a las mujeres como objetos sexuales), o consultar a un amigo o un sexólogo. También pueden aprender el uno del otro lo que les da placer (ver los ejercicios de las páginas 216–217).

2. Algunas veces, cuando te sientes inseguro, ayuda tratar las cuestiones dentro de tu cabeza. Sin embargo, otras veces necesitas compartir tus vulnerabilidades y pedirle a tu pareja ayuda y confirmación. Intenta mantenerte centrado en ti mismo —en tus inseguridades, miedos, obsesiones— y no en la persona de la aventura o los detalles de la infidelidad. En vez de preguntar: «¿Has vuelto a ver a esa mujer?», debes decir: «Sigo pensando en ti y esa mujer. Me siento terriblemente amenazada hoy y no creo que sea por nada que tú hayas hecho, pero parece que estás perdido en tus propios pensamientos. ¿Puedes tranquilizarme?».

Es justo esperar que tu pareja se acerque a ti e intente consolarte. Si no puede, tal vez debas plantearte si esta es la persona con la que quieres pasar tu vida.

SUPOSICIONES DE LA PARTE INFIEL
Suposición #1: «Si no te satisfago en la cama, pensarás que he perdido interés en ti o que todavía te estoy engañando».

Puede que tengas razón: tu pareja quizá cree que si tu respuesta se queda corta, tal vez es que quieres estar en otro sitio. Sin embargo, la presión para estar interesado y excitarte también puede venir de ti: de tu culpa, tus dudas sobre volver a conectarse, tus ideas infladas acerca de lo que tu pareja espera de ti. Lo más importante para tu pareja puede que no sea tu rendimiento, sino tu compromiso.

Sin importar lo que sientas, intenta expresarlo: eso tal vez reduzca la presión que experimentas por cumplir, así como la probabilidad de que tu pareja malinterprete tu respuesta.

Un hombre infiel, un cirujano dental de treinta y nueve años llamado Phil, le dijo a su mujer: «Siento que debo ser una especie de semental increíble para demostrar que quiero estar aquí, y la presión me está matando. Desearía simplemente meternos en la cama y abrazarnos, y entonces que pase lo que tenga que pasar».

Es posible que, como le sucedió a Phil, te ayude explicar que estás teniendo problemas sexuales no porque encuentres poco atractiva a tu pareja o estés absorto en otra persona, sino porque estás preocupado por defraudar a tu pareja. Sin embargo, que no te sorprenda ni te desanime si continúas siendo acusado de engañar o rechazar a tu pareja. Desde el momento en que se revela la infidelidad y tú te desconectas totalmente de la persona de la aventura, a menudo toma al menos dieciocho meses restaurar la confianza que has violado.

Sugerencias
Solo tú puedes ofrecer el consuelo que tu pareja necesita para avanzar en el proceso de sanidad. Entre las cosas que puedes hacer están:

1. Permítele a tu pareja saber cuándo te sientes cariñoso y feliz de estar juntos. Exprésate cuando te sientas más esperanzado o positivo acerca de los dos; no des por hecho que tu pareja conoce cuándo estás feliz. «Estaba pensando hoy en el trabajo lo guapa que estabas anoche»; «Me sentí muy unida a ti cuando nos quedamos esta mañana hablando en la cama»... las palabras exactas no importan; la confianza sí.

2. Describe lo que te gusta del cuerpo de tu pareja y su manera de hacer el amor. A mucha gente le gustan los cumplidos sobre su físico y saber lo que sus parejas encuentran atractivo de ellas. Sin importar qué comentario elijas —«Me encanta cómo te queda ese vestido», «Tu cara me hace sonreír», «La forma en que me tocas me hace sentir genial»— no mientas, no finjas, pero tampoco te guardes comentarios positivos. Sé generoso.

3. Revela cualquier problema sexual que tuvieras con la persona de la aventura. Revelar cualquier dificultad sexual que enfrentaran puede ayudar a que tu pareja disipe la opinión de que todo era tan fantástico para ti y esa persona. La persona de la aventura nunca llegó al orgasmo, solo tuvieron sexo dos veces en una aventura de nueve meses, la explosividad que experimentaste en la cama estaba eclipsada por la explosividad de la relación... esa clase de realidades despojan a la aventura de su encanto y hacen más fácil que tu pareja deje de obsesionarse y avance.

4. Revela cualquier problema sexual que tuvieras que precediera, o no estuviera relacionado, con la relación con tu pareja. Si tu pareja asume erróneamente la responsabilidad por cualquiera de tus dificultades sexuales, es importante corregir eso. Liberada de la culpa, será capaz de reducir la presión sobre tu rendimiento, e incluso de convertirse en tu aliada para superar cualquier cosa que te inutilice o te inhiba sexualmente.

Un abogado de cincuenta y dos años llamado Arnold tenía problemas para conseguir una erección desde que empezó a tomar medicamentos para controlar sus altos niveles de presión sanguínea. Después de su infidelidad evitaba a su esposa, y ella asumió que ya no la encontraba atractiva. «He tenido este problema a intervalos desde que comencé a tomar los diuréticos», le recordó él. «El problema no es la atracción que siento hacia ti; es médico. Y la presión que pongo sobre mí mismo, queriendo complacerte, solo lo empeora».

5. Entrénate para seguir activo sexualmente y no te desanimes. Cuando tienes problemas de excitación o deseo es probable que quieras evitar todo contacto físico, y quizá necesites esforzarte para seguir intentándolo. Rellenar el «Formulario de pensamiento disfuncional» puede ayudarte a controlar tu resistencia, enfrentarte a tus tácticas de evitación y mantenerte sexualmente conectado.

Aquí tienes uno que Arnold rellenó para superar su patrón de ansiedad, vergüenza y abstinencia.

Suceso objetivo: es sábado por la mañana. Estoy en la cama con June [mi esposa], pensando en iniciar el sexo.

Reacción emocional: ansiedad, ira, parálisis, desánimo.

Pensamientos automáticos: «Es ridículo tener miedo de acercarse a June después de quince años de matrimonio. Sin embargo, ella es tan sensible y se lo toma todo de una manera tan personal, que tengo miedo de que si no me excito asuma que estoy teniendo sexo en otro sitio o he perdido el interés en ella. Incluso lleva un registro de cuándo tuvimos sexo por última vez. El celibato sería más fácil».

Respuesta racional: «Por supuesto que te sientes incómodo. Esto va a llevar su tiempo. El problema, que tú has causado, no va a desaparecer de la noche a la mañana. Ella necesita saber que estás comprometido. Si la evitas, se sentirá más rechazada, menos amada, y eso solo envenenará más la relación. Puede que no te excites, ¿y qué? Tus erecciones significan demasiado para ti... y quizá para ella también. Hazle saber que quieres ser más cariñoso y estar más conectado, pero que tiene que dejar de evaluar tu rendimiento (esto sirve para ti también). ¿Puede aceptarlo? Sigue adelante, da el primer paso. Sincérate con ella».

Si estás evitando el sexo, como hizo Arnold, quizá tú también puedas usar un «Formulario de pensamiento disfuncional» para ayudarte a superar tus miedos y frustraciones. No obstante, sobre todo, tienes que ser paciente, persistente y entregar constantemente el mensaje de que estás comprometido y quieres solucionar tus cuestiones sexuales juntos.

Suposición #2: «Tuve un gran sexo con mi amante. Puesto que mi vida sexual contigo no se puede comparar, tú debes ser el problema».
Cuando el sexo parece menos satisfactorio con tu pareja que con tu amante, es común suponer que tu pareja es la culpable. Puede que tengas razón; tal vez tu pareja está demasiado inhIbída o reacia a darte lo que necesitas. Sin embargo, tal vez el problema reside dentro de ti.

Hay muchas maneras por medio de las cuales quizá estés socavando tu vida amorosa en casa. Démosle un vistazo a cuatro de ellas.

1. *Continúas haciendo comparaciones injustas e improductivas entre
tu pareja y tu amante.* Esta es una contienda que tienes que parar.
Mientras esperes que el sexo prescrito con tu pareja compita con el
sexo proscrito con tu amante, te sentirás decepcionado y te excusa-
rás de la verdadera tarea a realizar: revitalizar tu vida amorosa en
casa. Sí, el sexo normalmente es más fogoso y ardiente en una cama
desconocida, ¿pero y qué? La pasión se enfría, y a eso le sigue el dis-
tanciamiento; si te hubieras quedado con la persona de la aventura,
probablemente habrías tenido que enfrentarte a muchos de los problemas de intimidad que estás teniendo ahora con tu pareja. La familiaridad puede engendrar el aburrimiento, incluso el desprecio. Esta
es una realidad a la que tienes que enfrentarte, sea quien sea tu pareja.

2. *Fracasas al alimentar la intimidad fuera del dormitorio.* Si no
haces que tu pareja se sienta valorada y amada fuera del dormitorio, ¿cómo esperas que se entusiasme por ti adentro? Antes de que-
jarte por tu vida sexual deberías mostrarle a tu pareja al menos tanta
ternura y preocupación como la que le mostrabas a la persona de la
aventura.

Nadie podía acusar a Chuck de tal sensibilidad. Cuando él llegaba
a casa del trabajo normalmente dejaba que su mujer bañara a los dos
niños, les leyera un cuento y los metiera en la cama, mientras él se
reía alegremente en el teléfono con su gerente comercial. Cuando su
esposa finalmente se arrastraba bajo las sábanas, él la estaba esperando, bañado y preparado para el sexo. «Para entonces yo estaba tan
furiosa con él», me contó ella, «que lo último que quería era que me
tocara. Él me acusaba de ser frígida, y lo era, pero él nunca comprendió lo fría que me hacía sentir su egocentrismo».

3. *No sabes cómo excitar a tu pareja.* Por muy gran amante que a ti
se te antoje que seas, puede que no tengas ni idea de cómo tu pareja
necesita ser estimulada para excitarse. Aunque atacas a tu compañero por ser insensible, el problema tal vez sea que tú estás apretando
los botones equivocados, y tu pareja, conociendo lo sensible que eres
a las críticas, tiene miedo de corregirte. Si quieres ser mejor amante
y mejorar tu vida sexual, tienes que consultar al experto real —tu
pareja— y pedirle que te dé una lección.

4. *Culpas a tu pareja por tus problemas sexuales o de intimidad
que preceden a tu relación.* Es mucho más fácil señalar con el dedo

a tu pareja que mirarte en el espejo y preguntarte cómo has contribuido tú a tu insatisfacción sexual. Sin embargo, es injusto culpar solamente a tu pareja por hacerte sentir despreciado, poco atractivo o inadecuado, cuando te has sentido de ese modo desde que tienes memoria.

Sugerencias

1. Si estás plagado de pensamientos acerca de la persona de la aventura, intenta la técnica para frenar los pensamientos que recomendé antes. Tan pronto como te sientas obsesionado, rompe tu concentración pronunciando un «Detente» o alguna expresión similar, y desviando tu atención a otro tema.

2. En vez de centrarte en la persona de la aventura, explora qué hubo en tu experiencia con esa persona que te afectó de un modo tan poderoso. ¿Te hizo sentir joven, potente, querido, vivo? Puede que estas sean indicaciones hacia vulnerabilidades y anhelos que tienes que tratar si quieres estar satisfecho en cualquier relación.

3. Usa el «Formulario de pensamiento disfuncional» de este capítulo para desafiar tus ideas irreales sobre el amor y el romance.

4. Aprende a ampliar tu concepto de intimidad más allá de la emoción del sexo.

SUPOSICIONES DE LA PAREJA

Suposición #1: «El sexo debería darse de forma natural y con facilidad. No deberíamos tocarnos o entrar en lo físico hasta que no nos sintamos más cómodos juntos».

Estas declaraciones sobre lo que «debería» ser son tan irreales y engañosas que obligan a congelar tu vida sexual; cuando llega el deshielo es probable que uno de los dos se haya marchado. Si esperas sentirte relajado en la cama ahora, estás soñando. Lo que es más probable es que te vayas a sentir manifiestamente cohIbído: desnudo de defensas y avergonzado por la presencia del otro.

«¿Y entonces qué hago?», preguntas. «¿Someterme a algo para lo que no me siento preparado, que quizá me provoque más incomodidad que placer?».

Sí, exactamente. Construir la intimidad es un proceso activo. Requiere una actitud consciente, una elección deliberada, una decisión cognitiva de conectarse más íntimamente. El proceso empieza cuando decides comenzar, no necesariamente cuando te sientes motivado, seguro o convencido. No puedes esperar simplemente, preguntándote: «¿Cómo puedo entregarme a alguien por quien tengo tantos sentimientos encontrados? ¿Cómo puedo intimar con alguien que me ha causado tanto daño?». Tienes que ir más allá de esos sentimientos, correr el riesgo e implicarte físicamente con el otro. Volverte más íntimo fuera del dormitorio quizá ayude a restaurar la confianza, pero eso no se traduce de forma automática en una mayor intimidad sexual. Tienes que tomar la mano de tu pareja, acariciarla, besarla y permitir que los sentimientos de intimidad fluyan entre ustedes. *Tienes que empezar a actuar no según el modo en que te sientes, sino según el modo en que te gustaría sentirte.*

Abrirte al otro puede que te haga sentir vulnerable; cerrarte tal vez te haga sentir seguro. Sin embargo, te animo a no esperar a sentirte más cómodo antes de empezar a tocarse uno al otro de nuevo; la comodidad viene con la acumulación de experiencias sanadoras, no con el tiempo. Es probable que la intimidad física parezca rara en un principio, pero así es exactamente cómo debes sentirte para demostrar tu voluntad de estrechar lazos emocionalmente y asumir los riesgos. Repetir viejos patrones familiares —evitar la intimidad, mantener una barrera de desconfianza— puede parecer cómodo, pero a menudo es altamente disfuncional.

Sugerencias

1. No puedo subrayar este punto con más vehemencia: para acercarse deben comenzar a tocarse de nuevo. Pueden empezar diciéndose el uno al otro, cara a cara o por escrito, exactamente cómo les gustaría ser tocados. Es posible que sus peticiones sean muy idiosincrásicas, así que no esperen que lo que te da placer a uno le guste al otro. Intenta satisfacer al menos una de las peticiones de tu pareja cada día.

Algunos ejemplos comunes incluyen:

- «Cuando llegues a casa, bésame en la boca».
- «Toma mi mano cuando caminemos».
- «Masajea mis pies con aceite».
- «Dame un masaje».
- «Abrázame un rato».
- «Duerme o descansa a mi lado con un brazo alrededor de mí».
- «Acaricia suavemente mis párpados y cejas con tus dedos en la cama».

- «Cepíllame el cabello».
- «Permanece en la cama conmigo durante unos minutos después de apagar la alarma; descansa en mis brazos con tu cara cerca de la mía».
- «Toca mi hombro o mi cintura cuando camines junto a mí».

2. El sexólogo Warwick Williams sugiere que las parejas trabajen en una «posición de confianza física» en la cama. Comiencen poniéndose de acuerdo en una o dos posiciones que ambos encuentren seguras y después experimenten. La idea es combinar la cercanía física y la confianza. Entre las posiciones que Williams recomienda están:

- Uno de los dos se acurruca en su lado mientras el otro lo abraza por la espalda (la posición de la «cuchara»).
- Ambos están echados de lado, cara a cara, sujetándose las manos (quizá quieran abrazarse o cerrar los ojos).
- Uno de los dos se sienta, cómodamente apoyado, acunando la cabeza de su pareja en el regazo y acariciando su pelo.[5]

Pueden hablar o no, llevar ropa o no, tener sexo o no. La idea en este momento es restablecer el contacto físico y generar confianza. Recuerda: solo puedes acercarte a alguien si lo tocas.

Suposición #2: «Si dejo que me toques, querrás ir más lejos».
Tal vez te preocupe que una vez comience a tocarte, tu pareja ignore los límites que hayas puesto, se excite e intente llevar a ebullición lo que viene cocinándose a fuego lento. Al no querer ir más lejos de lo que te resulta cómodo, levantas barreras y desaprovechas una oportunidad para la cercanía.

«Después de descubrir la infidelidad de Jeff él seguía queriendo hacer el amor, pero yo no lo dejaba acercarse a mí», me contó Leah. «Incluso lo hacía dormir en la habitación de los invitados. La verdad es que quería sentirme cerca de él, quedarme dormida mientras me abrazaba, pero no confiaba en que él se detuviera ahí, y no estaba preparada para nada más. Hacer el amor significaba: "Te he perdonado. Todo va bien entre nosotros ahora". Y no era así. Supongo que lo estaba poniendo a prueba. Si me negaba a tener sexo con él y se iba a otra parte a conseguirlo, sabría que no estaba verdaderamente arrepentido y que en realidad no me amaba por mí misma. Después de lo que él hizo, obtuve el derecho a ponerlo a prueba».

Jeff veía la conducta de Leah bajo una luz diferente. Para él, ella estaba siendo manipuladora: apartándolo para controlarlo y castigarlo a pesar de sus genuinos esfuerzos por convencerla de su compromiso. Su frustración se volvió ira. A fin de protegerse dejó de iniciar el sexo. Ambas partes se sentían solas y atrapadas. (En la siguiente sección veremos cómo resolver este dilema.)

Aunque tú, al igual que Leah, puede que no te sientas preparado para el coito, tienes que decidir para qué *estás* preparado. El sexo y el celibato no son las únicas opciones. Recuerda, para reconstruir la intimidad tendrás que conectarte físicamente de nuevo. Resistirse al sexo quizá te ayude a recuperar el poder o la igualdad que perdiste por culpa de la infidelidad, pero el poder y la igualdad son unos tristes compañeros de cama. Un marcador inclinado a tu favor sigue estando desequilibrado.

Aunque a ti, al igual que a Jeff, te encante hacer el amor, tal vez tengas que acceder al programa de tu pareja mientras los dos reconstruyen la confianza y la intimidad de otras maneras.

Sugerencias

1. Tienen que decirle al otro qué les resulta cómodo sexualmente y después probarle que respetan sus límites. Encuentren un modo concreto de señalar cuando solo quieren tocar o cuando quieren más. Una pareja se inventó su propia y divertida solución: el que estaba excitado tomaba una rana de cerámica que habían comprado en su luna de miel y la colocaba en la mesilla de noche del otro; el cónyuge «invitado» era libre de dar el salto o no. Otra pareja decidió que, como era el cónyuge herido quien se sentía más ambivalente y vulnerable, sería esa persona por el momento quien siempre iniciara el sexo genital.

2. Un popular ejercicio llamado «focalización sensorial»[6] puede ayudarlos a comenzar a tocarse de nuevo y a aprender cómo les gusta ser tocados, mientras eliminan la presión para sentirse excitados, realizan cualquier clase de actos sexuales específicos, tienen sexo o llegan al clímax, hasta que ambos estén preparados. Aparten una cantidad de tiempo acordada —yo sugiero quince o veinte minutos, no más— durante los cuales uno de los dos masajea o toca al otro en áreas que no sean los genitales. Ambos deben estar totalmente vestidos. En la siguiente ocasión, inviertan los papeles: una persona

siempre da placer, la otra siempre lo recibe. La persona que recibe placer no tiene que decir o hacer nada excepto alguna señal ocasional de algún modo —levantar un dedo, decir «mmm»— cuando la caricia le guste.

Una vez que se sientan cómodos con este ejercicio, pueden intentarlo sin ropa, pero de nuevo sin contacto genital. Eso viene después, junto con la comprensión de que antes de que accedan a tener relaciones sexuales ambos tienen que dar luz verde primero, como en el ejemplo mencionado con la rana.

Suposición #3: «Si te masturbas significa que no me amas y que nuestra relación tiene problemas».

Ahora es un buen momento para discutir tus actitudes acerca de la masturbación. Ningún tema viene cargado de más mitos, desde la idea de que tocarse causa granos hasta aquella de que altera permanentemente el tamaño, la forma y el color de tus genitales y debilita tu capacidad para tener buen sexo. Aunque la masturbación todavía está condenada por varios grupos religiosos y culturales, la mayoría de la gente lo hace en algún momento de su vida, aunque tiende a ocultarlo. En un estudio de veinticuatro parejas registrado en el *Nuevo informe Kinsey sobre sexo*, 92% de los maridos y 8% de las esposas creen que sus cónyuges nunca se tocan, cuando de hecho todos lo hicieron.[7] De las miles de personas entrevistadas por Kinsey entre los años cuarenta y cincuenta, cerca de 94% de hombres y 40% de mujeres admitieron haberse masturbado hasta el orgasmo. Estudios más recientes han corroborado estas cifras para los hombres, pero descubrieron que el porcentaje de mujeres que se han masturbado se incrementó hasta cerca de 84%.[8] La mayoría de las parejas reportaron que la masturbación no los hacía sentir menos cariñosos hacia su compañero, ni desmerecía la calidad de sus relaciones sexuales, sino que servía como un componente complementario a su estilo de vida sexualmente activo.[9] Otros estudios recientes sobre los hábitos sexuales en Estados Unidos registraron que, de hombres y mujeres entre los veinticuatro y los cuarenta y nueve años de edad, 85% de los hombres y 45% de las mujeres que vivían con una pareja afirmaron que se habían masturbado durante el año pasado.[10] De esas personas que tenían parejas regulares para las relaciones sexuales, uno de cada cuatro hombres y una de cada diez mujeres dijo que se masturbaban al menos una vez a la semana.[11]

El mismo estudio registró que era más probable que se masturbaran las personas casadas que las que vivían solas.[12]

Regresemos a nuestra pareja, Leah y Jeff, que luchaban por establecer límites para tocarse en la sección previa. Una noche Leah sorprendió a Jeff masturbándose. Ella se disgustó terriblemente y lo acusó de comportarse como un animal. Jeff no sabía si estaba más avergonzado o molesto. «Es mejor que acostarse con cualquiera», le dijo él. «Acostarse contigo no parece una opción».

Leah pensó en la respuesta de Jeff y más tarde, en una sesión de pareja, le dijo que ella se resentía por la presión que él le imponía para hacer el amor siempre que se tocaban.

—Está bien —dijo él—. Pero debes permitirme algún desahogo.

—Que te masturbes me aterra —explicó ella—. Es otro secreto, otro modo que tienes de apartarte de mí y mostrarme que no me necesitas.

—Eso no es lo que significa para mí —aseguró Jeff—. Lo veo como una alternativa saludable a forzarte o satisfacerme en otro lado. ¿Qué otra cosa sugieres?

La solución a la que llegaron fue que dormirían en la misma cama, pero Jeff respetaría la necesidad de Leah de posponer la relación sexual. Leah, por su parte, accedería a abrazar a Jeff y a besarlo mientras él se tocaba. El arreglo pareció funcionar. En la siguiente sesión Leah me dijo: «Estar juntos en eso eliminó la amenaza, y estoy contenta de tenerlo de vuelta en la cama conmigo. No es lo ideal, pero es mejor que donde estábamos».

Sugerencias
Como pareja, es importante que encuentren opciones sexuales mutuamente agradables. No se pongan trampas el uno al otro ni emitan ultimátums, sino establezcan alternativas. Intenten mantener la mente amplia acerca de lo que debe ocurrir sexualmente entre ustedes, y sean creativos a la hora de satisfacer las necesidades de cercanía y alivio sexual del otro. Lo que más importa no es que se impliquen en ningún acto sexual en particular, sino que resuelvan el problema como amigos y establezcan una sensación de compañerismo.

Suposición #4: «El sexo siempre debería ser apasionado».
Esta idea refleja un estándar idealizado y romántico que es imposible de cumplir de manera regular. Imponérselo a una relación todavía

frágil es obligarte a sentirte decepcionado, inseguro y crítico contra ti mismo y tu pareja. La realidad es que el sexo después de una infidelidad probablemente no será apasionado, sino sin gracia y con esfuerzo. Es poco probable que las partes heridas actúen con desenfreno cuando tienen miedo de *ser* abandonadas. Las partes infieles, como hemos visto, tal vez se sientan cohIbídas por la presión y distraídas por los recuerdos de la persona de la aventura.

Lo que deberían tener en mente ambos es que, dado por lo que están pasando, cualquier clase de contacto, con o sin sexo genital, puede ser increíblemente íntimo y valiente. No le pongan mucha leña a un fuego que está intentando prender. El énfasis ahora debería ser menos el de producir una gran llama y más el de permitirse a sí mismos encender de nuevo los sentimientos de cariño.

Después que su marido admitiera que se había acostado con la esposa de su amigo, Carol quería que su sexo fuera muy ardiente. Como no cubrió sus expectativas, se sintió asustada y decepcionada. «Nada funciona», me contó ella. «Simplemente hacemos lo mínimo. Algo está yendo muy mal».

Lo que iba mal no era el sexo, sino la extravagante idea de Carol de que ella y su marido debían sentir alguna clase de intensa conexión erótica todo el tiempo. Esta expectativa irrazonable hacía imposible que ella disfrutara o que siquiera encontrara consuelo en el placer que él le daba.

La experiencia de Carol estaba más contaminada por el significado personal que ella le daba al amor apasionado: que este probaría su atractivo y su belleza a los ojos de su marido. La pasión adquirió una importancia exagerada porque ella buscaba que afirmara que era especial para su marido. La forma de hacer el amor, para ella, no era un modo de reconectarse, sino una tarea, una actuación, una prueba. ¿Cómo no iba a defraudarla?

Si tú, al igual que Carol, necesitas tener una experiencia «diez» en la cama, es probable que no llegues a más de un «tres». El sexo en las películas y las revistas a menudo es retratado como un horno ardiente cuando en la vida real es más como una calefacción central con un termostato irregular.[13] Para lograr que tu relación sexual sea cálida y cariñosa tienes que quitarte algo más que la ropa, necesitas despojarte de tus expectativas exigentes.

Sugerencias

1. Pregúntate: «¿Por qué es tan importante la pasión para mí? ¿Qué significado le asigno que parece tan lleno de importancia? ¿Implica que mi pareja es genuinamente feliz conmigo? ¿Que me encuentra atractivo? ¿Que es menos probable que me engañe? ¿Que me ha perdonado?».

Tal vez esto haga a un lado la presión para que comprendas que tales significados son subjetivos; que una pareja pasiva puede ser feliz, fiel y perdonadora, y que una pareja sexualmente agresiva puede ser miserable, infiel y censuradora. Al reformular el significado de la pasión tal vez seas capaz de aceptar y disfrutar el hecho de que el sexo sea menos intenso de lo que puedas soñar, pero igual de cariñoso.

2. Esfuérzate por desarrollar una definición de la intimidad expandida, más útil y realista, que vaya más allá de la atracción e incluya los sentimientos de ternura, cariño, comprensión y respeto.

3. Uno de los estimuladores sexuales más grandes es ver a la pareja excitada. Por el contrario, uno de los enfriadores más potentes es que la pareja esté sexualmente muerta. De ahí se desprende que si quieres más pasión de tu pareja, tienes que ser más apasionado tú.

Suposición #5: «Tú siempre deberías saber lo que me complace sexualmente».

Esta idea es perfecta porque te deja abandonar la carga de la responsabilidad por tu satisfacción sexual en el regazo de tu pareja, para culparla después de que tus necesidades no están suplidas. Nada podría ser más disfuncional, puesto que esas necesidades seguirán sin conocerse hasta que las expreses.

Mi receta, pues, es esta: si quieres estar más satisfecho en la cama, tienes que asumir un papel más activo para hacer que eso suceda, pues no es un trabajo solo para tu pareja.

Te invito a:

- convertirte en un experto de lo que le gusta a tu cuerpo;
- comunicar esta información con sensibilidad y franqueza;
- responder a los esfuerzos de tu pareja por complacerte; aunque sean algo torpes, de un modo complementario y alentador.

Phil, un tratante de antigüedades de cuarenta y tres años, dominaba el patrón inadaptado de permitir que su esposa fuera responsable de intuir sus necesidades, tratándola después con un desdén silencioso cuando esas necesidades no eran suplidas. «La otra noche Susan agarró mi cara firmemente con sus manos, y me di cuenta de cuánto odio que ella haga eso», me contó. «Me recuerda a mi madre. Debería saber que me pone enfermo, pero lo lleva haciendo desde el día en que nos conocimos».

Phil enfrentó su respuesta con un «Formulario de pensamiento disfuncional». «¿Por qué debería saberlo?», escribió. Tú nunca se lo has dicho. Nunca se lo has dicho a nadie. Te lo guardas todo para ti mismo y después te quejas de que nadie te entiende. Lo llevas haciendo toda la vida, primero con tu madre y después con Susan. Hazle saber lo que te gusta. Dale la oportunidad de complacerte. En el fondo sabes que ella lo quiere».

Muchos de ustedes, al igual que Phil, tienen problemas para decirle a su pareja qué quieren físicamente: crees que no lo mereces, estás preocupado de ser rechazado o criticado, tienes miedo de herir los sentimientos de tu pareja, estás estancado en la creencia de que «si tengo que pedirlo, no es bueno». Sería maravilloso, por supuesto, que tu pareja pudiera intuir siempre qué quieres y que te lo diera libremente. El problema es que nadie puede leer tu mente. En ocasiones como esta, cuando te sientes tan separado, tienes que aprender a ser directo y asertivo, a contar más contigo mismo.

Sugerencias

1. A veces es mejor comunicar tus necesidades por medio de ejemplos que con palabras, *mostrarle* a tu pareja qué te hace sentir bien. Los hombres pueden demostrar cómo les gusta el sexo oral, por ejemplo, chupando el dedo de su pareja, y las mujeres besando la boca de su pareja. La idea es ir más allá del lenguaje, tocar al otro de un modo erótico y juguetón, y darle a esta persona la oportunidad de sentir lo que te gustaría sentir.

2. Nombra dos cosas fastidiosas que tu pareja hace en la cama de las que te has quejado antes. Una de mis pacientes le dijo a su marido: «Me pellizcas los pezones aunque te he dicho que me hace daño, y me clavas la barbilla en el cuello cuando estás encima de mí». Su marido explicó que cuando hacían el amor él se quedaba tan absorbido por el momento que no se daba cuenta de que le hacía daño. Él parecía muy dispuesto a cambiar.

3. Rememora aquellas ocasiones en las que querías pedirle algo a tu pareja, pero no lo hiciste. Escribe si el silencio merecía la pena,

cómo te hizo sentir, qué conseguiste. Haz lo mismo cuando lo expreses. Intenta que tu pareja sea consciente de la lucha, y pídele que te anime a comunicar lo que te importa.

Suposición #6: «Si te pido cambios en el modo en que hacemos el amor, heriré tus sentimientos. Si hago lo que tú me pides, violaré los míos. El cambio no merece la pena».

¿Qué podría ser más delicado que pedir, o admitir, nuevas conductas sexuales? Una forma diferente de tocarse, por ejemplo, o una nueva posición o técnica. Aquellos de ustedes que quieran cambios quizá no digan nada por miedo a disgustar a su pareja y causar una ruptura posterior en su relación. Aquellos de ustedes a quienes se les ha pedido el cambio pueden sentirse reacios, insultados o manipulados para hacer algo que les violenta. ¿Es de asombrarse que se queden ambos estancados en el pasado, en una vieja coreografía incómoda?

Pedirle cambios sexuales a tu pareja

«Quiero que Tim sepa que nunca he sido capaz de alcanzar el clímax por medio del coito, que prefiero el sexo oral», me contó Carol, «pero si se lo digo tengo miedo de que él piense que es un amante pésimo y que intente de nuevo ponerse a prueba con otra persona. Estoy dispuesta a fingir los orgasmos para mantenerlo cerca de mí».

Tim tenía su propio secreto: «Lisa [la persona de la aventura] hacía algo increíble que me encantaría que Carol hiciera», me dijo. Ella movía su pelvis conmigo mientras hacíamos el amor, como si se juntara conmigo a medio camino. Eso me hacía sentir deseado. Carol simplemente se tumba, como si se estuviera sacrificando. Si está enfadada conmigo, avergonzada de ser sexualmente activa o tan solo aburrida, no tengo ni idea. Me encantaría decirle lo que quiero, pero ella sabría que lo aprendí de Lisa. No merece la pena hacerla sentir más insegura de lo que ya lo está».

Tú, al igual que Tim y Carol, quizá decidas mantener tus deseos sexuales para ti mismo y no arriesgarte a provocar un feo enfrentamiento. Sin embargo, es posible que tu silencio aumente la distancia emocional entre ambos, incluso más que tu vida sexual falta de encanto.

Una fachada pacífica no es sustituto de la intimidad. Esconder lo que quieres puede proteger los sentimientos de tu pareja, pero si tu objetivo es sentirse más cercanos el uno del otro, no solo estar cerca, tienen que expresar lo que les importa, aunque la verdad hiera. Puede que al final descubras que tu pareja hubiera deseado que se lo dijeras antes y reciba con agradecimiento la oportunidad de satisfacerte.

Considerar la petición de cambios sexuales de tu pareja

Pedir cambios sexuales no los acercará a menos que también estén dispuestos a considerarlos. No me refiero necesariamente a acceder a los cambios que quiere tu pareja, sino a estar dispuestos a pensar en ellos con una mente receptiva.

Eso era lo que una paciente llamada Marilyn se negaba a hacer. Cuando su marido infiel le pidió que se lavara sus partes íntimas para que él pudiera disfrutar del cunnilingus con ella, le contestó: «Mi vagina es un horno que se limpia solo. Si no te gusta cómo huele, mantén tu nariz lejos de allí».

Tu resistencia al cambio, como la de Marilyn, puede ser comprensible, pero es posible que te prive de una experiencia que podría darles placer a ambos y acercarlos más. Si tu pareja está haciendo esfuerzos genuinos por intimar más sexualmente, y los respalda con gestos cariñosos fuera del dormitorio, te sugiero que veas las peticiones de cambio no como una crítica, una humillación, o una comparación poco halagüeña con la persona de la aventura, sino como un *regalo* al servicio de su relación.

Al mismo tiempo, no deberías acceder con demasiada rapidez a cambios que te parezcan repugnantes o prematuros, o que parezcan comprometer tu integridad o bienestar. «La idea del sexo oral siempre me ha dado asco», me contó una mujer infiel. «Sin embargo, siento que tengo que hacerlo para convencer a mi marido de que estoy dispuesta a quedarme». «Mi marido quiere sorpresas sexuales», explicó una mujer herida, «así que me encontré con él en el aeropuerto llevando nada más que una gabardina. Él se excitó muchísimo, pero yo nunca me he sentido tan humillada en la vida. He ido demasiado lejos».

No es reconstructivo para ti, la parte infiel, que satisfagas a tu pareja solo por una sensación de culpa, o para ti, la parte herida, que lo hagas solo por tus sentimientos de inseguridad o un deseo desesperado de complacer. Ninguno de los dos debería sentir que debe responder sexualmente solo para probar su amor o su compromiso. Ambos necesitan respetar el derecho del otro a decir que no.

Sugerencia

Para ayudarte a comunicar tus preferencias sexuales, te animo a que escribas tus respuestas en la siguiente lista de conductas, que muchos consideran agradables. Califica cada conducta en una escala del uno al tres: uno = no placentero; dos = algo placentero; tres = muy placentero. Asegúrate de añadir tus propias peticiones a la lista en un lenguaje que sea positivo y específico, no negativo y global. Decir: «Odio lo rápido que vas hacia el coito» es menos útil que decir: «Me gustaría que me besaras y me acariciaras al menos diez minutos antes de ir más allá». Recuerda que comunicar lo que te complace solo informa y dirige a tu pareja, no es necesario que tu pareja lo haga.

Me gustaría que tú:

Persona A	Persona B	
_____	_____	vinieras a la cama bañado y oliendo a limpio.
_____	_____	te dieras una ducha conmigo antes de ir a la cama.
_____	_____	te cepillaras los dientes antes de venir a la cama.
_____	_____	dejes de fumar cigarrillos unas horas antes de meterte en la cama, y que uses un enjuague bucal.
_____	_____	me envolvieras con tus piernas cuando te penetro.
_____	_____	lamieras mi oreja, dedo, pezón... de este modo (explicar).
_____	_____	me pidieras que te mostrara cómo quiero que me toques.
_____	_____	me besaras un poco más en la boca antes de tocar mis genitales.
_____	_____	recorrieras ligeramente mi cuerpo con las yemas de tus dedos.
_____	_____	me confirmaras que no me cuesta demasiado alcanzar el orgasmo.

Sexo de nuevo

_____   seas paciente conmigo y me hagas sentir que quieres que llegue al orgasmo, incluso después de que tú ya lo hayas alcanzado.

_____   _____   acaricies suavemente mis testículos.

_____   _____   uses lubricante en mi clítoris.

_____   _____   sugieras que hagamos el amor en un nuevo lugar.

_____   _____   pongas música romántica y relajante.

_____   _____   bailes conmigo lentamente antes de meternos en la cama.

_____   _____   me susurres al oído cuánto me quieres.

_____   _____   me digas cosas sucias.

_____   _____   vengas desnudo a la cama.

_____   _____   vengas a la cama llevando algo *sexy*.

_____   _____   vengas a mí cuando te sientas excitado (no que simplemente me preguntes si me interesa).

_____   _____   me preguntes cómo me siento antes de coquetear.

_____   _____   me hagas el amor frente a la chimenea.

_____   _____   te acurruques conmigo en la cama al menos diez minutos después de hacer el amor.

_____   _____   me estimules oralmente mientras yo hago lo mismo por ti.

_____   _____   me muestres cómo puedo complacerte oralmente de un modo que sea aceptable para mí.

Suposiciones #7–10: «Deberíamos llegar al orgasmo simultáneamente». «Deberíamos tener orgasmos múltiples». «Deberíamos alcanzar el orgasmo por medio del coito». «Deberíamos alcanzar el orgasmo todas las veces que hagamos el amor».

Cuando les pregunto a mis pacientes «¿Crees cualquiera de estas afirmaciones?», muchos dicen: «No seas ridícula». Aun así, cuando estas expectativas no se satisfacen, estas mismas personas suelen quedarse decepcionadas. Cuando les pregunto por qué, responden: «Bueno, no creo en estas ideas intelectualmente, pero creo en ellas emocionalmente», o «No creo en ellas para los demás, pero sí para mí».

El hecho es que muchos de ustedes mantienen unos estándares sexuales implacablemente altos. No es de extrañar que la falta de deseo sexual sea el resfriado común de los trastornos sexuales: ¿quién tiene la energía para empezar cuando la línea de meta está tan lejos?

Una de las ideas mal entendidas más comunes es que las mujeres desinhIbídas o suficientemente excitadas no solo deberían ser capaces de alcanzar el orgasmo vaginal, sino que lo prefieren a la estimulación manual u oral.[14] En realidad, la mayoría de las mujeres, anatómicamente, no obtienen la estimulación del clítoris necesaria por medio solo del coito, y por lo tanto no pueden alcanzar el orgasmo de este modo... nunca.

Los hombres, por su parte, también descubren a menudo que necesitan o prefieren otras clases de estimulación diferentes a las que alcanzan con el coito, pero les da vergüenza admitirlo. Este énfasis excesivo en el orgasmo por medio del coito los presiona para hacer que este tenga lugar. Cuando no ocurre, a menudo se quedan preocupados por no llegar a suplir nunca sus necesidades con su pareja, o porque haya algo deficiente en ellos o sus cuerpos.

Jerry se culpaba por no ser nunca capaz de hacer que su mujer llegara al orgasmo. «Durante años creí que Ann no podía llegar por mi culpa», me dijo. «Yo no era suficiente grande, eyaculaba demasiado pronto, la química entre los dos no estaba bien. Mis propios sentimientos negativos acerca de mi rendimiento, acerca de mí mismo, fueron una de las razones por las que tuve una aventura con Sally. Ella llegaba al orgasmo con tanta rapidez por medio del coito... que me hacía sentir viril, y valioso. Sin embargo, mientras pasábamos tiempo juntos, ella me hizo saber que necesitaba otras clases de estimulación y me enseñó cosas de la anatomía femenina de las que yo era totalmente ignorante. No podía creer lo poco que mi mujer y yo sabíamos de nuestros cuerpos, acerca de cómo dar y recibir placer. Me di cuenta de que había huido de nuestras dificultades sexuales; no lo habría hecho si las hubiera visto como problemas que necesitaban ser resueltos».

Otra idea irreal es que deben llegar al orgasmo siempre que hagan el amor. Según una de las encuestas nacionales más recientes sobre sexo, la mayoría de los estadounidenses fantasean acerca del sexo increíble en la vida de otras personas y tienen una visión exagerada de lo que es normal. El estudio descubrió: «A pesar de la fascinación con los orgasmos, a pesar de la noción popular de que los orgasmos frecuentes son esenciales para una vida sexual feliz, no hay una relación firme entre tener orgasmos y tener una vida sexual satisfactoria». Cerca de 75% de los hombres dijeron que siempre alcanzaban el orgasmo durante el sexo con sus parejas, mientras que solo 29% de las mujeres decían que siempre lo alcanzaban. Aun así, el porcentaje de hombres y mujeres que afirmaban estar extremadamente satisfechos tanto física como emocionalmente era semejante: 40%. Como señalaban los investigadores, puede que el orgasmo no sea la única clave para la satisfacción sexual, o de otro modo hombres y mujeres habrían indicado diferentes niveles de satisfacción.[15]

Lo que a menudo importa tanto como los orgasmos son tus *ideas* sobre ellos. Es probable que las expectativas rígidas e irreales te dejen frustrado, insatisfecho, y te hagan sentir defectuoso. Eres más capaz de tener una experiencia amorosa e íntima cuando enfatizas el proceso en vez del resultado. Como señaló el escritor británico Leonard Woolf, es el viaje, no el destino, lo que importa.

Sugerencias
Deja que tu pareja sepa cómo te gusta llegar al orgasmo, y abandona la idea de que existe un modo superior: por medio de un pene espléndido.

Si tú, como mujer, quieres el clímax por medio del coito pero no has podido nunca, intenta estimular tu clítoris mientras tu pareja te penetra ya sea desde arriba (manteniéndose ligeramente sobre ti) o desde el lado (acostado detrás de ti). Puede que ayude usar lubricante, saliva o gel; la idea de que hay algo vergonzoso en necesitar lubricante es otra idea errónea popular.

Si, como hombre, tienes dificultad para llegar al orgasmo por medio del coito, intenta ponerte boca arriba y que tu pareja te estimule oral o manualmente, o con un vibrador. También puedes tocarte mientras tu pareja acaricia tus testículos o te besa los pezones. Lo que tal vez te esté causando problemas es tu actitud de que los hombres de verdad solo llegan al orgasmo por medio del coito.

Ambos, hombres y mujeres, tienen que averiguar qué hace que el sexo les resulte placentero, qué funciona y qué no, y adoptar una actitud no evaluativa que diga: «Cualquier modo de alcanzar el orgasmo es bueno y es perfectamente normal siempre y cuando ambos nos sintamos cómodos con ello. No hay un modo correcto ni uno mejor».

Escuchen a sus cuerpos. Ellos les dirán lo que les gusta.

Suposición #11: «Deberíamos querer sexo con la misma frecuencia, y al mismo tiempo».

Después de una infidelidad, prepárense para cambios repentinos y aparentemente inexplicables en los niveles de deseo sexual. La parte infiel tal vez pierda completamente el interés en el sexo, mientras que la parte herida experimenta una necesidad aumentada de superar sus dudas acerca de sí mismos como amantes. Lo contrario también puede pasar: la parte infiel está ansiosa por reanudar las relaciones sexuales, mientras que la parte herida siente miedo de arriesgarse a tal intensidad de sentimientos.

Una mujer herida, Barbara, se encontró con que después de la infidelidad de su marido tenía una necesidad insaciable de hacer el amor. «Quería agotarlo para que no tuviese energía para nadie más», me contó. «Quiero demostrarle que puedo hacerlo feliz, que puedo ser tan ardiente como su amante».

Su marido no sabía cómo reaccionar. «Intento conseguir un equilibrio», me dijo, «a veces dándoselo, incluso cuando no tengo deseo, solo para hacerla sentir segura; a veces le digo que no estoy de humor para el sexo, pero le reafirmo mi compromiso y mi amor. Sin embargo, cuando ella siente que no estoy totalmente interesado, comienza a preguntarse por qué. Nosotros siempre hemos disfrutado el uno del otro en la cama, pero esta necesidad de ella me está apagando».

Un hombre infiel, Bob, se metió en una burbuja protectora después de revelar su infidelidad y perdió todo el deseo sexual, no solo por su esposa, sino por cualquiera. También dejó de masturbarse.

«Estoy apagado sexualmente», me contó. «Tal vez esta sea mi manera de castigarme por lo que he hecho, de controlar mi deseo para que no se desenfrene de nuevo».

Al principio a su mujer le preocupaba que él hubiera perdido el interés en ella. Después le preocupó que cuando su interés regresara él se marchara de nuevo.

Al igual que con estas dos parejas —Barbara y su marido, Bob y su esposa— tu satisfacción con tu pareja puede tener menos que ver con diferentes niveles de deseo que con tus suposiciones acerca de ellos. Si crees que dos personas sexualmente compatibles deberían querer hacer el amor con la misma frecuencia 100% del tiempo, es probable que te sientas alarmado por las diferencias que tienen y vayas en búsqueda de la satisfacción a otro lado. Si crees que dos personas rara vez tienen las mismas necesidades físicas en un momento dado, es probable que seas más tolerante con las diferencias y las negocies dentro de los confines de tu relación.

La presión para suplir las necesidades de tu pareja se agrava cuando tú eres una mujer y has sido la parte herida. La cultura popular te dice que tu trabajo es satisfacer al hombre o él te reemplazará. «Por lo tanto, le corresponde a la mujer saciar su "impulso" [de su marido], pretender saciarlo o sufrir una penalización», escribe la doctora Thelma Jean Goodrich. «Incluso en terapia, la desviación de la esposa del "impulso" del marido normalmente es lo que se ve como el problema a resolver». Así que cuando tu marido te invita a hacer el amor, tal vez debas hacerte un repaso interior y preguntarte: «¿Estoy respondiendo a la voz de una buena esposa, a una voz asustada, o a mi propia voz?». Tu pareja, por su parte, debería preguntarse: «¿Mi mujer está teniendo sexo por gentileza hacia mí, por miedo a perderme, o por su propio deseo?».[16]

No hay nada inadecuado en acomodarte al plan sexual de tu pareja siempre que eso no te haga sentir comprometido, coaccionado o resentido, y no estés trabajando tú solo para reconstruir el compañerismo. No veo nada disfuncional en ti, la mujer traicionada, porque tengas sexo a veces por complacer a tu marido, incluso por miedo a perderlo, siempre y cuando él esté intentando hacerte sentir más segura y amada. Lo que es inaceptable es cuando uno de ustedes ignora siempre los derechos y privilegios del otro, o accede siempre a las necesidades del otro. Las relaciones rara vez prosperan sin un espíritu de igualdad y reciprocidad.

Ten en mente que tu nivel de deseo sexual vacilará a lo largo de tu vida, sin importar tu género o tu papel en la infidelidad. Con los años experimentamos fluctuaciones normales en el deseo causadas por los cambios hormonales. Los hombres normalmente alcanzan su frecuencia más alta de expresión sexual entre la adolescencia y la mitad de la veintena, y a partir de ahí declina gradualmente. Las mujeres alcanzan su pico sexual más tarde, normalmente entre los treinta y los cuarenta, a menudo seguido de una pérdida gradual que continúa hasta la ancianidad, y quizá un incremento del deseo durante al menos unos años después de la menopausia.[17]

Los sucesos transitorios de la vida también influyen en el deseo sexual. «Me sentía como un cero a la izquierda en lo sexual desde que nació mi hijo», me contó una paciente llamada Betty, «Me sentía como la lechera, dando de mamar de día y de noche, totalmente empeñada en que mi bebé empezara su vida con salud. El sexo era lo último que me pasaba por la cabeza. Eric [mi marido] me enfurecía, presionándome constantemente para que fuera a la cama con él —parecía necesitarme más que el bebé— y odiaba cuando me acariciaba los pechos. Ahora, dieciocho años más tarde, el bebé está en la universidad y todo ha cambiado. Eric hace horas extras en el trabajo para llegar a fin de mes y yo tengo más ganas de hacer el amor que él».

Nada te hará sentir más aislado que la falta de deseo de tu pareja, pero tu tendencia a interpretarla siempre de la peor manera solo los apartará más. Te animo a que vayas más allá del aparente desinterés de tu pareja, más allá de tus propias necesidades inmediatas, y encuentres un modo de mantener la intimidad a pesar de tu desilusión o frustración momentánea. Parte de ser más íntimos es aprender a permanecer unido a tu pareja de un modo cariñoso, incluso cuando no puede o no quiere satisfacer tu mismo deseo.

Sugerencia

Las personas afligidas a menudo desarrollan percepciones polarizadas de la respuesta sexual del otro; una persona es vista como una piedra, que no quiere sexo nunca; la otra es vista como un conejo, que quiere todo el tiempo. Este ejercicio —yo lo llamo «el conejo y la piedra»— te ayudará a desarrollar una idea más realista de los deseos sexuales del otro y a alcanzar un compromiso que los satisfaga a ambos.

Primero, me gustaría que cada uno de ustedes escribiera la frecuencia con la que tendría sexo *idealmente* (eso quiere decir si no estuvieran influidos por la frecuencia con la que creen que desea tenerlo su pareja), y cuán a menudo creen que a su pareja le gustaría *idealmente*. Después escriban la frecuencia que estarían dispuestos a *aceptar* (eso quiere decir cuán a menudo estarían dispuestos a tener sexo para acomodarse a su pareja). Luego escriban la frecuencia a la que creen que se acomodaría su pareja. Lo que es probable que ambos descubran de este ejercicio es que su rango de respuesta es más estrecho de lo que esperaban, y que hay una solución agradable para ambos que les requerirá menos compromiso del que temen.

Esto es lo que una pareja, Valerie y Todd, descubrió:

1. ¿Cuán a menudo quiere sexo Valerie?

   Respuesta de Valerie: una vez a la semana.
   Respuesta de Todd: una vez al mes.

2. ¿Cuán a menudo aceptaría Valerie?

   Respuesta de Valerie: una o dos veces a la semana.
   Respuesta de Todd: dos veces al mes.

3. ¿Cuán a menudo quiere sexo Todd?

   Respuesta de Valerie: todos los días.
   Respuesta de Todd: dos o tres veces a la semana.

4. ¿Cuán a menudo aceptaría Todd?

   Respuesta de Valerie: tres veces por semana.
   Respuesta de Todd: una vez a la semana.

La pareja se encontró riendo por sus ideas equivocadas acerca del otro, y llegaron al siguiente compromiso: tendrían sexo al menos una vez cada cinco días para satisfacer el nivel de interés de Todd, pero no más de eso en deferencia a Valerie (a menos que ella quisiera). Cada uno era responsable de iniciar el sexo por turnos. Cuando era el turno de Todd, él normalmente se acercaba a Valerie esa misma noche; ella normalmente esperaba los cinco días. Acordaron que si cualquiera de los dos se negaba a cumplir lo prometido, esa persona tendría que pensar en sus objeciones por medio de un «Formulario de pensamiento disfuncional», discutirlas con la otra parte y establecer otra fecha.

Una vez, cuando Valerie pidió una prórroga, ella escribió los siguientes pensamientos negativos: «Estoy enfadada. Cuando su madre vino de visita, él me hizo responsable de ella aunque sabía que tenía que entregar un informe que estaba atrasado. Él no valora mi tiempo y espera que todo el mundo se ciña a su agenda».

Después ella misma se respondió: «Llevas alimentando tu resentimiento toda la semana... ¿por qué evitas el sexo ahora? Tienes que enfrentarte a Todd en cuanto te enfades con él y darle la oportunidad de resolver lo que te está molestando. No caigas en la trampa de convertir a Todd en tu padre, que siempre se ponía a él primero, y convertirte tú en tu madre, que permaneció con tu papá solo por tu bien y cubría su ira con frialdad. Dile lo que te disgusta, como hiciste en la terapia, y pídele que refleje tus sentimientos. Después haz tú lo mismo por él. No uses el sexo como un arma. Si eres directa es más probable que te apoye».

En vez de alejar a Todd, Valerie escuchó a su yo más habilidoso y explicó su ira, reconociendo sus propios patrones disfuncionales. Al quinto día ella inició el sexo, como habían acordado.

Suposición #12: «Si nuestra relación fuera lo suficiente fuerte, y fuéramos personas normales, no tendríamos que hacer uso de la fantasía o los juguetes sexuales».

Es probable que muchos de ustedes crean que el único modo de tener sexo es con ambos centrados en el otro y estimulándose mutuamente. La gente normal, suponen, no debería necesitar o querer juguetes sexuales o maquinaciones mentales para excitarse.

Y a la inversa, son prontos a creer que si les gusta o necesitan estimuladores sexuales —vibradores, vídeos con contenido para adultos y cosas así— su relación está en problemas o son unos pervertidos, desleales, ordinarios, raros o enfermos.

El hecho es que hay tantas maneras de excitar el cuerpo como las hay de cocinar pollo... y quizá más. El problema con las proscripciones para la conducta sexual es que tal vez te eviten algunos de los aspectos más divertidos y sensuales del sexo. Y en un momento en que la relación está tan tensa, la diversión y la sensualidad no deberían rechazarse a la ligera.

Se dice que el órgano sexual más importante es el cerebro, porque lo que ocurre en tu cabeza afecta significativamente las respuestas sexuales de tu cuerpo. Si mientras haces el amor llenas tu mente de pensamientos picantes, incluso prohIbídos, es más probable que te excites que si piensas: «Mi pareja nunca pone los platos en el lavavajillas». Es poco probable que eso te excite.

La fantasía sexual es una actividad natural que puede distraerte de tu ira, tus sentimientos de ineptitud, tus pensamientos acerca de la persona de la aventura... cualquier cosa que interfiera con tu excitación en este momento complicado. También puede aumentar tu respuesta sexual al mandar mensajes a esos órganos para que activen la erección del pene o la lubricación vaginal.

«¿Pero no debería ser mi pareja suficiente para mí?», te preguntas. «¿No es obsceno estar pensando en otra persona mientras estoy haciendo el amor con mi pareja?». No, diría yo, hay una diferencia entre pensar en el sexo con otros y tenerlo. Como los conocidos sexólogos Heiman, LoPiccolo y LoPiccolo señalan: «Fantasear sobre algo no significa que realmente lo hagas. De hecho, la belleza de la fantasía es que te permite la libertad de experimentar con la variedad sexual más allá de los límites de la realidad».[18] La idea de que si amas a alguien nunca te sentirás atraído ni pensarás en hacer el amor con otra persona va en contra de la naturaleza humana. Es normal tener pensamientos sexuales con otra gente. Lo importante es que tú y tu pareja busquen hacer el amor, que hagan de su tiempo juntos en la cama algo gratificante, agradable, íntimo, divertido; y si eso incluye la fantasía, perfecto.

Yo no le aconsejaría a ninguno de los dos que fantaseen con la persona de la aventura, aunque es irreal pensar que no ocurrirá. Tú, la parte infiel, has puesto en acción esas fantasías antes, así que es mejor no alimentarlas. Tú, la parte herida, quizá en realidad te excites pensando en imágenes de tu pareja en un abrazo apasionado con otra persona, pero estos vídeos mentales probablemente también enciendan tu inseguridad, aunque a veces lo encuentres muy erótico. Cuando sintonizas con la persona de la aventura, es momento de cambiar de canal.

Un modo de hacerlo es entrenarte para evocar otras imágenes menos amenazadoras. *Sexo, varón*[19] y *Mi jardín secreto*[20], ambos de Nancy Friday, están llenos de fantasías sexuales explícitas y provocadoras, el primero provenientes de hombres; el segundo, de mujeres. Algunas de ellas quizá te exciten.

Otro modo de acrecentar la excitación es incorporar objetos sexuales en las relaciones sexuales. Algunos de ustedes tienen tendencia a rechazar esta sugerencia por el significado que le asignan. Si quieres disfrutar alguna vez de estos potenciadores, tienes que verlos con una nueva luz, al igual que John, uno de mis pacientes.

Mientras John y su mujer, Judy, se recuperaban del daño de la infidelidad de él, ella reveló que durante los meses de separación había comenzado a usar un vibrador y ahora quería continuar usándolo para intensificar sus orgasmos durante el acto sexual. John se tomó aquella petición como una bofetada en la cara. «Está intentando castigarme por mi infidelidad», me contó él. «Es como decirme: "Yo puedo reemplazarte con tanta facilidad como lo hiciste tú"».

Judy explicó que le encantaba hacer el amor con él, pero que no podía alcanzar el orgasmo solo por medio de la estimulación vaginal y quería que él la tocara y estuviera junto a ella mientras usaba el vibrador. John se resistió al principio, pero con el tiempo, después de asumirlo y reorganizar el significado en su mente, llegó a aceptarlo. A veces incluso se excitaba viéndola a ella dándose placer.

Una mujer herida llamada Marge llegó a un acuerdo similar con su esposo. Aunque ella podía ver que él se esforzaba por revitalizar su matrimonio, luchaba para no sentirse rebajada por su deseo de estimulación visual. Cuando él le pidió que se pusiera la lencería con lazos negros que le había comprado y vieran juntos una película con contenido para adultos, ella accedió. Sin embargo, al día siguiente se sentía humillada. «Él necesita esos juguetes para excitarse», me contó ella. «No tienen nada que ver conmigo. Si me amara y disfrutara de mi cuerpo, le resultaría suficiente».

Con ayuda, Marge reconoció la subjetividad de sus suposiciones y las rebatió. «Él me compró esta linda tontería antes de su infidelidad», se decía. «Siempre le ha gustado verme con ropa *sexy*. Y siempre le han gustado las películas porno. Eso no lo hace malo, y a mí no me hace menos atractiva o menos amada por él. ¿Por qué veo en ello cosas que no están ahí?».

Finalmente lo que creó más intimidad para Marge y su marido no fue que utilizaran ningún potenciador sexual en particular, sino su voluntad para considerar las preferencias sexuales propias del otro sin juzgarlas.

Sugerencias

1. Tómate un tiempo para desarrollar una o dos fantasías con las que te sientas cómodo evocándolas mientras tienes sexo. Puedes comenzar usándolas mientras te masturbas o mientras tocas tu cuerpo en la ducha.

Cuando incorpores fantasías a tus relaciones sexuales, intenta alternar en tu mente la fantasía y las sensaciones que estás experimentando con tu pareja. No te pierdas totalmente en tu mundo soñado, pero no dudes en sumergirte en él cuando tengas pensamientos perjudiciales acerca de tu pareja o la persona de la aventura.

Diviértete con esto e intenta que tu mente viaje libre, soñando escenas que te exciten. Lo que hace excitante la fantasía es su prohibición o la novedad; quizá lo que mejor te funcione sean escenas que encontrarías aterradoras o moralmente repugnantes en la vida real. Recuerda: tu pareja nunca necesita saber que tú usas fantasías o cuál es la tuya. Una fantasía extramarital no es una aventura extramarital. Hablaré más de esto en el capítulo 10 sobre las infidelidades en el ciberespacio.

2. Invita a tu pareja a visitar una tienda erótica en Internet... o una real. Algunos de los artículos tal vez te disgusten, otros te harán reír. Hablen de cuáles les gustaría probar. Comparte tus sentimientos sobre ellos.

Suposición #13: «El tema de hacerse las pruebas del SIDA u otras enfermedades de transmisión sexual es demasiado controversial para sacarlo a colación».
Para renovar las relaciones físicas, ambos se verán obligados a enfrentarse a uno de los temas sexuales posteriores a una infidelidad que causan más ansiedad: la preocupación por las enfermedades de transmisión sexual como el SIDA.

Aunque tú, la parte infiel, insistas quizá en que has tenido sexo seguro con la persona de la aventura, es probable que tu pareja necesite alguna prueba más que tu palabra y se niegue a tener sexo genital contigo hasta que ambos se hayan hecho unas pruebas médicas. Si te resistes a este mandato, te equivocas de lleno y tienes que preguntarte por qué te sientes tan a la defensiva. El significado que le das a la demanda de tu pareja tal vez te inquiete, particularmente si lo ves como un intento de controlarte o castigarte, pero sin importar lo ofensivas que puedan parecer sus intenciones, tú no tienes derecho moral a exponer a otra persona a una enfermedad crónica o mortal. Te ofrezco el siguiente pensamiento para ayudarte a llevar esto a cabo: «El SIDA [o cualquier otra enfermedad de transmisión sexual] es real, actual y pone en riesgo la vida. Es indefendible poner en riesgo la vida de otra persona. Hacerse las pruebas es un modo de demostrar mi respeto por los sentimientos de mi pareja y mi compromiso con nuestra relación. Puedo elegir ver las demandas de mi pareja como una coacción o elegir ver lo penosamente desinteresada y dependiente que ha sido mi pareja al haber accedido a tener sexo *sin* conocer mi estado de salud. Además, ¿por qué debería confiar en mi palabra de que he tenido sexo seguro cuando le he mentido [tantas veces] antes?».

Tú, la parte herida, ciertamente tienes derecho de pedir que tu pareja se haga las pruebas; de hecho, es lo más responsable. Sin embargo, intenta no usar tu petición como un vehículo para evitar el contacto íntimo o expresar tu ira o tu angustia. Si estás preocupado por tu salud, dilo. Dale a tu pareja la oportunidad de aliviar tus preocupaciones y recuperar tu confianza.

Sugerencia
Háganse las pruebas... ambos. Dile a tu pareja cuándo tienes cita y comparte los resultados. No pongas a tu pareja en la obligación de tener que rogarte.

Suposición #14: «Nunca superaré la vergüenza que siento por mi cuerpo y mi manera de hacer el amor».
La vergüenza a menudo se interpone en el camino a una mayor intimidad: vergüenza acerca de cómo luce tu cuerpo y vergüenza acerca de tu rendimiento. Cuando encierras esos sentimientos dentro de ti, te inhiben para que sigas tus inclinaciones naturales y disfrutes y te expreses libremente en la cama. Para poder acercarse, tienes que identificar qué te da vergüenza y después arriesgarte a hablar de ello. Revelar tus ideas más profundas, oscuras y vergonzosas sobre tu yo sexual te obligará a sentirte vulnerable, pero le dará a tu pareja una oportunidad de contradecir tus suposiciones y aceptarte tal como eres. La vergüenza tiene que sacarse a la luz para ser exorcizada.

Sugerencias
Aquí tienes una lista de ideas o hechos por los que muchas personas admiten sentir temor o vergüenza. Te animo a que ambos hablen de ellos y añadan los propios:

- «Mi cuerpo es feo».
- «Mis pechos son demasiado pequeños/grandes».
- «Mi pene es demasiado pequeño/grande».

- «No se me pone lo suficiente dura».
- «Mi pene tiene una forma rara».
- «Tengo los pezones invertidos».
- «No puedo alcanzar el orgasmo por medio del acto sexual».
- «Soy más torpe que sensual en la cama».
- «Mis necesidades son demasiado pervertidas».
- «Hago demasiado ruido».
- «Me quedo muy callado cuando hacemos el amor. Tengo problemas para expresarme».
- «Mi vello púbico es feo».
- «Estoy demasiado gordo/delgado».
- «Mi trasero es demasiado plano/blando/gordo».
- «Eyaculo demasiado rápido».
- «Tardo muchísimo en llegar al orgasmo».
- «No puedo hacerte llegar al clímax».
- «Mi vagina es demasiado estrecha/pequeña».
- «Nunca he tenido un orgasmo».
- «No lubrico lo suficiente/lubrico demasiado».
- «Me preocupa que mi vagina sepa mal».
- «No sé cómo complacerte».
- «No puedo decirte cómo complacerme en la cama».
- «Me siento raro mostrando pasión».
- «Tengo miedo de dejarme llevar/perder el control».
- «Me siento humillado cuando practico sexo oral».
- «Tengo miedo de asfixiarme con tu pene si lo pongo en mi boca».
- «Tengo miedo de que eyacules en mi boca».
- «Pienso en hacer el amor con alguien de mi propio sexo».
- «Cuando yo inicio el sexo me siento demasiado atrevido».
- «Me gusta mirar porno».
- «Me gusta usar un vibrador a veces».
- «Me masturbo cuando tú no estás».

Mientras escuchas lo que tu pareja admite, es importante que te des cuenta de que te está confiando información profundamente personal. Trátala con la mayor sensibilidad. Si lo que tu pareja cree a ti te parece falso, ahora es el momento de decirlo. Cuando una de mis pacientes llamada Vera le dijo a su marido cómo odiaba los cabellos negros alrededor de sus pezones —la hacían sentir poco femenina, según dijo ella— él se rió: «El único pelo por el que me he preocupado alguna vez es por el bosque que está creciendo en mi nariz y mis orejas. Yo no me reiré de tus imperfecciones si tú no te ríes de las mías».

Cuando confiesas tu vergüenza y tu pareja te ayuda a reducir el dolor o superarlo, eliminas una barrera enorme para la intimidad.

CONCLUSIÓN
Miedo a la intimidad, miedo al cambio

Después de haber revisado tus suposiciones acerca del deseo sexual, la excitación y los orgasmos; sacado a la persona de la aventura de tu dormitorio; establecido unas expectativas realistas acerca de la pasión y el uso de la fantasía; y reconocido tus propios problemas de intimidad, *todavía quizá tengas miedo de sanar y amar a tu pareja de nuevo.*

El miedo a invertir de nuevo en una relación dañada, el miedo a sincerarte y dejar que tu pareja te ame de nuevo, el miedo a la propia esperanza... estas cosas son comunes en las parejas que luchan por restablecer los lazos íntimos después de una infidelidad.

Igualmente abrumador es el miedo al cambio. Cuando te das cuenta de los viejos y profundos que son tus patrones disfuncionales, de qué modo están integrados en tu idea del yo, tal vez digas: «Soy como soy. Es demasiado tarde para convertirme en otra persona».

«Bajas de la acera y comienzas a cruzar la calle, sin saber qué va a haber allí cuando llegues al otro lado», me dijo una mujer herida. «Si me vuelvo más cariñosa, más sexual, más directa acerca de lo que necesito, experimentaré a mi marido de forma diferente, y a mí misma también. Seré una persona diferente. Siempre me he sentido ignorada, decepcionada, privada. Si abandono eso, ¿quién seré?». Sin embargo, quizá seas más capaz de intimar de lo que crees.

Si quieres acercarte, puedes comenzar identificando y asumiendo la responsabilidad por cómo has mantenido a tu pareja en la distancia, cómo has saboteado sus esfuerzos para conocerte. Puedes volver atrás, con antelación a la infidelidad, antes de que ambos se conocieran, y buscar patrones inadaptados en la forma de relacionarte con los demás desde la infancia. Y puedes entrenarte conscientemente para experimentar nuevos modos más amorosos de interactuar.

Intenta replicarle a tus miedos. Tienes una pequeña oportunidad de rehacerte a ti mismo y a tu relación. No la desperdicies adhiriéndote ciegamente a patrones de intimidad obstaculizadores aprendidos desde la niñez. No desperdicies tu energía intentando mantener en frío la relación. Pregúntate: «¿A qué estoy esperando? ¿Cuándo me sentiré más preparado para amar de nuevo? ¿Cuántas oportunidades tendré para reconstruir nuestra vida juntos?». Vas a necesitar muchas experiencias correctivas para sentirte emocionalmente seguro, para restaurar un nivel de confianza en el que puedas «poner tus sentimientos y miedos más profundos en la palma de la mano de tu pareja, sabiendo que los manejará con cuidado».[21] No obstante, te animo a que rompas el precinto que te mantiene alejado y comiences el proceso.

Reconectarse más íntimamente

Desarrollar expectativas realistas acerca de tu relación física recorrerá un largo camino hacia el fortalecimiento del vínculo emocional y espiritual del uno con el otro. Como Mary Borden escribió tan elocuentemente hace más de medio siglo: «No todos hemos nacido amantes, o grandes amantes: amantes crónicos y congénitos. Somos personas normales, lánguidas, torpes, con buenas intenciones, desconcertadas y solas en la multitud del mundo. Lo que realmente queremos es un amigo o dos, y un compañero que se alegre cuando estemos alegres, y se lamente cuando nos lamentemos, que esté junto a nosotros en la adversidad y mientras dure la carrera».[22]

El sentimiento de un vínculo tierno y seguro con tu pareja descansa en el corazón de las relaciones más duraderas y comprometidas, sobrepasando en alegría y satisfacción los destellos momentáneos y las maravillas del amor romántico. Thom Gunn captura el dulce contentamiento del amor en su poema *El abrazo*.[23]

> *Era tu cumpleaños, habíamos bebido y cenado*
> *la mitad de la noche con nuestro viejo amigo*
> *que nos iba a presentar al final*
> *una cama a la que llegué a zancadas borracho.*
> *Ya yacía confortado,*
> *y somnoliento por el vino que dormitaba en un lado.*
> *Reposaba, dormía. Mi sueño se interrumpió por un abrazo.*
> *De repente, por la espalda,*
> *en el que la completa longitud de nuestros cuerpos*
> *presionaba:*
> *tu empeine hacia mi talón,*

mis hombros contra tu pecho.
No fue sexo, pero pude sentir
toda la fuerza de tu cuerpo,
apuntalando el mío,
y encerrándome dentro de ti
como si siguiéramos teniendo veintidós
cuando nuestra gran pasión no se había vuelto aún
familiar.
Me dormí rápido y lo borré todo
de la intervención del tiempo y el lugar.
Solo sabía
de la permanencia de tu seguro y seco abrazo.

La intimidad sexual es inseparable de la emocional, donde cada uno abraza y comprende al otro. Solicítense ser generosos con sus actos de amabilidad, estar disponibles para el otro de un modo esencial. Bríndense la fortaleza y la visión para permanecer conectados —lo que dure la carrera— incluso en esos momentos en los que no se sienten particularmente amados ni cariñosos.

NUEVE

Aprende a perdonar

El perdón, como el amor, es un concepto tanto como un sentimiento. Si lo que asumes sobre él es extremo o irreal, puede que nunca perdones, o que lo hagas muy rápido. En este capítulo consideraremos algunas de esas suposiciones más comunes para que puedas tomar una decisión más considerada y en interés propio acerca de si puedes, o quieres, perdonar. Ten en cuenta que estoy hablando no solo de la infidelidad, sino también de los otros muchos modos menos obvios en los que tu pareja te ha fallado, y tú te has fallado a ti mismo, en el curso de la relación.

SUPOSICIONES QUE QUIZÁ EVITEN QUE PERDONES
Entre las ideas más importantes que puedes tener sobre el perdón, están:

1. «El perdón sucede completamente y de una sola vez».
2. «Cuando perdonas, los sentimientos negativos hacia tu pareja son reemplazados por los positivos».
3. «Cuando perdonas, admites que tus sentimientos negativos acerca de tu pareja estaban equivocados o eran injustificados».
4. «Cuando perdonas, no pides nada a cambio».
5. «Cuando perdonas, olvidas el daño».

Los diccionarios refuerzan esas nociones idealizadas. El *Diccionario de la Real Academia de la Lengua*[1] es típico. Como perdonar entiende: «1. Dicho de quien ha sido perjudicado por ello: remitir la deuda, ofensa, falta, delito u otra cosa. 2. Exceptuar a alguien de lo que comúnmente se hace con todos, o eximirle de la obligación que tiene. 3. Precedido del adverbio *no*, para dar a entender que la acción del verbo que seguidamente se expresa o se supone, se realiza en todas las ocasiones posibles. 4. Renunciar a un derecho, goce o disfrute». Muchos teólogos y autoridades religiosas añadirían: «Renunciar al derecho de devolver el daño».[2]

Estas definiciones, aunque útiles como prescripciones abstractas, tal vez hagan que el perdón parezca lejos del alcance y te deje pensando: «Si esto es lo que significa perdonar, olvídalo. Solo un santo podría actuar de un modo tan incondicional y sacrificado».

Como digo en *How Can I Forgive You?* [¿Cómo voy a perdonarte?],[3] el perdón no es un acto puro y desinteresado, un indulto concedido unilateralmente por la parte herida. Es un proyecto conjunto que comienza cuando compartes tu dolor después de que la infidelidad haya sido revelada, y evoluciona según tú y tu pareja vayan forjando experiencias correctivas que reconstruyan la confianza y la intimidad. El perdón es una ofrenda voluntaria que debe *ganarse* día tras día.

Suposición #1: «El perdón sucede completamente y de una sola vez». Recuerdo cuando mi hijo Aaron comenzó la escuela. Después de curiosear un rato, revolviendo los rompecabezas, giró hacia mí y anunció: «No puedo. Es demasiado duro». Bueno, por supuesto que lo era... si tuviera que aprenderlo todo ese mismo día.

Cuando se trata de perdonar a tu pareja también puedes sentir que se te pide ir más allá de tus límites. «Me va a llevar toda la vida», insistes. «Quizá más». Y yo digo: «Cierto. Exactamente. El proceso de perdonar se desarrolla muy lentamente y continúa a lo largo de tu relación. No hay punto final, no hay un momento en el que sacas el cadalso de tu vida y dices: "Podemos dejar de recordar y decir que ya hemos hecho nuestro trabajo"». Parafraseando a Kafka, el momento decisivo en el desarrollo humano es continuo.

Tal vez ahora mismo puedas perdonar 10% de lo que hizo tu pareja, y tal vez mientras ambos reconstruyen su relación puedas perdonar otro 70%, pero nunca más. Y eso está bien. «La resolución del trauma nunca es final; la recuperación nunca es completa», aconseja Judith Lewis Herman, profesora adjunta de psiquiatría clínica en la Facultad de Medicina de Harvard, en su estudio sobre el daño psicológico.[4] No eres necesariamente una buena persona si perdonas totalmente; no eres necesariamente malo si no puedes hacerlo. Solo puedes dar lo que eres capaz de dar, y lo que tu pareja se gane.

Suposición #2: «Cuando perdonas, los sentimientos negativos hacia tu pareja son reemplazados por los positivos».
Algunos de ustedes tal vez se resistan a perdonar porque lo ven como «un cese del rencor»,[5] un estado en el cual la amargura se desvanece y el amor y la compasión toman su lugar.

Esta es una idea romántica, desde mi punto de vista, puesto que en todos mis años de práctica nunca he conocido a una persona que fuera capaz de conseguir ese giro emocional radical. En la vida las heridas psicológicas nunca se sanan por completo ni desaparecen, ni unas más positivas las reemplazan de forma mágica. Ya seas la parte herida o la infiel, es probable que el recuerdo de cómo tu pareja te falló te estremezca, incluso dentro de unos años. Esperar empezar de cero, como si nada hubiera pasado, es prepararte para la desilusión.

Como parte herida, quizá nunca hayas sentido demasiada compasión ante los conflictos de tu pareja por la infidelidad. Tal vez nunca entendiste, o no te importó, el dolor de tu pareja por dejar a la persona de la aventura. Esto es normal. Cuando perdonas, no empiezas a tener sentimientos cálidos y tiernos siempre que piensas en el engaño de tu pareja, sino que es probable que estés menos sensible emocionalmente en cuanto al tema, y menos consumido por la amargura y la ira. Tu rencor se vuelve menos central en tu relación y comparte un lugar con otros sentimientos más positivos. Proyectas la infidelidad dentro del contexto más amplio de su vida juntos, viéndola como lo que es: una parte de lo que ambos son pero no todo lo que son. Y consideras que tu pareja es algo más que un traidor, y que tú eres algo más que una víctima.[6]

Como parte infiel, tal vez nunca perdones completamente a tu pareja por no alcanzar tus expectativas, y eso también es normal. El perdón, como el amor maduro, permite la consideración simultánea de sentimientos en conflicto, la integración del odio y el amor. Cuando perdonas, los sentimientos positivos no reemplazan a los negativos; coexisten con ellos. Tu resentimiento permanece, pero

DESPUÉS DE LA INFIDELIDAD

equilibrado junto a la comprensión de que tu cónyuge no era tan imperfecto, y la persona de la aventura no era tan perfecta... ni tú eras tan inocente.

Suposición #3: «Cuando perdonas, admites que tus sentimientos negativos acerca de tu pareja estaban equivocados o eran injustificados».

Otra razón por la que tal vez te resistas a perdonar es que parece que condonas, excusas o minimizas la conducta de tu pareja. Parece que niegas que ha ocurrido una injusticia, que has sido agraviado, que mereces sentirte enfadado o herido. Parece que dijeras: «Lo que mi pareja me hizo no fue tan malo ni importante».

Sin embargo, perdonar no significa que niegas la culpabilidad de tu pareja; solo que la liberas de la retribución. Como explica la reverenda Marjorie J. Thompson:

> Perdonar es tomar la decisión consciente de liberar a la persona que nos ha herido de la sentencia de nuestro juicio, por muy justificado que este sea. Esto representa una elección deliberada de dejar a un lado nuestro resentimiento y el deseo de retribución, por justo que tal castigo nos pueda parecer [...] no es que la herida real se vaya a olvidar completamente, sino que su poder para mantenernos atrapados en una repetición continua del suceso, con todo el resentimiento que hace reverdecer cada recuerdo, se rompe. Además, sin mitigar en ningún caso la seriedad de la ofensa, el perdón implica excusar a las personas de las consecuencias punitivas que merecen sufrir por su conducta. La conducta permanece en condenación, pero el ofensor es liberado de sus efectos en cuanto lo que concierne al que perdona.[7]

Puedes perdonar y también continuar reconociendo que tu pareja fue demasiado lejos. En realidad, a menos que reconozcas para ti mismo que has sido agraviado, no hay nada que puedas perdonar. «Culpar es parte de continuar con la vida», escribe Beverly Flanigan en *Forgiving the Unforgivable* [Perdonando lo imperdonable].[8] «Alguien debe hacerse responsable de una injuria. Alguien se ha equivocado. Alguien debería ser identificado. Después alguien puede ser perdonado».[9]

Suposición #4: «Cuando perdonas, no pides nada a cambio».
Puede que algunos de ustedes se nieguen a perdonar porque lo ven como una forma de absolución o indulto que se ofrece sin ninguna expectativa o reembolso. «¿Por qué debería liberar a mi pareja de cualquier obligación de reparar el daño?», te preguntas a ti mismo. «¿Por qué debería hacer borrón y cuenta nueva?».

Si defines el perdón de este modo abnegado o comprometedor, es probable que lo asocies con la pérdida de poder y la sumisión pasiva al abuso, y que compartas la convicción de Nietzsche de que el perdón es para los débiles: para aquellos incapaces de hacer valer su derecho a una solución justa.[10]

Sin embargo, el perdón no tiene por que hacerte débil a ti ni hacer irresponsable a tu pareja. *Si tu objetivo es la reconciliación, el perdón requiere una restitución.* En caso de que tu pareja haya fallecido o no esté físicamente disponible, puedes elegir «liberar» a esa persona unilateralmente para poder tomar el control de tu dolor y tu recuperación. No obstante, si estás intentando reconstruir una relación, tienen que hacerlo juntos. Perdonar es un proceso que requiere a dos personas; tú no puedes perdonar a aquellos que se niegan a reconocer y compensar el daño que te han causado, y ciertamente no puedes tener una relación vital e íntima con ellos. Como señala Judith Lewis Herman: «El verdadero perdón no se puede garantizar hasta que el perpetrador lo ha buscado y se lo ha ganado por medio de la confesión, el respeto y la restitución».[11]

Una persona que quiera conectar física y psicológicamente contigo debe esforzarse por ganarse el perdón por medio de conductas específicas. El perdón que no ha sido ganado, al igual que el amor no correspondido, refuerza la suposición de que es solo tu trabajo permanecer conectado, que tu pareja no necesita compartir la carga de la recuperación. Si alguna vez has tenido una pizca de autoestima, es probable que consideres esto como una idea disfuncional.

«Aunque la reconciliación tal vez sea un resultado deseable, psicológicamente el perdón tiene que ser ganado», escribe el psicólogo clínico Robert Lovinger en *Religion and Counseling* [Religión y consejería]. «Perdonar a personas que no reconocen la injuria, o incluso peor, que racionalizan sus conductas dañinas como si fueran merecidas, es mantener la injuria por completo de nuevo».[12]

Suposición #5: «Cuando perdonas, olvidas el daño».
Puedes negarte a perdonar a tu pareja porque tienes miedo de enterrar el recuerdo de lo que fue mal. Recordar, piensas, evita que lo mismo suceda de nuevo. También le hace saber a tu pareja que no puedes despreciar tu dolor tan a la ligera.

Sin embargo, la verdad es que tú, la parte herida, nunca olvidarás cómo has sido engañado, ya sea que perdones o no. Años después seguirás siendo capaz de rememorar el momento exacto de la revelación y todos los grotescos detalles de la infidelidad. Tú, el infiel, tal vez quieras que tu pareja perdone y olvide para poder avanzar hacia una reconciliación pacífica, pero no puedes acelerar el proceso. *Si no te ocupas del daño que has causado, seguramente lo hará tu pareja.*

Cuando perdonas, no te olvidas de cómo fuiste agraviado, sino que te permites dejar de vivir solo recordándolo. Es probable que tus recuerdos dolorosos sigan vivos, pero relegados a una esquina de tu mente. Sigues viendo el daño, pero solo como una parte del paisaje que también incluye los momentos de amor: aquellos que te recuerdan por qué eligieron seguir juntos. Tal vez el pasado siga hiriendo, pero también es posible que te enseñe alguna lección importante y te inspire a hacerlo mejor.

Perdonar, en resumen, implica *el perdón consciente*, lo que la analista jungiana Clarissa Pinkola Estés describe como «negarse a evocar el material incendiario [...] abandonando voluntariamente la práctica de la obsesión [...] por lo tanto viviendo en un nuevo paisaje, creando una vida y unas experiencias nuevas en las que pensar en vez de en las antiguas».[13]

SUPOSICIONES QUE TE HACEN PERDONAR CON DEMASIADA FACILIDAD
El perdón que no se ha ganado es un perdón barato. Es algo que garantizas no porque tu pareja lo merezca, sino porque te sientes presionado a ello, ya sea por los demás o debido a suposiciones morales o románticas acerca de lo que significa el perdón. Ofrecerlo rápida o prematuramente entierra vivo el dolor y te roba a ti y a tu pareja la oportunidad de enfrentarse a las lecciones de la infidelidad y reparar de forma adecuada las heridas del otro.

Aquí están tres suposiciones comunes acerca del perdón que pueden hacerte perdonar con demasiada rapidez o facilidad, antes de que el daño haya sido reconocido y tratado:

1. «El perdón siempre es bueno para ti».
2. «El perdón demuestra que eres una buena persona».
3. «El perdón elimina el conflicto y hace que la relación avance».

Suposición #1: «El perdón siempre es bueno para ti».
Se asume comúnmente que perdonar no solo es un regalo para tu pareja, sino uno para ti mismo al servicio del bien de ambos, y que te inunda a ti, el que perdona, de una sensación de bienestar, de salud física y psicológica. Al perdonar «dejas libre al prisionero, pero descubres que el prisionero real eras tú»,[14] escribió Lewis Smedes, antiguo profesor de teología y ética del Seminario Teológico Fuller en California.

Si tu pareja te ha herido o decepcionado, quizá busques perdonar como un modo de sanarte y seguir adelante. Puede que intentes liberar a tu pareja del abrazo de la amargura o la desilusión, y que reclames la energía que has invertido en esas emociones corrosivas. Perdonar, según esperas, te liberará del papel de víctima y te permitirá continuar con tu vida.

Esta idea de que perdonar es categóricamente bueno para ti resulta popular tanto entre el público general como entre los profesionales, pero no se ha puesto bajo estudio. En realidad, se ha demostrado que en algunos casos es antiterapéutico, produciendo sentimientos de baja autoestima en las personas que perdonan.[15]

«Una tendencia a perdonar demasiado pronto puede ser una señal de falta de *autoestima*, y expresa —emocionalmente— tanto que no pensamos que tengamos derechos como que no nos tomamos los nuestros con mucha seriedad», escribe Jeffrie Murphy en «Forgiveness and Resentment» [Perdón y resentimiento].[16] Murphy continúa señalando que la disposición a ser alguien sin valor para los demás no revela amor o amistad, sino lo que la psiquiatra Karen Horney llamó «dependencia mórbida».[17] Mi propia experiencia clínica confirma que el perdón que no se ha ganado no es cura para las heridas íntimas; que simplemente las esconde bajo una mortaja de sonrisas y cumplidos, y les permite enconarse.

Suposición #2: «El perdón demuestra que eres una buena persona».
Es posible que tu familia o los líderes religiosos te hayan enseñado que perdonar es un acto de redención, una forma de sacrificio personal que la gente buena pone en práctica con sus enemigos. Al

perdonar demuestras tu compasión e inocencia, y preservas, o creas, una imagen de ti mismo de mártir o santo.

Sin embargo, el perdón en sí mismo no es admirable... a menos, por supuesto, que creas que silenciarte y negarte a ti mismo una solución justa es admirable. Lo que tú consideras magnanimidad puede ser en verdad nada más que un modo de imponer tu superioridad moral sobre tu pareja y liberarte así de enfrentar tus propias contribuciones a la infidelidad. Lo que tú ves como un sacrificio personal puede servir al propósito mayor de poner a tu pareja bajo tu control, bajo una deuda de gratitud que nunca podrá compensarse por completo.

Suposición #3: «El perdón elimina el conflicto y hace que la relación avance».

Puede que algunos de ustedes estén tan ansiosos por reconciliarse que hagan cualquier cosa, incluso perdonar. Si tienes una personalidad dependiente, o si has sido criado por padres alcohólicos o abusivos, es probable que estés acostumbrado a suavizar el conflicto, normalmente negando o quitándole importancia a tu propio dolor o resentimiento. Has aprendido a permanecer juntos enterrando tus quejas. Perdonas con facilidad, porque no puedes reconocer o expresar tu ira, y tienes miedo de desencadenar escenas explosivas, aislar a tu pareja y vivir solo.

El problema con *el perdón conveniente* —perdón ofrecido sin ningún cambio emocional ni de la actitud hacia el ofensor[18]— es que probablemente con el tiempo exacerbe sentimientos de depresión y duelo, y alimente una agresividad subyacente contra tu pareja. Aquellos que perdonan demasiado rápido tienden a interactuar con una dulzura falsa o condescendiente, interrumpida ocasionalmente por el sarcasmo o la hostilidad manifiesta. El resultado es una relación guiada por el resentimiento, las disputas mezquinas, el adormecimiento, una calma superficial y la abnegación: una relación a la que le falta tanto vitalidad como autenticidad.

Una paciente llamada Pat ejemplarizó el perdón conveniente cuando ella puso a un lado la infidelidad de su marido mucho antes de que ambos hubieran examinado su significado y lo hubieran dejado en paz. «Sé que Henry nunca dejó de amarme», me contó. «No necesito que él ruegue mi perdón». Sin embargo, ocho años después, aunque Henry nunca volvió a engañarla, todavía seguían tropezando con temas de confianza e intimidad.

Como he dicho, «hacerse el agradable» no arregla nada. Si quieres preparar el terreno para un perdón genuino, no puedes esconder lo que ha pasado debajo de la mesa. Tienes que hacer que tu pareja entienda tu dolor, que sienta el remordimiento, se disculpe y demuestre su compromiso para reconstruir la relación. *A fin de sanar tienes que perdonar, pero tu pareja debe aplicar primero un bálsamo sobre tus heridas.*

PERDONARSE UNO MISMO

Además de perdonar a tu pareja por haberte agraviado, debes considerar perdonarte a ti mismo por los daños que has causado a tu pareja, tu familia y tu propia persona.

Para ti, la parte herida, estos errores pueden incluir:

- ser demasiado ingenuo, confiando ciegamente, ignorando tus sospechas sobre la infidelidad de tu pareja;
- culparte con dureza por la traición de tu pareja;
- tolerar o excusar la conducta inaceptable de tu pareja para preservar la relación;
- tener unos conceptos tan poco desarrollados de ti mismo y el amor que sientes que no te mereces más;
- herirte y degradarte al hacer comparaciones injustas entre tú y la persona de la aventura;
- sentirte tan desesperado por hacer que tu pareja regrese que actúes en modos que te humillen frente a la persona de la aventura, tu familia y tus amigos;
- perder tu idea del yo; perder de vista lo que tienes de valioso;
- poner a tus hijos en el medio al necesitar que ellos te apoyen, te amen y se pongan en contra del otro padre;
- estar tan disgustado por la infidelidad que no estuviste al lado de tus hijos;
- aislarte innecesariamente; intentar tanto proteger los sentimientos de tus hijos y de tus padres que te apartes de su apoyo;
- contribuir a la insatisfacción de tu pareja en casa (por ejemplo, al no tomarte seriamente las quejas de tu pareja; al encerrarte en tu carrera o las necesidades de tus hijos; al ser demasiado crítico, necesitado o no estando disponible).

Tú, la parte infiel, deberías considerar perdonarte a ti mismo por:

- sentirte tan necesitado, tan convencido de tener que suplir tus necesidades, que violentaste a tu pareja;
- exponer a tu pareja —la persona que amas, el padre o la madre de tus hijos— a una enfermedad con riesgo mortal;
- culpar a tu pareja por tu insatisfacción, sin darte cuenta de cómo tus propios conceptos y conductas equivocados y tus expectativas irreales han comprometido tu relación;
- desarrollar actitudes que justifiquen tu engaño y minimicen la importancia de tus acciones;
- fallar al enfrentarte a tu pareja con tus necesidades esenciales; actuar de tal modo que evite que tu pareja pueda satisfacerlas;
- tener ideas irreales acerca del amor maduro que te vuelven incapaz de tolerar el desencanto en tu relación;
- tener unos conceptos de ti mismo y el amor tan poco desarrollados que no sabes cómo crear ni mantener la intimidad, ni cómo sentirte satisfecho con una relación comprometida;
- infligir el caos en tus hijos, tu familia y tus amigos.

Sin importar cómo haya contribuido tu pareja a tu infelicidad en casa, tú, la parte infiel, eres el único responsable de tu engaño, y necesitas perdonarte por el daño que has causado violando tu pacto de confianza. Quizá también quieras perdonarte a ti mismo por el daño que les has causado a tus hijos. Esta tal vez sea una tarea más sencilla si eres capaz de enseñarles por medio de tu propio ejemplo que dos personas que se aman pueden cometer errores, aceptar su responsabilidad en ellos y trabajar para renovar sus vidas juntos.

Tal vez para perdonarse a sí mismos les ayude a tu pareja y a ti aceptarse como seres humanos falibles, que se equivocan: condicionados, confusos, luchando por hacerlo lo mejor posible en una vida que ninguno entiende ni controla completamente. Perdonarse no alivia tu responsabilidad por tus palabras y acciones, pero puede que te libere del desprecio que sientes por ti mismo y de una «angustiante sensación de ser malo»[19] que te lleva a creer: «No puedo hacerlo mejor». Al perdonarte a ti mismo le brindas un poco de amable compasión a tu comprensión de quién eres y por qué has actuado como lo has hecho, y reivindicas lo que más valoras de tu persona.

UN PACTO DE PROMESAS

Las promesas significan poco por sí mismas, pero cuando se asocian con conductas relevantes y específicas, pueden reafirmarle a tu pareja tu compromiso continuo con el cambio. También pueden ayudarte a mantenerte honesto y centrado. Por lo tanto, les animo a que completen el siguiente pacto, o que lo incorporen a uno propio:

_____[nombre de tu pareja]:

Hemos sobrevivido a una crisis devastadora que ha destruido la integridad de nuestra relación. Aprecio la oportunidad de trabajar contigo para reconstruir algo nuevo, algo más fuerte, basado en una comprensión más consciente de lo que somos y lo que necesitamos el uno del otro. Comprendo que la fidelidad sola no crea una relación exitosa.

Ahora comprendo cómo a menudo te he culpado por mi insatisfacción. No sabía cómo mirar dentro de mí mismo y descubrir mi contribución a mi infelicidad. Esperaba que me llenaras, me deleitaras, me sanaras. No comprendía que mis problemas personales hacían que te percibiera y te tratara mal, cómo hice que fuera imposible que me conocieras o me dieras lo que necesitaba. Te apartaba al mismo tiempo que quería amarte y deseaba que tú me amaras.

[Añadido para la parte infiel:]

Ahora me doy cuenta de que mis ideas acerca de la fidelidad y el amor me hicieron pensar que tenía derecho a ser infiel. He meditado en mi pasado y comprendo de dónde vienen esas ideas y cómo me servían. Ya no espero que suplas mis fantasías idealizadas de amor romántico. Ahora comprendo por qué te engañé, y ese entendimiento me impide traicionarte de nuevo. Me comprometo contigo completamente, y por medio de mi conducta, no solo de mis palabras, a continuar demostrándote mi compromiso.

Siempre habrá tentaciones, pero prometo:

• ser mejor guardián de mi vida y asumir toda la responsabilidad de permanecer fiel a ti;

- mantener mi palabra de que le he dicho adiós a la persona de la aventura; probarte con palabras y acciones que esa persona no es una amenaza para nosotros;
- solucionar mis problemas en el contexto de nuestra vida juntos;
- no volver a engañarte; lograr que resulte innecesario que hagas de detective otra vez; probarte que no tienes que tener miedo de confiar en mí de nuevo.

[Añadido para la parte herida:]

- aprecio tus esfuerzos para reconstruir la confianza y la intimidad, y prometo animarte siendo asequible a ti, perdonándote según vayas ganándote ese perdón, y esforzándome contigo por revitalizar nuestra vida juntos.
- trabajaré para fortalecerme no por medio de la ira o al restringir el afecto, sino comunicándome directamente contigo.
- continuaré analizándome a mí mismo y asumiendo la responsabilidad por mi contribución a la infidelidad y a los problemas en nuestra relación que la precedieron. Me doy cuenta de que no soy solo una víctima inocente.

[Ambos:]

Creo que comprendo que una relación buena y amorosa implica costos y sacrificios genuinos, que a veces me sentiré privado de cosas y frustrado, pero ahora me doy cuenta de que realmente no comprendía lo que significa o requiere amar a alguien.

- Mi compromiso contigo hoy no está basado en sentimientos pasajeros, sino en una completa consideración de todo lo que tú aportas a esta relación y todo lo que yo necesito.
- Aunque a veces nos hagamos daño, o incluso nos odiemos, no evaluaré nuestra relación en base al día a día. Estoy contigo a largo plazo.
- Trabajaré para mantener mi desilusión o insatisfacción ocasional en perspectiva, y aceptar lo que considero que son tus imperfecciones. Tú eres suficiente para mí.[20]

- Trataré de ser paciente. No espero que nuestro proceso de recuperación sea espontáneo o fácil.
- Me uno a ti para trabajar en crear una sentimiento compartido en cuanto a nuestro futuro juntos, uno que mantenga vivo el optimismo y la alegría.
- Siento mucho haberte hecho daño.
- Te amo y te doy la bienvenida de nuevo a mi vida.

_____ [tu nombre]

LO QUE QUEDA POR DELANTE: ESPERANZA Y RENOVACIÓN

A veces necesitas desarmar algo para reconstruirlo de un modo más fuerte y duradero. Las langostas tienen que despojarse de su caparazón para desarrollarse. Los bosques tienen que arder para estimular el nuevo crecimiento. Y puede que tú hayas necesitado la irrupción transformadora y el trauma de la infidelidad para romper una relación estancada e infructuosa y comenzar de nuevo.

Una crisis, dice Erik Erikson, puede ser un punto de inflexión; al hacerte vulnerable puede aumentar tu potencial para un cambio positivo.[21] A veces eso conlleva la amenaza de perder algo para que comprendas su valor. A veces tienes que llegar hasta el borde para comprender que no quieres saltar. Hasta que no te sientes empujado a abandonar, quizá no te des cuenta de que eres feliz donde estás y quieres quedarte.

Probablemente no le desearías la experiencia de la infidelidad ni a tu peor enemigo, pero si eso te ayuda a descubrir defectos en tu relación y a crecer como individuo y pareja, en retrospectiva puede que merezca la pena. Como escribió Jung: «Pocas veces o nunca un matrimonio se desarrolla hacia una relación individual suavemente y sin crisis. No hay nacimiento de la consciencia sin dolor».[22]

El verano pasado me compré una máquina para hacer gofres en un catálogo de venta por correo. Al echarle un vistazo a sus enrevesadas instrucciones, dije frívolamente: «Esto es algo fácil. Puedo hacerlo». Convencida, el primer gofre me salió perfecto. Pero el segundo, el tercero, e incluso el décimo, fueron completos desastres: un lado quemado, el otro crudo, el centro pegado al molde de teflón. Después de muchos ensayos y errores me las arreglé para entender —aun así no dominar— la máquina de gofres. En el proceso aprendí una valiosa lección: a veces hace falta fastidiarla para averiguar cómo hacer algo bien. Mi primer gofre, aunque fuera perfecto, no me enseñó nada; fue cuando luchaba por comprender qué había ido mal cuando me di cuenta de lo delicado, consciente y complejo que era este proceso.

Y así mismo sucede con las relaciones íntimas. Entramos en ellas a ciegas, a veces sin esfuerzo, arrastrados por la pasión y la percepción idealizada de la pareja, a menudo arrogantes por nuestra capacidad para mantenernos ardientes. La mayoría de nosotros no estamos nada preparados para lo que viene después, e ignoramos lo que se necesita para permanecer en la carrera. Puede que pensemos que sabemos lo que conlleva, pero, ah, qué ingenuos somos. La infidelidad nos empuja contra la realidad. Por fortuna, también nos invita a intentarlo de nuevo.

No hay nada glamoroso en regresar a las viejas relaciones abolladas y esforzarse por reparar el daño. Sin embargo, puede que después de compartir tanta historia —después de luchar para llegar a un acuerdo en cuanto a todo lo feo que hay en ambos— ahora te sientas más conectado, y más aceptado y con ganas de aceptar, que nunca antes, con una visión más clara y sabia de lo que quieres que sea tu relación. Tu compromiso con tu pareja hoy quizá descanse en un fundamento más sólido que cuando hicieron los primeros votos de amor y se acariciaron. Mucha gente, en realidad, envidiaría la conciencia y la sinceridad con la que quizá ahora protejan y promocionen activamente sus lazos íntimos.

Este es un tiempo para reconstruir, para comprometerse a una vida de renovación, para permitirse sentir esperanza en cuanto al futuro que tienen por delante. Este es un tiempo para canalizar su energía en la creación de algo nuevo, algo mejor que lo que tuvieron antes. No teman alimentar recuerdos de tiempos sanos y felices juntos, ni soñar con unos nuevos que los sostengan. Si no es ahora, ¿cuándo?

DIEZ

Sexo, secretos y aventuras en el ciberespacio: cómo vivir la «nueva» infidelidad

Cuando *Después de la infidelidad* se publicó en 1996 no había Skype, Facebook, YouTube, Match.com, YouPorn.com, Myspace, LinkedIn, AshleyMadison.com, cámaras web, comunidades virtuales, salas de chat, Blackberries ni iPhones. Apenas había Internet. Sin embargo, había infidelidad, aunque no todos coincidían en lo que significaba. Recordamos cómo el presidente Clinton negó haber tenido una aventura con Monica Lewinsky porque, según decía él, nunca había dormido con ella: «solo» habían tenido sexo oral, no coito. Imagina lo confusa que es hoy la definición de fidelidad cuando cerca de dos mil millones de personas[1] hacen clic regularmente en el parque de juegos virtual de la Internet, a menudo conectándose gráfica y pornográficamente con otros a los que no solo nunca han tocado, sino que nunca han conocido en persona. El ciberespacio se ha convertido en el nuevo bar para solteros: un mundo de fantasía para conectarse con el bombón o el alma gemela de tus sueños sin tener que dejar siquiera tu casa.

Así pues, ¿qué constituye una infidelidad en el ciberespacio? ¿Es primordialmente sexual? ¿Emocional? ¿Secreta? ¿Es el tema clave ya sea descubierta o revelada la infracción?[2] ¿Ya sea de forma virtual o en la vida real? ¿Comienzas a ser infiel cuando...

- ... aceptas como amigo en Facebook a un viejo amor de la preparatoria sin decírselo a tu pareja?
- ... le mandas un mensaje insinuante a un amigo recién conocido en una sala de chat?
- ... hablas de sexo con tu pareja de la Internet?
- ... envías un mensaje con una fotografía de tu entrepierna a un admirador anónimo?
- ... te masturbas con un vídeo de YouTube de tu vecina embarazada?
- ... le mandas un torrente de correos electrónicos a tu profesor de tenis recién divorciado acerca de cuestiones personales que no tienen nada que ver con el juego?
- ... pasas de una ciberconversación general («¿Qué clase de implantes mamarios parecen más naturales?») a algo más personal («¿Te gustaría tocar mis pechos?»)?
- ... te excita más recibir correos electrónicos de una persona de la Internet que de tu cónyuge?
- ... discutes de tu vida personal con tu compañero de la Internet («Mi marido pasa más tiempo en el campo de golf que conmigo»)?
- ... pasas del teclado a los encuentros cara a cara?
- ... fantaseas con tu compañero virtual mientras tienes sexo con tu pareja?
- ... prefieres sexo virtual a tener sexo con tu pareja?
- ... te excitas viendo a tu pareja virtual bailando desnuda en Skype, aunque vives a un continente de distancia y no tienen intención de conocerse?

En los tiempos antes de la Internet normalmente se definía una infidelidad como una violación de la exclusividad sexual, donde una persona heterosexual tenía relaciones sexuales con otra diferente a su pareja del matrimonio, sin el consentimiento o el conocimiento de su cónyuge. Hoy necesitamos ampliar esa definición para aplicarla no solo a las parejas del mismo sexo y a las que no están casadas, sino a toda una multitud de transacciones sexuales secretas, incluyendo las aventuras digitales.

Como dije en la introducción de este libro, tu definición de una infidelidad depende de lo que tú y tu pareja hayan acordado. Lo importante para la salud de tu relación es que ambos hayan expresado claramente el acuerdo, sea el que sea. Algunas parejas se atienen a una política de «si no preguntas, no te lo contaré». Otras quieren una relación regida por una honestidad y una franqueza completas, en la que ambas partes admiten cuándo se sienten atraídos emocional o físicamente por otra persona *antes* de consumar ese impulso. Por desgracia, en la vida real la mayoría de las parejas comprometidas no expresan las reglas de fidelidad hasta que una de las partes descubre que la otra las ha roto, y para entonces su relación está hecha pedazos.

Aquí tienes una definición que quizá ayude a tu pareja y a ti a planear el futuro: *Las infidelidades, en el fondo, tratan de secretos y de la violación de la confianza.* Esto significa que si ambos acceden a permitirle al otro relaciones múltiples o poliamorosas, dentro o fuera de la Internet, no hay infidelidad, porque no hay traición. Sin embargo, a menudo una persona sabe que su pareja pondría objeciones y se da permiso unilateralmente para conectarse con una tercera parte. Esto suele conducir al caos. Las parejas comprometidas que quieren crear y sostener un lazo saludable y respetuoso deben llegar a un consenso acerca de las reglas de su relación.

Clarifiquemos algunos términos. Por *cibersexo* nos referimos a encuentros sexuales en los que dos o más personas se envían mensajes sexualmente explícitos por el ordenador. Una *ciberaventura* puede ser emocional, sexual, o ambas cosas. *Sextear* es enviar mensajes de contenido explícito o imágenes principalmente entre teléfonos móviles. *Chatear* es mandar mensajes instantáneos en tiempo real.

A lo largo de este capítulo, en honor a la simplicidad, me referiré a la parte herida como *ella* y a la parte en la Internet como *él*, aunque la realidad sea mucho más compleja. Es más probable que los hombres busquen estimulación visual y actividades sexuales solitarias como mirar porno, pero es más probable que las mujeres busquen chats eróticos en la Internet y otros intercambios interpersonales.[3] Las relaciones virtuales tienen un atractivo especial para las mujeres. En Internet tienen acceso igualitario a otras parejas, así como el mismo poder y control, sin tener que arriesgarse a enfermedades, embarazos, abusos o juicios sociales.[4]

Este capítulo está hecho para ayudarte a comenzar una conversación informada contigo mismo y con tu pareja sobre lo que trae problemas en el ciberespacio. Tus suposiciones acerca del sexo, los secretos, las infidelidades y la adicción le darán forma de manera significativa tanto a las decisiones que tomas como a la respuesta de tu pareja a tu conducta. Si en cierta medida tú, la parte herida, estás exagerando, esta sección puede ayudarte a confirmarlo. Si en cierta medida tú, la parte infiel, estás minimizando, esta sección puede ayudarte a entender la gravedad de tus actos. Démosle un vistazo a lo que cada uno de ustedes cree cuando se trata de la Internet.

Suposiciones acerca del sexo, los secretos, las infidelidades y las adicciones en el ciberespacio
Las partes heridas normalmente suponen:

1. «Si estás en la Internet relacionándote en secreto con alguien, sexual o emocionalmente, tenemos problemas. Esta persona es una seria amenaza para nuestra relación».
2. «Recuerdo imágenes de gente con la que chateas y fantaseas en la Internet. No me parezco en nada a ellas. Debes querer a alguien completamente diferente a mí».

Los usuarios de la Internet normalmente suponen:

1. «Sé que es fácil que alguien del ciberespacio me atraiga, pero no voy a caer. Mis relaciones por la Internet no son una amenaza para nosotros».
2. «La adicción sexual en la Internet afecta a un pequeño número de personas a las que les falta autocontrol y que tienen problemas psicológicos serios. Yo no soy así. No soy un adicto al cibersexo».
3. «Tener libertad para explorar relaciones en línea me hace sentir más cercano a ti y en realidad estrecha nuestros lazos».

Démosle un vistazo más detallado a cada una de estas suposiciones y cómo pueden causar estragos en ti y en tu relación comprometida.

SUPOSICIONES DE LA PARTE HERIDA
Suposición #1: «Si estás en la Internet relacionándote en secreto con alguien, sexual o emocionalmente, tenemos problemas. Esta persona es una seria amenaza para nuestra relación».
Descubrir que tu pareja está liada con otra persona en el ciberespacio puede ser tan devastador como encontrarlos desnudos en tu cama. Sin embargo, observa las conclusiones que sacas. Tus suposiciones quizá sean acertadas y útiles, o tal vez te hagan sentir más amenazada

de lo necesario. La gente usa la Internet para desarrollar vínculos virtuales por una gran variedad de razones, algunas de ella tienen la intención de preservar o mejorar sus relaciones comprometidas.

Aquí tenemos un caso: cuando un paciente llamado John fue a la farmacia una tarde, su esposa, Robin, encendió su ordenador y se encontró una carpeta con vídeos sexuales descargados. Cuando él regresó a casa ella le preguntó: «¿Qué es xhamster.com? ¿Y quién demonios es Barbie?». John admitió que durante los últimos cuatro meses había estado acudiendo a salas de chat, viendo vídeos de parejas teniendo sexo y mandándose mensajes con una mujer llamada Barbie. Robin dio por supuesto que el matrimonio se había acabado. No obstante, en la consejería de parejas salió una historia más compleja.

«Siempre me he sentido tímido e incompetente», explicó John. «Hace unos cuatro meses, cuando cumplí los cuarenta, veía un programa sobre niños obesos traumatizados que usaban la comida para consolarse. Comencé a conectar trozos de mi vida. Cuando mi hermana mayor murió (yo acababa de nacer), mi madre cayó en una depresión y nunca se recuperó. Ella no tenía nada que darme, y yo me lo tomé de forma personal». John comenzó a sollozar. «Encontré consuelo en la comida, y me he estado dedicando a comer desde entonces», dijo él, volviéndose a su mujer. «Mi falta de confianza en mí mismo ha sido un problema para ambos. Y sale a la luz en nuestras relaciones sexuales. No sé si alguna vez te he excitado. Quiero complacerte, pero me preocupa ser demasiado pequeño, que me falte técnica. Sé que me falta confianza. Acudí a la Internet para aprender. Puede que suene a mentira, pero es verdad. En la Internet veía a la gente hacer el amor. Veía cómo se tocaban los unos a los otros y a sí mismos. Comencé a estudiar cómo lo hacían otras parejas, del mismo modo que enfrenté mi doctorado en ingeniería. Sí, me excitaba. Sí, me masturbaba. Y sí, iba a salas de chat y hablaba con extraños de un modo que nunca te había hablado a ti. Esa mujer, Barbie, se convirtió en una mentora y una especie de amiga. No quiero salir con ella. No quiero casarme con ella. Ni siquiera quiero conocerla. Lo que hacía que no fuera franco contigo no es mi deseo de borrar mis huellas o reemplazarte, sino mi vergüenza. Yo solo quiero estar contigo, pero de una manera diferente a como hemos estado antes».

Lo que Robin no comprendió fue que John y otras personas como él acuden a la Internet a buscar información y educación para reforzar su autoestima y hacerse más deseables para sus parejas. Otros simplemente quieren satisfacer su curiosidad. «¿Qué pinta tienen otros hombres y otras mujeres desnudos?», «¿Cómo es mirar a otras personas masturbarse?». El interés del espectador en el cibersexo no tiene nada que ver con reemplazar a su pareja o dejar el matrimonio.

Otros usan la Internet para normalizarse. «A veces me excito pensando en otras mujeres cuando tengo sexo con mi marido», me contó una paciente llamada Mary. «¿Soy una pervertida? ¿Soy bisexual? ¿Qué dicen mis fantasías de mí?». La belleza de la Internet, descubrió Mary, es que puedes ir a comunidades virtuales y «conocer» a un amplio número de personas que hacen lo mismo que tú. Chatear con ellos puede hacer que cualquier cosa con la que tú fantasees sea casi normal. Sin miedo al juicio o la condenación, sin revelar información que pueda hacer descarrilar o transformar tu vida, tú, al igual que Mary, puedes hacer preguntas y encontrar almas con la misma mentalidad que te ofrecen apoyo y una sensación de pertenencia.

La gente también usa la Internet para representar fantasías o fetiches sexuales reprimidos: ser fustigado, usar pañales o botas del ejército, lo que tú quieras. A menudo, lo que una de las partes de la pareja encuentra emocionante, la otra lo encuentra chocante o desagradable, creando un cisma que los bloquea para compartir y descifrar el significado de sus fantasías. Las comunidades en línea pueden proporcionarte lo que la sexóloga Tammy Nelson llama «empatía sexual»: un estado de seguridad y conexión que te permite explorar imágenes y actividades eróticas que te excitan.[5]

Algunos acuden a la Internet para ayudarse a vivir con parejas que tienen diferentes preferencias sexuales o diferentes niveles de deseo sexual. Si quieren sexo cuando su pareja no está interesada o disponible, o de un modo que la ofendería o alejaría, acuden a la Internet para excitarse. No van allí para reemplazar a su pareja, sino para satisfacer necesidades que su pareja no puede o no quiere satisfacer para ellos.

A veces la gente usa la Internet para que tome el lugar de una pareja que no está disponible para el sexo por razones de salud o cuestiones geográficas. El esposo de una mujer desarrolló la enfermedad de La Peyronie, que curvaba su pene y hacía doloroso el coito. Ella se masturbaba con imágenes de penes erectos o usaba esas imágenes en sus fantasías cuando tenía sexo oral con su marido. Para ella era una adaptación saludable que mantenía fuertes los lazos de su matrimonio. Un hombre cuya esposa tenía herpes usaba la fantasía de un modo similar. No podían disfrutar del sexo oral cuando ella tenía apariciones ocasionales del virus, pero él podía usar la fantasía fomentada en la Internet.

Puede que a tu pareja le encante hacer el amor contigo, pero se siga masturbando con ciberimágenes como una diversión ocasional, digamos, por exigencias de la vida. Muchos hombres estarían de acuerdo con el escritor y bloguero Ian Kerner (Goodinbed.com), que escribe: «Lo que las mujeres no entienden es que para muchos hombres la pornografía es más como un sándwich de queso a la plancha que una comida *gourmet* [...] más como un masaje de treinta segundos que un fin de semana en un spa, con un final feliz. Sienta bien, alivia el estrés y funciona como un pequeño capricho rápido [...] no es para tanto».[6]

Uno de los desafíos que tú y tu pareja enfrentan es aprender dónde trazar la línea entre un alivio sexual inocente —una dosis momentánea— y una obsesión que envenene la relación. Hay otros peligros de los que guardarse. El sexo en línea de tu pareja puede que conduzca al sexo en la vida real y a un apego emocional que comprometa la vida dentro del hogar.[7] Masturbarse puede mermar su energía sexual, no dejando nada para ti. Acostumbrado a la presión de su mano, quizá no sea capaz de llegar al clímax por medio de la relación sexual. Al dirigir sus esfuerzos hacia imágenes intensamente excitantes en una pantalla y llegar al clímax rápido, quizá pierda interés en el intercambio íntimo y a veces desafiante del sexo real y se encuentre con que prefiere su mano a la tuya. Woody Allen estaba en lo cierto cuando bromeaba: «Oigan, no la tomen con la masturbación. Es sexo con alguien a quien amo».

Suposición #2: «Recuerdo imágenes de gente con la que chateas y fantaseas en la Internet. No me parezco en nada a ellas. Debes querer a alguien completamente diferente a mí».

Antes de la Internet es posible que tu pareja evocara secretamente y de forma habitual imágenes sexuales de otras personas para excitarse, con poco o ningún impacto sobre ti o la relación. Ahora, enfrentados a la dura realidad en su pantalla del ordenador, quizá te sientas anonadado o herido y te cuestiones tanto tu capacidad para ser deseada como su salud mental. Sin embargo, observa las conclusiones que sacas.

Muchas personas usan las fantasías de forma creativa y adaptada para añadir variedad y sabor a sus vidas sin comprometer o sacrificar sus relaciones primarias. No deberías dar por supuesto que si tu pareja se masturba con imágenes de, supongamos, tu prima o tu mejor amiga, es porque quiera tener sexo con ellas o pasar su vida con estas personas y no contigo.

Lo que a menudo hace que las fantasías sexuales sean ardientes y deseables es que son experiencias que parecen novedosas, desagradables, prohIbídas y transgresoras, como ser seducida por el respetable doctor de cabecera durante un examen de embarazo o que el jardinero te ate, te tape los ojos y te posea apasionadamente. Es probable que estas fantasías estén muy lejos de tu zona de confort o la de tu pareja. La belleza y la riqueza de la fantasía en el cibersexo es que te permite trascender tu yo común del día a día; te permite acceder a lo raro, lo salvaje y escandaloso; y trasladar la descarga de la excitación a tu relación comprometida... sin costos o consecuencias innecesarias.

Tu estrés puede venir de tomarte las fantasías de tu pareja (o las tuyas propias) con demasiada literalidad, tal como son. A menudo las fantasías tienen raíces profundas que emanan de las privaciones, los traumas o los deseos de la infancia. Descodificar el significado de una fantasía puede ser tan revelador e íntimo como cualquier experiencia sexual que tu pareja y tú puedan compartir. La historia de Bernice lo ilustra. Cuando su marido, Don, descubrió que ella estaba durmiendo con un antiguo compañero de la universidad, él secretamente fue a Facebook y se masturbó con fantasías de Bernice haciendo el amor con otros hombres de su antigua clase. Cuando se lo confesó, ella se sintió confundida, insultada y amenazada. ¿Don era gay? ¿Estaba intentando echarle en cara su infidelidad? ¿Aferrarse a su resentimiento? Lo que ella no entendía era el significado personal que tenían esas fantasías para Don. A lo largo de su vida había sido un cuidador: para su hermano gemelo discapacitado, sus pacientes de cáncer, sus padres ancianos. Esas fantasías de *voyeur* le permitían ser un espectador, egoísta y egocéntrico, sin tener que preocuparse de las necesidades de los demás. Lo que excitaba a Don era el modo en que él se experimentaba *a sí mismo* en estas fantasías: totalmente vivo de un modo que no le requería nada. Centrándose tanto en las imágenes de la pantalla, Bernice perdía de vista la idea global y no se daba cuenta de que a menudo no es la fantasía, sino su *significado*, lo que excita a las personas y les permite disfrutar y expresarse eróticamente.

¿En qué punto deberías preocuparte por las fantasías que excitan a tu pareja? Esta es una pregunta que ambos tienen que tratar, de forma individual y como pareja. Ciertamente, si tu pareja te presiona para que realices fantasías que te humillan o te dan miedo, o quiere que pongas en marcha escenarios que te hacen sentir poco amada o insegura, deberías trazar una línea y honrar lo que te hace sentir cómoda. Eso fue lo que hizo una abogada de divorcios llamada Judy. Aunque ella estaba turbada por haber pillado a su marido en la Internet masturbándose con imágenes de sexo grupal, accedió a verlas con él y al final incluso se sintió excitada. Sin embargo, su relación rápidamente se les fue de las manos cuando él comenzó a presionarla para que invitara a una amiga a unírseles en un trío. Ella podía tolerar sus fantasías, explorar las razones de por qué lo excitaban, e incluso disfrutarlas ella misma, siempre y cuando permanecieran en el reino de la imaginación. No obstante, para Judy, al igual que quizá para ti, hay ciertas experiencias que deben permanecer en un entorno virtual y no cruzar hacia la vida real.

Vayamos ahora a lo que tú, la parte que está en la Internet, puedes creer acerca de tu uso de la red y cómo tus suposiciones pueden engañarte y provocar un cisma entre tú y tu pareja.

SUPOSICIONES DE LA PARTE EN LA INTERNET
Suposición #1: «Sé que es fácil que alguien del ciberespacio me atraiga, pero no voy a caer. Mis relaciones por la Internet no son una amenaza para nosotros».
La mayoría de la gente no navega por la Internet con la intención de tener una aventura.[8] Las interacciones virtuales normalmente comienzan inocentemente en una sala de chat o un grupo de usuarios (de ajedrez, supongamos, o una causa medioambiental). Sin embargo, seamos precavidos: las atracciones pueden surgir con un clic del ratón. Dices que no te van a engañar, pero tampoco seas tonto. La cegadora carga erótica de un romance en la vida real hace difícil que te veas objetivamente a ti mismo o al objeto de tu afecto. La Internet tiene sus propias seducciones. Aquí tienes tres.

1. En la Internet puedes ser quien tú quieras
Existe una famosa tira cómica del *New Yorker* en la que dos perros están sentados frente a una pantalla de ordenador. Uno le dice feliz al otro: «En la Internet nadie sabe que tú eres un perro».[9]

¿De qué manera resulta eso liberador? ¿Cuán fabuloso es? En el ciberespacio controlas el modo en que te presentas, la impresión que causas y el modo en que te experimentas a ti mismo. ¿Has tartamudeado toda tu vida? En la Internet puedes ser un gran hablador. ¿Eres bajo, gordo, calvo y un desastre? En la Internet eres el nuevo Brad Pitt. ¿Tu acné o un pecho plano siempre te han avergonzado? En línea puedes ser tan tersa y *sexy* como Lady Gaga. Puedes pretender que eres negro cuando eres blanco, o gay cuando eres heterosexual. Dado «el deseo casi universal de ser visto como interesante y deseable»,[10] no es de extrañar que tanta gente se sienta atraída por los coqueteos virtuales, que les permiten ser quien ellos quieran soñar.

El anonimato de la Internet crea un entorno seguro en el que puedes intentar nuevas personalidades. Y esa experiencia de trascender los límites de tu viejo yo familiar puede ser emocionante, casi mágica. Quizá experimentes una intimidad, una conexión, una sensación de estar vivo que te haga flotar. Sin embargo, ten cuidado. Te arriesgas a atribuirle este sentimiento expansivo a tu nuevo amigo, esa persona que nunca has conocido en la vida real, cuando tu atracción puede venir más del modo en que te experimentas a ti mismo en la Internet que de alguien al otro lado de la pantalla.

2. En la Internet las parejas virtuales puede ser lo que ellas quieran
Por supuesto, las parejas virtuales también se inventan a sí mismas. Son libres de manipular la impresión que te causan, mostrándote la persona que quieren ser o la persona que piensan que tú quieres que sean. Sin levantar un dedo. O simplemente levantando un dedo.

Una paciente me contó que estaba chateando por la noche con un «sacerdote», confiando en él mientras la aconsejaba sobre su insatisfacción matrimonial. ¿Realmente ese hombre era un sacerdote? ¿Un consejero sexual? ¿O era un adicto al sexo? ¿Acaso era siquiera un hombre?

3. En la Internet puedes proyectar tu fantasía sobre tu pareja virtual
La Internet es el lugar perfecto para proyectar en alguien que no conoces todo lo que está faltando en ti y tu vida. De repente tu nueva cibercompañera parece hecha a la medida para ti. Sin fallos. Ella te complementa y te completa. Ella es el antídoto para tus traumas infantiles, tus privaciones maritales y tus quejas del día a día. Tiene lugar una separación no intencionada en la cual idealizas a tu cibercompañera y desechas a tu pareja matrimonial. Esto ocurre con bastante facilidad en las aventuras de la vida real; en el ciberespacio la fantasía manda y es incluso más común la proyección. Mientras menos conozcas de esa persona, más libre serás para llenar los vacíos y dotarla de las características que se te antojan.

«¡Ella es excepcional!», exclamaba un banquero de cincuenta y ocho años, casado desde hacía treinta, refiriéndose a la mujer que había conocido en la Internet dos semanas atrás. «¡En realidad, ella es excepcional de todas las maneras!». Le llevó solamente dos semanas conocer a alguien (por no mencionar que solo por la Internet) para hacer aquella clase de proclamación arrolladora con tal convicción.

Sin embargo, aquí está el problema: nadie puede competir con una fantasía. No se trata solo de que la pareja de la vida real no pueda competir con la fantasía de la pareja virtual, sino que *la propia pareja virtual* tampoco puede competir con la fantasía de la pareja virtual. Si ustedes dos se instalaran juntos, te aseguro que tendrían que luchar para sobreponerse a la progresiva desilusión que toma lugar en una relación duradera. Eso no quiere decir que esta persona sea mala o que no sea para ti. Solo significa que ahora mismo no tienes idea de lo que está pasando. Es probable que tus pensamientos y emociones te estén engañando, llevándote a alguien que es más grande y mejor que lo que puede ofrecer la propia vida.

Tal vez te ayude saber que existe una explicación neurobiológica para eso. Estamos conectados con el sexo para sobrevivir, así que cuando un nuevo y fabuloso amigo virtual aparece en la pantalla, nuestra mente y nuestro corazón quedan cautivados. Áreas del cerebro asociadas al deseo se activan en un abrir y cerrar de ojos: menos de doscientos milisegundos[11], o un veinte por ciento más rápido que cualquier otra forma de estimulación.[12]

Por eso la gente se encuentra de repente durmiendo con sus teléfonos móviles, tuiteando y mandando mensajes incesantemente a alguien que nunca han conocido en la vida real. ¿Quién es tan interesante como para que quieras intercambiar con ella treinta, cuarenta mensajes electrónicos al día? Esta es una forma de locura. Exactamente, es una forma de «cibercocaína»[13] profundamente estimulante y potencialmente adictiva.

Suposición #2: «La adicción sexual en la Internet afecta a un pequeño número de personas a las que les falta autocontrol y que tienen problemas psicológicos serios. Yo no soy así. No soy un adicto al cibersexo».
Los adictos al cibersexo a menudo cargan con trastornos serios de su estado de ánimo o de sus impulsos y traumas de la primera infancia,[14] pero nadie es inmune al efecto adictivo de la Internet. Una vez

que estás en línea, bombardeas tu cerebro con múltiples imágenes sexuales, escoges cuidadosamente tu fantasía del día y te diriges directo al punto más intenso de la excitación sexual, todo con un completo anonimato y abandono. Y te convences sin riesgo aparente.

Mientras navegas por la pornografía o las relaciones virtuales, te masturbas, llegas al orgasmo, liberas poderosas sustancias químicas narcóticas como dopamina, adrenalina, serotonina y endorfina,[15] que desencadenan la necesidad de más. Hay una gran cantidad de literatura que documenta la naturaleza adictiva de las recompensas de la estimulación cerebral. En un estudio las ratas golpeaban una palanca cerca de veintinueve veces por minuto durante veinte días para estimular los centros de placer de sus cerebros mientras ignoraban otras palancas que les habrían entregado provisiones esenciales de agua o comida. Si el experimento hubiera continuado, las ratas habrían muerto.[16]

Lo que puedes sacar de este estudio es que la adicción sexual por la Internet no trata de disfrutar del sexo o de sentirse tan íntimamente atraído por una pareja virtual que no puedas apartar las manos del teclado. Primordialmente es una adicción a las sustancias químicas cerebrales liberadas mientras buscas y experimentas una estimulación intensa, erótica y a menudo prohIbída, rara vez replicable en el mundo real. Una sensación de peligro, riesgo o miedo también libera sustancias tales como la feniletilamina y la testosterona, que elevan tu excitación y activan los centros de recompensa de tu cerebro. Tu estado llega a tal excitación no por tomar una sustancia externa (como el alcohol o la cocaína), sino por enzarzarte en fantasías y acciones que estimulan la liberación de tus propias sustancias cerebrales internas.

Estas drogas endógenas, autoproducidas, que alteran el estado de ánimo, pueden distraerte de lo que sea que le falta a tu vida y crear una sensación artificial de estar drogado. Sin embargo, solo ocurre temporalmente. Una vez que el hechizo se ha roto (llegas al orgasmo, te pillan) la realidad se presenta y del mismo modo la ansiedad, la vergüenza, la desesperación y la sensación de vacío: emociones que te hacen dependiente de otra dosis. Según va creciendo tu tolerancia a estas sustancias, tu cerebro reclama más, hasta que el ciclo se rompe de nuevo. No es de extrañar que los adictos a la Internet normalmente prefieran la persecución a la caza.

Lo que yace en el fondo de la conducta del adicto es su naturaleza *compulsiva*, caracterizada por una pérdida del autocontrol y un desacato destructivo de los valores personales, la familia, las finanzas y la carrera.[17] El ciclo adictivo se detiene cuando dejas de negar que tienes un problema y te empieza a preocupar seriamente tu conducta. Aquí tienes nueve preguntas que puedes hacerte para ayudarte a determinar si tu uso de la Internet se puede calificar como una adicción al cibersexo.[18]

1. ¿Pasas de manera rutinaria importantes cantidades de tiempo mandando mensajes electrónicos íntimos a otra persona que no sea tu pareja, descargando imágenes pornográficas o comunicándote en salas de chat?
2. ¿Permaneces conectado más tiempo del que pretendes, o más tiempo del que piensas que es bueno para ti?
3. ¿Piensas en encontrar parejas sexuales en la Internet, incluso cuando no estás conectado?
4. ¿Pasas una cantidad de tiempo excesiva anticipando la excitación sexual por la Internet o la gratificación?
5. ¿Le escondes tus interacciones virtuales a tu gente importante?
6. ¿Te ves menos involucrado con tu pareja sexual de la vida real?
7. ¿Prefieres el cibersexo como tu forma principal de gratificación sexual?
8. ¿Te forzan tus actividades cibersexuales a poner en entredicho tus valores?
9. ¿Ponen en peligro tus actividades en la Internet una relación importante? ¿Un trabajo? ¿Una oportunidad educativa o profesional? ¿Tu seguridad financiera?

Según Stephanie y Patrick Carnes, una recuperación ininterrumpida de la adicción sexual, dentro o fuera de la Internet, puede llevar de cuatro a cinco años o más.[19] Una descripción de los pasos clave que debes dar se escapa del objetivo de este libro, pero incluirían medidas como: (1) abstenerse de toda actividad sexual durante al menos tres meses; (2) volverse más consciente de los pensamientos, emociones y conductas que apoyan tus actividades en línea; (3) mantener informado a un compañero responsable (un amigo, un terapeuta) con rigurosa honestidad; y (4) poner en marcha medidas relajantes de cuidado personal para manejar los cambios de humor peligrosos y los desafíos de la vida. En la sección de notas he incluido una lista de libros[20] y organizaciones[21] que pueden proporcionarte más ayuda.

Suposición #3: «Tener libertad para explorar relaciones en línea me hace sentir más cercano a ti y en realidad estrecha nuestros lazos».

La disposición de tu pareja a permitirte que explores relaciones en línea y que incluso te excites sexualmente por medio de imágenes virtuales puede alimentar tu deseo hacia ella, emocional y físicamente. La libertad puede desarrollar la intimidad. Tener varios grados de separación de tu pareja, paradójicamente, puede permitirte sentirte más cerca de ella y más atraído físicamente. Al mismo tiempo, estar bajo su ojo examinador y arrinconado por las prohibiciones puede alejarte y hacerte sentir resentido, controlado y encerrado.

La disposición de tu pareja a permitirte una relación más franca también puede acercarla a *ella* a *ti*. Al reconocer y respetar tu alteridad, y probar la posibilidad de perderte, puede que tenga la experiencia de lo que es quererte, pero no «poseerte».[22] Viéndote a través de los ojos de otras personas puede que se dé cuenta de que tienes incontables opciones, y se sienta más agradecida y sexual con respecto a ti.

Hay apoyos recientes para esa idea. La terapeuta de parejas y familias Esther Perel señala que «el fuego necesita aire».[23] Ella mantiene que la intimidad en Estados Unidos ha estado definida por una mentalidad de decir, saber y compartir todo, la cual ha conducido a una proximidad sofocante a menudo acompañada por un descenso del deseo sexual y la vitalidad. En esencia, una cama muerta. La excitación, como así se ve en las aventuras, a menudo se alimenta de misterio, novedad, incertidumbre, curiosidad, lo prohIbído, la magia de lo desconocido, la excitación de la búsqueda. La intimidad y el deseo puede que no vayan de la mano. Mientras más transparentes somos con nuestras parejas y más apretado es nuestro abrazo, más queremos escapar.

No hay duda de que el mundo de la Internet nos proporciona a todos una extraordinaria oportunidad de probar la libertad e identificarnos dentro de los confines de una relación comprometida. El problema es que esa persona que es un cielo para uno puede ser un infierno para otro. Lo que te hace a ti desear a tu pareja puede ser un auténtico extintor para ella, forzándola a retroceder ante ti emocional y sexualmente.

Como señalan la terapeuta familiar y matrimonial Susan Johnson y el sexólogo Dino Zuccarini, cuando las personas comprometidas, las mujeres en particular, se sienten amenazadas y en necesidad de competir —como se sienten seguramente cuando pillan a sus parejas buscando relaciones en la Internet— los centros de alarma de sus cerebros (la amígdala y el hipocampo) comienzan a sonar, y es menos probable que se relajen, disfruten del sexo o alcancen el orgasmo. Lo que mantiene saludables y ardientes a las relaciones comprometidas, afirman Johnson y Zuccarini, es el nivel de ajuste emocional entre las partes: la extensión hasta la cual se sienten comprendidos, seguros y valorados.[24] Si tus incursiones en el mundo de la Internet despojan a tu pareja de su confianza en ti y destruyen su sensación de seguridad y conexión, ambos pueden decirle adiós al sexo apasionado y exploratorio... al menos el uno con el otro.

Aquí tienes una historia que ilustra cómo las dos partes pueden negociar sus diferentes actitudes hacia las relaciones extramatrimoniales sin sacrificar su integridad o su amor propio.

Evan recibió un correo electrónico de su antigua novia de secundaria anunciándole los planes para la cuadragésima quinta reunión de viejos alumnos. Comenzaron a intercambiarse correspondencia electrónica a diario. Él no le escondió nada a su mujer, Emma, pero ella se preocupaba cada vez más viéndolo a él comprobando su BlackBerry e iluminándosele el rostro con deleite mientras le enviaba mensajes a su amiga recién encontrada. Mientras más insegura se volvía Emma, más aumentaban su enfado y sus críticas. Evan, en cambio, se iba poniendo más a la defensiva, se molestaba más y se apartaba. La pareja comenzó a pelear y dejaron de tener sexo. «No tengo muchos amigos», argumentaba Evan. «Sarah y yo nos conocemos desde hace mucho. No estoy haciendo nada malo. ¿Por qué necesitas controlarme?».

Emma se defendía. «No me hagas tener que justificar mi preocupación», argumentaba ella. Te acostaste con esta mujer cuando salían juntos. Echaste a perder tu primer matrimonio. Mi primer marido tuvo una aventura. No me hagas parecer como si estuviera loca por sentirme amenazada. Veo el peligro aquí, y estoy peleando por ti y nuestro matrimonio. Necesito que te preocupe cómo me estás haciendo sentir con esto, o simplemente cómo me siento *yo*, y que me ayudes a seguir adelante».

Después de muchos debates acalorados, Evan le preguntó a Emma que quería y qué pensaba que la ayudaría a sentirse más cómoda.

—¿Le has hablado a Sarah de nosotros? —preguntó Emma.

—No —dijo Evan—. Ella sabe que estoy casado.

—¿Pero no le has hablado de mí? ¿Sarah pregunta por mí?

—No, por supuesto que no.

—Eso me hace sentir amenazada —explotó Emma—. Cuando yo me junto con mis mejores amigos, ellos siempre me preguntan por ti. Da miedo que ustedes dos ni siquiera hayan mencionado mi nombre.

Tanto Evan como Emma tenían razones que necesitaban que el otro escuchara. Evan quería la libertad de tener relaciones por la Internet y relaciones a tiempo real, no sexuales, con otra mujer. Deseaba que Emma se controlara y se responsabilizara por su inseguridad. Emma quería que Evan viera lo razonable de su preocupación y que la hiciera sentir segura y especial.

Al final llegaron a un acuerdo. Evan mencionaría a Emma con cariño en algunos de sus correos a Sarah, y dejaría que Sarah supiera que estaba felizmente casado (cosa que él creía). También accedió a dejar que Emma supiera cuándo él tenía contacto con Sarah y a mostrarle los correos electrónicos. (Emma le dijo que no era necesario, pero durante varias semanas había controlado secretamente su correo electrónico mientras dormía.) Emma accedió a tratar las inseguridades con las que llevaba toda la vida con la ayuda de un terapeuta.

Cuando Sarah le pidió encontrarse para comer, Emma estuvo de acuerdo. Ella apreciaba que él fuera sincero. Sin embargo, cuando Sarah lo invitó a la ópera en el Met, él le propuso que fueran con sus parejas: Sarah podría invitar a alguien con quien estuviera saliendo y él llevaría a Emma.

Este es un trabajo progresivo sin respuestas fáciles. Evan continúa siendo transparente y responsable con Emma de un modo que la hace sentirse amada sin que él tenga que sacrificar su idea de sí mismo. Emma se esfuerza por permitirle a Evan cierto grado de autonomía y privacidad: suficiente para darle espacio a fin de respirar y ser él mismo. Han conseguido un compromiso imperfecto, pero suficientemente bueno, cosa que no es un logro pequeño.

En un controvertido artículo de primera página del *New York Times Magazine* titulado: «La infidelidad nos mantendrá juntos: reconsiderando lo que hace saludable a un matrimonio», el columnista Dan Savage, de ascendencia católica y consejero sexual, describe su matrimonio con su compañero masculino como *monogamish*. «Nunca se espera que los hombres sean monógamos», explica él. «Una ética sexual más realista apreciaría la honestidad, un poco de flexibilidad y, cuando fuera necesario, el perdón por encima de la monogamia absoluta».

A menos que siempre seas «bueno, generoso y juguetón», defiende Savage —en otras palabras, a menos que siempre estés dispuesto a suplir las necesidades y preferencias sexuales de tu pareja— deberías permitirle salirse de los límites del matrimonio si eso es lo que hará que el matrimonio funcione.[25] La socióloga de la Universidad de Nueva York, Judith Stacey, escribe: «La monogamia no es natural, la no monogamia no es natural. La variación es lo que resulta natural».[26]

Savage y su pareja resultaron con una política flexible que les funciona. Tú puedes tomar una línea más ortodoxa, una que no permita las fantasías o las amistades que te amenacen, dentro o fuera de la Internet. No hay algo bien o mal, ni una solución de talla única. Lo que importa es que describan juntos con detalles específicos los términos de su acuerdo —llámenlo «Contrato de fidelidad en línea», si quieren— y aclaren los puntos en los que no están de acuerdo. Por ejemplo, tú puedes acceder a masturbarte solo con fotografías o vídeos, pero no con personas en vivo con las que puedas interactuar en las salas de chat. Como dije antes, si no estás de acuerdo, dilo claramente, con honestidad e integridad. No te guardes tus reservas u objeciones para ti. Todavía tendrán que desactivar los campos de minas que tienen escondidos, pero al menos sabrán dónde están.

Permanecer conectados en un mundo electrónico

Tu pareja y tú tal vez sean capaces de eliminar la infidelidad de sus vidas, pero no van a poder eliminar el uso de los ordenadores y las aplicaciones. En un universo digital, el desafío para la persona en la Internet se convierte en: «¿Cómo puedo hacer que mi pareja herida se sienta segura en nuestra relación?»; y para la parte herida es: «¿Cómo puedo darle a mi pareja en la Internet la libertad que necesita para ser él mismo?».

La siguiente lista de ejercicios para fomentar la confianza es similar a la que tratamos en el capítulo 6, excepto que ahora las conductas pertenecen al ciberespacio. Cada uno de los dos escribe y comparte una lista de conductas específicas que les gustarían de su pareja y que restablecerán la confianza y los acercarán. Puede ayudar pensar en esas conductas como «botones de amor». Presiónalos y es posible que tu pareja se sienta más segura, más cuidada y comprendida. Ignóralos y el abismo entre ustedes se ensanchará.

Conductas para fomentar la confianza requeridas por la parte herida

Aquí tienes una lista de conductas para fomentar la confianza que pueden requerir las partes heridas. Solo es un punto de partida. Tendrás que adaptarla a tus propias necesidades.

- De todo corazón (sin dudas, sin reticencia, sin que te lo tenga que pedir) dame las contraseñas de tu ordenador, tu correo electrónico, tu BlackBerry y otros dispositivos electrónicos y cuentas de Internet, y facilítame comprobarlas.
- Si entro en la habitación donde tienes el ordenador, deja encendida la pantalla.
- Instala un *software* para bloquear páginas porno.
- Proporcióname los registros de tu teléfono sin tener que pedírtelo.
- Cancela las subscripciones a páginas porno o de otra clase con las que no esté de acuerdo.
- Cuando viajes, no uses la Internet si estás bebiendo alcohol o consumiendo otras drogas.
- Cambia tu dirección de correo electrónico para que los contactos en línea que yo considero amenazantes no puedan localizarte.
- Deshazte de todos tus teléfonos móviles excepto con los que yo esté de acuerdo (para que sepa que no estás hablando por líneas secretas).
- Cuando te llame o te escriba un mensaje, responde lo más rápido posible.
- Dímelo cuando te encuentres con alguien que yo pudiera considerar una amenaza. Remíteme, ese mismo día, cualquier correo, mensaje de texto o imagen que recibas, y no le respondas a esa persona hasta que hayamos hablado de ello.
- Si nuestras reglas para la Internet te hacen sentir con resentimiento o controlado, dímelo y hablemos de ello en un tono calmado y respetuoso.
- Asume tu parte de responsabilidad por cualquier enfado que sientas cuando te pregunto por tu uso de la Internet.
- Si estás pensando en masturbarte viendo porno, invítame a hacer el amor contigo en vez de eso.
- Mira vídeos sexuales conmigo y dime qué te excita y cómo te gustaría que te tocara.

- Dime si *no te has cruzado* con la persona de la aventura sin que yo tenga que preguntar. No hagas que me quede preocupado y preguntándomelo.
- Cuando estés lejos de casa permanece conectado por teléfono, correo electrónico o mensajes de texto. Permíteme saber que piensas en mí y que estamos bien.
- Si te masturbas por la Internet, mira solo fotografías o vídeos. No contactes, ni intercambies correos, ni mensajes, ni interactúes de ninguna otra manera con la gente que conozcas por la Internet.
- Dime cuándo te sientes atraído por alguien (si ves a un viejo amigo en Facebook, por ejemplo) y permíteme saber cómo estás tratando con tus sentimientos.
- Mándame un correo o un mensaje de texto un día «sensible» (por ejemplo, el día que descubrí tu infidelidad). Hazme saber que sientes el daño que has causado. Ayúdame a sentirme menos solo.
- Intenta identificar esos sentimientos negativos que desencadenan tu actividad inapropiada en línea. Fíjate cuando te sientas aburrido, deprimido, solo, crítico, enfadado, ofendido, encerrado u obligado, y trabaja con un terapeuta para manejar esas emociones con más responsabilidad. Comparte lo que has aprendido acerca de ti mismo conmigo.
- Explícame qué constituye una infidelidad en el ciberespacio. Si no estamos de acuerdo, usa mi definición. Define una amenaza por medio de mis ojos, no los tuyos.
- Si mi definición de infidelidad en el ciberespacio está en conflicto con la tuya, dímelo francamente y vayamos juntos a terapia de parejas para solucionar nuestras diferencias.
- Si alguien te envía un correo, una fotografía o un mensaje de texto, guíate por lo que *yo* consideraría inadecuado.
- Respeta que no siempre nos excitemos del mismo modo. Esfuérzate conmigo para descubrir formas en que podamos complacer al otro que nos parezcan cómodas a ambos.
- Invítame a tu mundo en línea. Comparte tus páginas porno favoritas, tus fantasías sexuales y las salas de chat conmigo. Permíteme verlo todo contigo.
- Dime si los límites que te pongo para la conducta en el ciberespacio te hacen sentir acorralado o resentido. Hablemos de tus sentimientos e intentemos encontrar un terreno en común.

- Intenta entender cómo tu actividad en el ciberespacio me hace sentir inseguro y poco amado. Aunque no estés de acuerdo, muéstrame tu comprensión repitiendo lo que digo (captando mi punto de vista en tus propias palabras).
- Explora con un terapeuta o conmigo aquellas cuestiones personales que precedan a nuestro matrimonio y que contribuyan a tu conducta en el ciberespacio. Por ejemplo, hazte responsable de tus problemas de autoestima; tu consumo de drogas; tu tendencia a sentirte manipulado, controlado, disminuido, obligado; los problemas de tu familia de origen; tus heridas de las relaciones pasadas.
- Hazme saber qué hay en mí y en nuestro matrimonio que influye en tu uso de la Internet.
- Asiste a un grupo de adicción sexual o lee un libro sobre adicción sexual y dime si lo ves pertinente para ti.
- Dime con qué fantaseas en la Internet y por qué esas fantasías pueden ser poderosas para ti, dado tu trasfondo, tus vulnerabilidades y tus deseos.

Conductas para fomentar la confianza requeridas por la parte que está en la Internet

Aquí tienes una lista de conductas para fomentar la confianza que las personas que están en la Internet pueden requerir: conductas creadas para hacerlas sentir valoradas, comprendidas, respetadas y perdonadas.

- Señala y dime qué estoy haciendo para ayudarte a sentirte más seguro y amado. Sé específico. Por ejemplo, puedes decir: «Cuando entré en la habitación, vi que habías dejado encendida la pantalla. Lo aprecié».
- Lee un libro o asiste a un taller o retiro conmigo sobre cómo podemos tener más intimidad y ser más sexuales en la vida real.
- Háblame acerca de mis actividades en línea en un tono calmado y respetuoso. No me presiones.
- Repite mis sentimientos aunque no estés de acuerdo con ellos. Hazme saber que entiendes lo que estoy tratando de decir.
- Dime si mis sentimientos tienen sentido para ti y si estás de acuerdo con ellos.

- Hazme saber con qué reglas y restricciones para estar en línea me puedo relajar mientras me gano tu confianza.
- Hazme saber qué hago o digo que hace que temas que yo use la Internet.
- Permíteme conectarme sin tenerme controlado. Si quiero violar nuestro acuerdo, te lo diré primero. No lo haré en secreto.
- Trabaja conmigo para incorporar mis fantasías en línea a nuestra vida sexual.
- Explora conmigo o con un terapeuta las heridas de tus pasadas relaciones que te hacen estar inseguro con mi uso de la Internet: heridas que te dejaron con miedo a ser abandonado, reemplazado, o no apto para el amor.
- Explora conmigo cómo debemos manejar esos momentos en los que yo quiero tener sexo y tú no.
- Interésate por mi soledad y ven a mí para acortar el espacio que hay entre nosotros.
- Únete a mí en terapia de parejas para tratar qué hay en tu conducta que me hace querer ir a la Internet en busca de sexo o compañerismo (por ejemplo, tu abuso del alcohol, tu falta de interés en el sexo, tu ira, que te apartes de mí o te centres demasiado en nuestros hijos o tu trabajo).
- Esfuérzate por bajar la guardia mientras trabajo para ganarme tu confianza. Comprendo que tus sospechas son tu protección y que puede que tengas miedo de deshacerte de ellas.
- Dame una oportunidad para hacerlo bien.

Honrar las peticiones concretas de cada uno para fomentar la confianza los ayudará a crecer como individuos y como pareja. Las relaciones prosperan con la cooperación, no la coacción. Nadie quiere ser guardián o prisionero de otra persona. Y nadie quiere una pareja que obedece a regañadientes una lista de «deberes». La actitud importa.

En cualquier relación hay una necesidad de equilibrar la autonomía con la seguridad y la conexión. El yo con el nosotros. El problema es que tu pareja y tú no son uno: esa es la gran ilusión del amor romántico. Son dos. Están obligados a ver las cosas de manera diferente y querer cosas de manera diferente. Lo que a uno lo eleva al otro puede hacerlo pedazos, sin importar lo compatibles que una vez les pareciera que eran.

Las relaciones comprometidas en un mundo cibernético se enfrentan a desafíos extraordinarios. Hay muchas tentaciones hoy, muchas oportunidades para la incomprensión y la traición. A fin de que las parejas prosperen, o simplemente sobrevivan, necesitan una dosis generosa de flexibilidad y sensibilidad con respecto a la alteridad del otro. Quizá ayude recordar que, dentro y fuera del ciberespacio, tu compromiso con tu pareja crecerá en la medida en que tú *te entregues* a ella y *recibas* de ella. Mientras intentas hacerlo con compasión, de un modo que afiance y deleite a tu pareja, quizá alcances la sabiduría de Antoine de Saint-Exupéry en *El principito:* «Fue el tiempo que pasaste con tu rosa lo que la hizo tan importante».[27]

EPÍLOGO

Revelación del secreto:
la verdad y las consecuencias

Esta sección está escrita para ayudarte a ti, la parte infiel, a decidir si quieres revelar tu infidelidad o no. Gran parte de este libro está basado en la suposición de que tu pareja sabe la verdad, y de que los dos están luchando para reconstruir su vida junto al otro. Sin embargo, ¿y si tu infidelidad todavía fuera un secreto? ¿Acaso tu pareja tiene que saberlo alguna vez? Si tú quieres fortalecer tu relación, ¿tiene sentido confesarlo?

Hay algunas razones convincentes para guardar la infidelidad en secreto. Puede que quieras conservar tanto a tu amante como a tu cónyuge, y sabes que te verás obligado a elegir entre los dos una vez que la infidelidad salga a la luz. Tal vez tengas problemas para enfrentarte al conflicto y quieras evitar la avalancha emocional que es probable que te arrase cuando la infidelidad se revele. Tal vez sientas que te falta la fuerza y el compromiso para soportar las feroces acusaciones de tu pareja, o peor, quizá los llantos de dolor.

Aquí tienes algunas razones igualmente convincentes para confesar. Si quieres escapar de un matrimonio infeliz, puedes usar la verdad como un visado de salida. Si quieres herir a tu pareja por ignorarte o maltratarte, puedes usar tu revelación como un arma de venganza. Si tu relación titubea o simplemente está demasiado tranquila, puedes contarlo para sacarla de su letargo.

Sin importar lo que elijas, es importante que lo hagas deliberadamente, después de explorar tus motivos y pensar en las implicaciones a largo plazo. Una vez que el secreto se conozca no podrás dar marcha atrás, y los dos tendrán que vivir con las repercusiones por el resto de sus días. Si decides no contarlo, tendrás que vivir con los efectos de tu silencio, que cobrarán un peaje.

Un gran número de ustedes, supongo, está motivado por un deseo de arreglar las cosas con su pareja, o al menos de averiguar si la reconciliación es posible. El resto de esta sección tiene el objetivo de ayudarte a explorar tus alternativas, sopesar las ventajas y desventajas de cada una y tomar una decisión que se adecue a ti.

Ten en cuenta que aunque estés determinado a reconstruir tu relación, no hay respuesta correcta: *no siempre es mejor confesar u ocultar*. Puedes decidir contarlo para poder acercarse el uno al otro, y puedes decidir *no* contarlo para estar más juntos.

Los terapeutas y escritores sobre la infidelidad son rápidos a la hora de dar su opinión acerca de cuál opción es la mejor, pero no hay una investigación definitiva sobre cómo el proceso de sanidad de una pareja se ve ayudado o paralizado por la verdad. Recuerda, estamos hablando solo de revelar la infidelidad, no de abandonar. De eso se trató en los capítulos 3 y 4.

DESVENTAJAS DE CONTARLO
A partir de mi experiencia clínica con parejas, he identificado cuatro situaciones en las que iría en tu contra revelar tu infidelidad:

1. Crees que la revelación quebrantará irremediablemente a tu pareja.
2. Crees que la revelación creará una obsesión intensa con la infidelidad y eso hará que los dos no se enfoquen en examinar los problemas que la han causado.
3. Tu pareja está discapacitada físicamente y es incapaz de proporcionar compañía sexual, y tú eliges seguir junto a ella para proveerle apoyo médico y emocional porque te importa.
4. Crees que tu pareja se hará daño físicamente.

Los dos últimos escenarios están fuera del tema de este libro.

Consideremos los dos primeros, que tienen una aplicación más extensa, y veamos cómo se aplican a ti.

Desventaja #1: Crees que la revelación quebrantará irremediablemente a tu pareja.
Puede que no quieras decir la verdad si piensas que tu pareja es demasiado frágil o vulnerable para hacer un uso constructivo de ella. Querrás ser particularmente cuidadoso con personas que han sido devastadas por traiciones o pérdidas pasadas, y que tal vez acepten las noticias como un castigo por sus fracasos o una prueba de su ineptitud. No hay modo de predecir con certeza cómo reaccionará tu pareja, hoy ni con el paso del tiempo, pero si tu conocimiento de su carácter y su historia personal te lleva a sospechar que tu secreto la hará pedazos, probablemente sea más sabio guardarse la verdad.

Tim le contó a su esposa, Tina, lo de su antigua amante para hacer borrón y cuenta nueva, pero su confesión hizo más daño que bien. Si él hubiera considerado las experiencias de la infancia que ella vivió, habría visto venir su respuesta.

Tina había sido abusada sexualmente por su padrastro cuando era adolescente. Un antiguo novio la había engañado. La revelación de su marido la asoló de nuevo, reforzando su creencia de que los hombres son crueles y sórdidos. «Nunca me permitiré confiar de nuevo en ningún hombre ni volver a intimar con ninguno», le dijo ella. Tim pasó los dos años siguientes intentando recuperarla. La pareja se las arregló para permanecer junta, pero Tina siguió inmersa en pensamientos obsesivos acerca de la injusticia del mundo y su incapacidad básica para ser deseada. Hoy los dos están tan separados emocionalmente como cuando Tim se lo confesó.

Jeremy, un ejecutivo de publicidad de cuarenta y tres años, observó mejor las vulnerabilidades de su esposa, Anne, y empleó otra táctica más productiva. Ella fue criada por una mujer que la convenció de que era demasiado fea para atraer a un hombre, y creció odiando su cuerpo. «He estado casada diecisiete años», me contó Anne, «y todavía siento asco cada vez que me desvisto y veo mis pechos caídos y mis piernas delgadas en el espejo».

Su marido, Jeremy, había asumido a lo largo de todos aquellos años que él era sexualmente incompetente y que su pene era demasiado pequeño para complacerla. ¿Por qué otra razón sería ella tan poco sensible en la cama? Se había acostado con una de sus clientas principalmente para demostrarse a sí mismo que era un buen amante, y tuvo éxito. Ahora, armado con aquel respaldo correctivo, llegó a ver que sus problemas sexuales con Anne eran más resultado de las inseguridades de ambos que del aspecto de ella o el tamaño del órgano de él. Menos obsesionado con su virilidad, se esforzó por convencerla de que era físicamente atractiva para él, y la ayudó a superar su timidez. Sin embargo, mantuvo oculta su infidelidad al darse cuenta de que la verdad solo socavaría la confianza de su esposa. Hoy, cuatro años después, él todavía cree que su decisión fue la correcta.

Permanecer en silencio puede ser lo correcto para ti también. Si tienes una razón para creer que tu revelación dañará la relación tanto como la propia infidelidad, si temes que las noticias dejarán una cicatriz permanente en tu pareja y conducirán a la separación, si quieres contener el daño y mantener tu relación intacta, puede que tenga sentido guardar el secreto.

Desventaja #2: Crees que la revelación creará una obsesión intensa con la infidelidad y eso hará que los dos no se enfoquen en examinar los problemas que la han causado.
Otra razón para esconder la infidelidad es que así tú y tu pareja no pasarán todo el tiempo hurgando en los detalles escabrosos en vez de trabajar para mejorar la relación. Siempre habrá peligro, cuando se sepa la aventura, de que tu pareja se vea arrastrada por la amargura y el resentimiento y no permita que los dos descubran juntos qué había en su relación que dejó sitio para una tercera persona. A fin de mantener la visión donde necesita estar —centrada en ustedes dos— tendrás que mantener tu secreto oculto.

Varios terapeutas e investigadores bien conocidos han apoyado esta idea de que la verdad puede causar más daño que bien. Frederick Humphrey, profesor emérito de estudios familiares en la Universidad de Connecticut, cree que revelar la infidelidad altera permanentemente, y a veces incluso destruye, una relación, y que las parejas tienen mejores oportunidades de seguir juntos cuando la parte infiel intenta primero solucionar sus propias incertidumbres e insatisfacciones, preferiblemente en terapia individual o de parejas. Humphrey la toma con los terapeutas que empujan a sus pacientes a descubrir sus secretos. Él los llama «exhibicionistas verbales», personas con una sensación de autoridad inflada y una idea del bien y el mal rígida e incuestionable, que sustituyen los principios con la investigación.[1] Humphrey le sigue la pista a esta mentalidad desde el «hay que contarlo todo» hasta el «déjalo pasar» de los años 60 y el concepto judeocristiano de que la confesión es buena para el alma. Corroborando la posición de Humphrey están las evidencias estadísticas de que cuando los maridos descubren los secretos de sus esposas, es más probable que sus matrimonios empeoren o terminen en divorcio.[2]

Mi amigo y colega Bert Diament ha llegado a una conclusión similar. Él recomienda: «Si quieres hacerle un favor a tu pareja, si quieres sentirte menos culpable y sin necesidad de probar tu amor, apártate de la relación extramarital, guárdatela para ti y trabaja para desarrollar una asociación íntima con tu cónyuge. Averigua qué está mal y trabaja para arreglarlo».[3]

VENTAJAS DE CONTARLO

Hay razones igualmente convincentes para confesar. Aquí tienes cuatro bastante comunes. Algunas tal vez te toquen la fibra sensible:

1. Decir la verdad normalmente es preferible a que tu pareja se tropiece con ella.
2. Decirlo puede incrementar tus oportunidades para permanecer fiel.
3. Decirlo puede despertar en tu pareja la necesidad de tratar lo que te está disgustando antes de que sea demasiado tarde.
4. Decirlo restablece la primacía de tu relación con tu pareja.

Ventaja #1: Decir la verdad normalmente es preferible a que tu pareja se tropiece con ella.

Si terminas la aventura y lo revelas, puede que tu sinceridad te haga ganar un mínimo de confianza: ciertamente más que si eres pillado en la mentira. Cuando tu pareja tiene que lidiar con un engaño doble —la infidelidad y su ocultación— la recuperación se vuelve el doble de difícil.

Gail y Chris son un caso típico. Chris estaba pasando una cantidad excesiva de tiempo en sus viajes de negocios con la gerente de su oficina, Sandy; ya apenas estaba en casa. Gail se le enfrentó en más de una ocasión, pero él negaba rotundamente cualquier acto inmoral e intentaba hacerla sentir ridícula por inventarse «tales tonterías». Ella intentó atraparlo contándole una mentira: que había contratado a un detective que lo había visto entrando en el apartamento de Sandy. Él admitió haber ido allí, pero insistía en que solamente fue a fin de recogerla para un almuerzo de la compañía. Solo cuando Gail trajo a la madre de él para que le jurara su fidelidad sobre la Biblia (era un católico devoto) fue que admitió la verdad.

Gail estaba furiosa por la infidelidad, pero lo que realmente la hacía arder de rabia era el modo en que Chris había continuado mintiendo y haciéndola sentir como una tonta. Ella todavía lo amaba y quería mantener junta a la familia, pero se sentía demasiado insultada, demasiado humillada para dedicarse de nuevo a él. Su orgullo le decía que lo dejara, y así lo hizo.

Recuperarse de una infidelidad es muy duro, pero si dejas que el descubrimiento suceda sin control —una factura sospechosa, un mensaje de texto sin borrar, o alguna otra prueba incontrovertible (una de mis pacientes descubrió la vida adúltera de su marido cuando contrajo gonorrea)— tal vez estés levantando una barrera de desconfianza que nunca se podrá superar. Aunque los dos decidan seguir juntos, puedes esperar que tu pareja adopte una mentalidad de «si buscas, lo encontrarás», investigando para siempre las señales de infidelidad. Tu doble engaño le enseñará a tu pareja a buscar mentiras detrás de cada palabra y promesa. Es posible que tu promesa de permanecer fiel sea mejor recIbída si confiesas por voluntad propia que si tu pareja desconfiada te obliga a hacerlo.

Ventaja #2: Decirlo puede incrementar tus oportunidades para permanecer fiel.

Al decir la verdad es más probable que te enfrentes a su significado y evites repetir la conducta. Sin esta clase de autoexamen tal vez disminuyas la importancia de la infidelidad y mantengas la ficción de que todo está bien y de nuevo en marcha.

Decirlo también pone a tu pareja en guardia, y a ti te hace más difícil que la engañes. Len Loudis, psicólogo establecido en Denver, sugiere que cuando revelas la infidelidad deberías ofrecer todos los detalles, no sobre tus escapadas sexuales, sino acerca de tu modus operandi —las excusas, las mentiras, las maniobras que solías organizar para tus encuentros— como una especie de seguro contra el uso de esos métodos de nuevo. Al revelar tus planes de batalla, te mantienes controlado y le permites a tu pareja saber que te tomas en serio lo de ser honesto y comprometido.[4]

Ventaja #3: Decirlo puede despertar en tu pareja la necesidad de tratar lo que te está disgustando antes de que sea demasiado tarde.
Revelar tu secreto puede hacer sonar una alarma que avisa que eres infeliz, y le da a tu pareja una oportunidad para encargarse de tus quejas.

Tom, un profesor de treinta y nueve años, nunca le reveló su aventura a su mujer, ni siquiera después de asistir a terapia de parejas. Ella sabía que tenían problemas —no habían hecho el amor durante más de cuatro meses— pero suponía que ella y su bebé siempre podrían contar con él, y nunca consideró las quejas de su marido con demasiada seriedad. Fue cuando le anunció que había estado viendo a otra mujer que ella se dio cuenta de lo furioso y descontento que él se había sentido, y lo frágil que se había vuelto su matrimonio. «No sé cuántas veces me dijo que se sentía miserable», reconoció después de que su esposo la abandonara, «pero de algún modo nunca lo tomé en cuenta hasta que fue demasiado tarde». Si Tom le hubiera dicho que estaba interesado en otra persona, quizá ella hubiera despertado a tiempo para satisfacer su angustia.

A veces hace falta una confesión para que tu pareja escuche tus gritos pidiendo ayuda. Divulgar tu secreto puede doler, pero también puede ser un acto de amabilidad que tu pareja llegará a apreciar si la alternativa es perderte o seguir viviendo con alguien que solo está con ella a medias.

Ventaja #4: Decirlo restablece la primacía de tu relación con tu pareja.
Cuando solo tú y la persona de la aventura conocen la verdad, creas una conspiración de silencio entre ustedes, incluso aunque se haya terminado la aventura. Como señala el experto en infidelidad Frank Pittman, el secreto puede dañar una relación tanto como el sexo; el problema no es solo con quién te estás acostando, sino a quién le estás mintiendo.[5] La que sabe la verdad se vuelve la persona más cercana a ti. La que permanece a oscuras se vuelve la extraña. Cuando le cuentas a tu pareja tu secreto, le das a esa relación la primacía que se merece.

El conocimiento es poder, y cuando compartes tu secreto le das ambas cosas a tu pareja. Tu confesión en efecto dice: «No tengo el derecho a controlar información trascendente acerca de nuestra relación que sé que te importaría muchísimo. No tengo el derecho a decidir lo que es mejor para ti. Deberías ser capaz de decidir si quieres quedarte conmigo sabiendo todo lo que sé, con igual acceso a la verdad». Al revelar tu secreto pones a ambos de nuevo a caminar al mismo ritmo y permites que se reconecten de un modo auténtico.

En la novela de Barbara Kingsolver, *Cerdos en el cielo*, Jax duerme con la casera de su novia Taylor, y lucha entre si confesarlo o no. Cuando la casera le pregunta: «¿Quién sale herido si no se lo dices?», Jax responde:

> Entonces yo sabré algo que ella no sabe. Tengo este huevo de petirrojo en mi mano. ¿Debo dárselo o no? Quizá ella lo cocine, o me lo lance, ¿quién sabe? Así que lo conservo en mi mano, justo aquí. Y todos los días, cuando hable con Taylor, y cuando yazca en la cama con Taylor, ahí estará en mi mano, y yo pensaré que si me olvido por un solo minuto de él, entonces rodaremos sobre él, oh, oh, y será un desastre. Hasta que eso ocurra, lo sujeto y puedo sentir la cáscara tan delgada como si estuviera entre tus dientes. Elijo lo que Taylor sabe y lo que no. Tengo el poder. Yo seré el chico nervioso aunque poderoso que lo sabe, y ella será la tonta [...] y si ella es la tonta, ¿entonces cómo besaré el suelo que ella pise? He sido un chico malo. Pero los chicos malos aún pueden confesar y rogar penitencia.[6]

El secreto de Jax creaba una distancia palpable entre él y su novia. Una paciente llamada Jane estableció una barrera similar cuando le ocultó su infidelidad a su marido, Larry. Cuando su negocio comenzó a tener problemas, él se dio a la bebida y se encerró en sí mismo. Ella había dejado un trabajo bien remunerado para cuidar a su bebé y se sentía sola, sobrecargada y poco atractiva. Cuando su ginecólogo coqueteó con ella, se sintió alagada.

Jane guardó el secreto y dejó que su marido pensara que solo era él quien estaba defraudando a la familia. Sin embargo, al final se dio cuenta de lo injusta que había sido. «Los dos estábamos huyendo de la tensión de nuestras vidas», me contó, «¿así que quién era yo para sentirme más santa? Nos sentamos y le hablé de mi aventura. Al principio pensé que se levantaría y se marcharía, pero simplemente se quedó sentado, mirando a la nada. Entonces comenzó a llorar. Ninguno de los dos tenía idea de lo que había estado sufriendo el otro y lo solos que nos sentíamos. Saber que ambos nos encontrábamos heridos nos permitió sentir menos vergüenza, y nos enseñó a buscarnos el uno al otro para encontrar apoyo, en vez de buscar algo fuera de nosotros mismos, como el alcohol y los amantes».

Cuando tú, al igual que Jane, divulgas tu secreto, permites que tu pareja te conozca. También te permites a ti mismo experimentar la aceptación de tu pareja. Sin esa aceptación tu culpa y tu engaño se quedarán entre ustedes, y no permitirán nunca que te sientas tan cerca de tu pareja como lo estuviste de la persona de la aventura.

DECIDIR LO QUE ES MEJOR PARA TI

Algunos especialistas en infidelidad mantienen que confesar el secreto es un primer paso no negociable para restaurar la confianza. «Cualquier esfuerzo por desorientar a tu pareja es un juego de poder que al final dañará la relación», dice Frank Pittman en *Private Lies* [Mentiras privadas]. «La gente a la que se le ha mentido se vuelve dependiente, ansiosa, delicada e hipersensible [...] La insinceridad es enemiga de la intimidad, y no es probable que sea buena para el matrimonio. La insinceridad crea distancia».[7]

Para Emily Brown, autora de *Patterns of Infidelity and Their Treatment* [Patrones de infidelidad y su tratamiento], el secreto «vuelve loca a la gente».[8] Decir la verdad, señala ella, tiene la importante función de precipitar una crisis familiar y crear una oportunidad para un diálogo sincero y una autoevaluación.

Mi punto de vista es que no hay dos situaciones iguales y lo que es bueno para una pareja quizá sea malo para otra. Aunque estés comprometido a reconstruir la relación, no hay un modo claro de proceder.

Para algunas parejas la verdad puede tener consecuencias adversas, incluso destructivas. Para otras es esencial a fin de restaurar una relación rota. Manejar la verdad de tu infidelidad no es diferente a manejar la verdad sobre un cáncer: algunas personas se recuperan mejor cuando lo saben todo; otras empeoran. Por lo tanto, con el objetivo de emplear la mejor estrategia, puede ayudar preguntarse: «¿Es mejor para quién?». Lo que puede ser bueno para ti quizá resulte desastroso para tu pareja y tu relación, y viceversa.

Si decides confesar, ten en mente que la reacción de tu pareja se verá influida por el modo en que él o ella entienda tus motivaciones. Si te percibe como alguien que intenta respetar el derecho de tu pareja a estar tan informada como tú, es probable que el hecho de que lo admitas suscite una respuesta más positiva. Si das la impresión de ser alguien que simplemente quiere ser absuelto de la culpa, tu pareja no será tan receptiva ni perdonará tanto. Tus intenciones se pueden malinterpretar, por supuesto, así que es una buena idea dejarlas claras.

Algunos de ustedes quizá quieran guardar en silencio aventuras que duraron solo una noche o que ocurrieron hace mucho tiempo, con la suposición de que ya no son una amenaza para su relación. Otros pueden defender lo contrario: si la aventura fuera tan inocua, si estuviera enterrada tan profundamente en el pasado, ¿por qué *no* revelarla? Al guardar el secreto puede que estés adornándolo con una importancia que no se merece.

En caso de que reveles la infidelidad y no aciertes a procesar lo que dice de ti y tu pareja, tu relación probablemente no aguantará el paso del tiempo, o solo se mantendrá. Restaurar la intimidad requiere algo más que una confesión de infidelidad. En caso de que no desveles la infidelidad ni entiendas lo que ella dice de ti y tu pareja, quizá te encuentres adormecido por la aparente falta de conflicto entre ustedes y pienses que todo está bien de nuevo. Sin embargo, nada habrá cambiado.

Muchas personas infieles deciden aferrarse a su secreto mientras tratan lo que les molesta de la relación. Esa es una solución que merece la pena considerarse; ciertamente, puedes confrontar a tu pareja con tu infelicidad sin revelar la infidelidad o sin hacer que tu pareja tenga que pasar por la ardua y delicada tarea de aprender a confiar y perdonarte.

Sin importar cómo decidas manejar tu secreto, la idea de que una solución siempre es mejor que la otra es, creo yo, una ilusión. Cuando tú haces *X* no siempre le sigue *Y*; el corazón humano no se rige por esta clase de reglas. Todo lo que puedes hacer es intentar tomar una decisión bien consciente y juiciosa, considerando tanto tus motivos como el impacto que probablemente tendrá tu conducta en tu pareja. En el análisis final, si lo que esperas conseguir es una reconexión íntima, lo que más importa no es que reveles o escondas tu aventura, sino que uses sus lecciones para fortalecer tu relación.

NOTAS

INTRODUCCIÓN
¿PUEDE UNA PAREJA SOBREVIVIR A LA INFIDELIDAD?

1. En 1992 el National Opinion Research Center de la Universidad de Chicago dirigió un estudio a nivel nacional (Laumann, Gagnon, Michael y Michaels, 1994, pp. 215–216) en el cual le preguntaban a 3.432 hombres y mujeres de entre dieciocho y cincuenta y nueve años: «¿Alguna vez has tenido sexo con otra persona que no fuera tu marido o tu mujer mientras estabas casado?». El número de hombres que respondieron que sí era de un 7,1% (entre los dieciocho y los veintinueve años) a un 37% (entre los cincuenta y los cincuenta y nueve años). El número de mujeres que respondieron que sí iba desde 11,7% (entre los dieciocho y los veintinueve años) a 19,9% (entre los cuarenta y los cuarenta y nueve años). Solo 12% de las mujeres de entre cincuenta y cincuenta y nueve años aseguraron haber tenido aventuras extramaritales. Se calculó el promedio de los resultados, de tal modo que aquellos que fueran más jóvenes, con menos años de matrimonio, estuvieran a la medida de los que tenían más tiempo de casados. Los investigadores no sacaron ninguna conclusión; simplemente indicaron en una tabla que cerca de 25% de todos los hombres casados y 15% de las mujeres casadas de su estudio habían asegurado haber tenido al menos una relación extramarital en algún momento de su vida matrimonial. Esta estadística, citada a menudo en los medios, no representa bien los datos. La cifra del 37% es más probable que sea acertada para los hombres, porque representa el número de los que fueron infieles *a lo largo de sus vidas*. Para las mujeres la cifra de 20% sería más exacta. Que las mujeres alrededor de los cincuenta tiendan a una tasa más baja tal vez refleje el hecho de que se perdieron la revolución sexual. Aproximadamente 20% de los participantes designados del estudio se negaron a ser entrevistados o no pudieron ser localizados. Esto deja abierta la pregunta de cuántos estaban reacios a divulgar sus infidelidades.

   En 2010, el NORC, un centro de investigación de la Universidad de Chicago, descubrió que entre aquellos que habían estado casados al menos una vez, 14% de las mujeres y 20% de los hombres *admitían* haber tenido aventuras. Las estadísticas varían considerablemente de un estudio a otro, dependiendo de quiénes sean sus participantes, quién diga la verdad y cómo se defina una aventura.

2. Según una encuesta de marzo de 2007 dirigida por la Oficina del Censo de los Estados Unidos, había 58.945.000 parejas casadas en Estados Unidos.

3. En el estudio británico de Annette Lawson (1988, p. 37), más de 40% de los participantes afirmaron tener una relación que ellos consideraban «adúltera», aunque no implicara relaciones sexuales.

4. En una encuesta reciente, una muestra al azar de terapeutas de pareja en activo (todos miembros de la American Psychological Association o de la Association for Marriage and Family Therapy) evaluaron las aventuras extramatrimoniales como el tercer problema más difícil a tratar, y el segundo más dañino al que se enfrentan las parejas. También informaron que la infidelidad era un problema para cerca de 30% de las parejas que trataban (Whisman, Dixon y Johnson, manuscrito sin publicar).

5. Herman (1992), p. 158. La cita exacta es: «Ya no encarcelada por la falta de palabras del trauma, ella descubre que hay un lenguaje para su experiencia. Descubre que no está sola; otros han sufrido de manera similar. Descubre más adelante que no está loca; los síndromes traumáticos son respuestas humanas normales a circunstancias extremas. Y descubre, finalmente, que no está condenada a sufrir esta condición de manera indefinida; puede esperar recuperarse, al igual que otros han hecho».

CAPÍTULO UNO
LA RESPUESTA DE LA PARTE HERIDA: ENTERRADO EN UNA AVALANCHA DE PÉRDIDAS

1. Una persona herida que descubra la infidelidad de su pareja a menudo exhibe síntomas fisiológicos y psicológicos similares a aquellos de las personas diagnosticadas con un trastorno de estrés postraumático. En el pasado estos diagnósticos podían darse en individuos que hubieran tenido una experiencia mortal (*Quick Reference to the Diagnostic Criteria from DSM-IV*, 1994, p. 209). Existe un gran debate acerca de si permitir que el propuesto nuevo manual *Diagnostic and Statistical Manual (DSM-V)* incluya sucesos «subumbrales» que no implican una amenaza real para la vida de la persona (McNamara, 2007).

2. Abram Kardiner, citado en Herman (1992), p. 35.

3. Franck (1993), p. 126.

4. Jack (1991), p. 32.

5. Kushner (2004), p. 2.

6. Nadler y Dotan (1992), pp. 308–309.

7. Jack (1991), pp. 128–182.

8. Brown y Gilligan (1992), p. 4.

9. Ibíd., p. 37.

10. En febrero de 1986, Neil Bennett, sociólogo de Yale, informó por primera vez en una entrevista telefónica con el *Stamford Advocate* que a las mujeres con un nivel de estudios universitario que posponen el matrimonio por el bien de su educación y su carrera se les hace más difícil encontrar marido. En Faludi (1991), pp. 9–14.

11. Ibíd., p. 14.

12. Richardson, «Dreaming Someone Else's Dreams», *New York Times Magazine*, 28 enero 1990, p. 14, citado en Faludi (1991), p. 103.

13. England y McClintock (2009, p. 814) informaron que las mujeres de más de cuarenta años que quieren casarse de nuevo o por primera vez se encuentran con que a menudo los hombres mayores eligen novias más jóvenes. Los hombres de más de sesenta normalmente se casan con mujeres diez años menores.

14. Fitzpatrick (2010) señaló que es mucho más probable que las mujeres se tomen un tiempo de descanso para empezar una familia o tomen un trabajo de media jornada mientras crían a sus hijos, y a menudo pasan un año natural completo sin ganar nada en absoluto.
15. Hewlett, *A Lesser Life*, 1989, p. 63; Deborah L. Rhode, «Rhode on Research», *Institute for Research on Women and Gender Newsletter*, Stanford University, 13, núm. 4 (verano 1989), p. 4; citado en Faludi (1991), p. 24.
16. Fitzpatrick (2010).
17. Personal de la Clínica Mayo, 2010.
18. Jack (1991), p. 21.
19. Reinisch con Beasley (1990), p. 74.
20. DePaula, Epstein y Wyer (1993), p. 133.
21. Nolen-Hoeksema (1987, pp. 259–282) descubrió que las mujeres tienden a caer en episodios depresivos, prolongando y amplificando así sus síntomas depresivos. Los hombres, por el contrario, tienden a distraerse de los episodios depresivos pensando en otras cosas, ignorando sus problemas o participando en actividades físicas.

CAPÍTULO DOS
LA RESPUESTA DE LA PARTE INFIEL: PERDIDO EN UN LABERINTO DE DECISIONES

1. Carder con Jaenicke (1992), p. 115.
2. Beattie (1994), Introducción. La cita exacta es: «No es el paso del tiempo lo que cura, susurró él. Es el paso de las experiencias».
3. Person (1988), p. 322.
4. Allen y Baucon (2004).
5. Glass y Wright (1988), p. 318.
6. Glass y Wright (1992), p. 379.
7. Botwin (1994), p. 62.
8. Gregory (2003).
9. Harley (1986), pp. 72–85.
10. Glass y Wright (1985, p. 1115) descubrieron que 56% de los hombres de su estudio que había tenido sexo extramatrimonial informaban de matrimonios felices, en comparación a 34% de las mujeres de su estudio.
11. Wright (1988), p. 29.
12. Brown (1991), p. 7.
13. Janus y Janus (1993), p. 332.
14. Los investigadores Etxebarria, Ortiz, Conejero y Pascual (2009) descubrieron que es más probable que las mujeres experimenten culpa cuando han hecho sufrir a otros. Las mujeres, particularmente las de edades comprendidas entre los veinticinco y los treinta y tres, tienen mayores puntuaciones que los hombres en pruebas de sensibilidad interpersonal.
15. Botwin (1994), pp. 39, 62, 120.
16. Jack (1991), p. 87.
17. McAdams y Constantian (1983), p. 856.
18. Ross y Holmberg (1990); encontrado en DePaulo, Epstein y Wyer (1993), p. 127.
19. Glass y Wright (1985), p. 1114.
20. Michael, Gagnon, Laumann y Kolata (1994), p. 156.
21. Botwin (1994).
22. Heyn (1992).
23. Botwin (1994), pp. 44–53.

CAPÍTULO TRES
EXPLORA TUS IDEAS ACERCA DEL AMOR

1. Otto Kernberg, entrevistado por Linda Wolfe (1978), p. 56.
2. *Quick Reference to the Diagnostic and Statistical Manual IV-TR* (2000), pp. 291–292.
3. Barreca (1993), p. 198.
4. Beck, Freeman y Davis (2007).
5. Person (1988), p. 322.
6. Winterson (1989), p. 13.
7. Toufexis (1993), p. 50.
8. Person (1988), p. 48.
9. Walsh (1991), p. 188.
10. Mercer (1988), p. 177.
11. Fisher (1992), p. 171.
12. Dyn y Glenn (1993), pp. 54–57, 78–86.
13. Stuart y Jacobson (1985), p. 57.
14. Gottman, correspondencia personal por correo electrónico (2 septiembre 2011).
15. Gottman (1993).
16. Estés (1992), p. 140. Ballantine Books: Extractos de *Women Who Run with the Wolves* de Dra. Clarissa Pinkola Estés. Copyright © 1992, 1995 por Clarissa Pinkola Estés. Todos los derechos reservados. Impreso bajo la amable autorización de la autora, Dra. Estés, y de Ballantine Books, una división de Random House.
17. Money (1988).
18. Estoy en deuda con el doctor Reuben Baron (1970) por su desarrollo de la teoría del refuerzo social y con el doctor Harville Hendrix (1988) por su teoría del imago.

CAPÍTULO CUATRO
ENFRENTA TUS DUDAS Y MIEDOS

1. Stanley y Markman (1992), p. 595.
2. Baumeister (1991), pp. 182–206.
3. Shaver y Hazen (1988), p. 491; ver Stanley (1986).
4. Cherlin, Furstenberg, et al. (1991), p. 252.
5. Amato y Keith (1991, p. 30). Sin embargo, hay que añadir que las diferencias entre las familias divorciadas y las intactas no son tan fuertes y dominantes como a menudo se presentan.
6. Eldar-Avidan, Haj-Yahia y Greenbaum (2009).
7. Ahrons (1994), p. 14; también Ahrons (2004).
8. Kelly (1993), p. 45.
9. Ahrons (1994), p. 2.
10. Kelly (1993), p. 35.
11. Franck (1993), p. 76.

CAPÍTULO CINCO
APRENDE DE LA INFIDELIDAD

1. Estoy en deuda con el doctor Jeffrey Young por su desarrollo de las trampas vitales basadas en un esquema. Ver Young y Klosko (1993) para ayudar a comprenderlo y sanarlo.
2. Hendrix (1988).

3. Anaïs Nin, citada en Efran (1994), p. 221.
4. Efran (1994), p. 221.
5. Baron (1970).
6. Person (1988), p. 233.
7. Ibíd., p. 232.
8. Quizá te interese acudir a *Intimate Partners* (2008) de Maggie Sarf o *Reinventa tu vida* (2001) de Jeffrey Young y Janet Klosko para ayudarte a identificar cómo tú y tu pareja quizá estén interactuando de manera que saque lo peor de cada uno.
9. Gerson (1989), en Brown (1991), p. 15.
10. Brown (1991), p. 15.
11. Abrahms y Spring (1989).
12. Scarf (2008), p. 93.
13. Hammen, Ellicott y Gitlin (1985).
14. Abrahms y Spring (1990).

CAPÍTULO SEIS
RESTAURA LA CONFIANZA
1. Stuart (1980), p. 200. Adaptado de su ejercicio «Lista de días para cuidar», que él desarrolló para ayudar a las parejas a aumentar los sentimientos de satisfacción marital.
2. Abrahms (1990).
3. Hibbs y Getzen (2010).
4. Burns (2008).
5. Hendrix (2001).
6. Bly (1990), p. xi.

CAPÍTULO SIETE
CÓMO HABLAR ACERCA DE LO QUE OCURRIÓ
1. Ver Brown y Gilligan (1992), p. 4.
2. Thomas (1993), pp. 26, 46–47.
3. Burns (1980), pp. 128–131.
4. Para un tratamiento completo de las diferentes maneras en las que hombres y mujeres se expresan y escuchan en un conflicto, recomiendo *Los hombres son de Marte, las mujeres de Venus* (Gray, 2004) y *You Just Don't Understand: Men and Women in Conversation* (Tannen, 2001).
5. Gottman (1994), p. 95.
6. Jack (1991), p. 42.
7. Lerner (2012).
8. Gottman, Gottman y DeClaire (2007).

CAPÍTULO OCHO
SEXO DE NUEVO
1. Glass y Wright (1985), p. 1113.
2. Michael, Gagnon, Laumann y Kolata (1994), p. 124.
3. Nelson (2008).
4. Barbach (1983).
5. Williams (1988), p. 172.
6. Masters y Johnson (1970), pp. 71–75.
7. Reinisch con Beasley (1990), p. 98.

8. Estas estadísticas pertenecen a hombres y mujeres de edades comprendidas entre los veinticinco y los veintinueve años. The Kinsey Institute, *National Survey of Sexual Health and Behavior*, 2010. Para más información, visita NationalSexStudy.indiana.edu/.
9. Reinisch con Beasley (1990), p. 91.
10. Michael, Gagnon, Laumann y Kolata (1994), p. 165.
11. Ibíd., p. 158.
12. Ibíd., p. 165.
13. Winterson (1994), p. 21.
14. Kinsey, Pomeroy, Martin y Gebhard (1953) trataron las razones anatómicas por las que muchas mujeres no tienen orgasmos vaginales. «La relativa poca importancia de la vagina como centro de estimulación erótica está atestiguada por el hecho de que relativamente pocas mujeres se masturban por medio de inserciones vaginales profundas» (p. 580). Para más información sobre el mito del orgasmo vaginal, ver Cass, *El libro del orgasmo femenino* (2011).
15. Michael, Gagnon, Laumann y Kolata (1994), p. 123.
16. Goodrich (1994), p. 88.
17. Williams (1988), p. 15.
18. Heiman, LoPiccolo y LoPiccolo (1976), p. 80.
19. Friday (1998).
20. Friday (2008).
21. Avery (1989), p. 27.
22. Borden (1932), p. 300.
23. Gunn (1992), p. 3.

CAPÍTULO NUEVE
APRENDE A PERDONAR

1. *Diccionario de la Real Academia de la Lengua*, 22ª edición, versión electrónica.
2. Thrall (1995), p. 3.
3. Spring (2005), p. 123.
4. Herman (1992), p. 211.
5. Hunter (1978), p. 171.
6. Simon y Simon (1990).
7. Thompson (1992), p. 19.
8. Flanigan (1992), p. 122.
9. Ibíd., p. 107.
10. Nietzsche (1887).
11. Herman (1992), p. 190.
12. Lovinger (1990), pp. 177–178.
13. Estés (1992), p. 371.
14. Smedes (1984), p. 133.
15. McCullough y Worthington (1994), p. 8.
16. Murphy (1982), p. 505.
17. Horney (1950), pp. 239–258.
18. McCullough y Worthington (1994), p. 4.
19. Thrall (1995), p. 9.
20. Bugen (1990), p. 344.
21. Erikson (1950), pp. 247–274.
22. Jung (1959), p. 535.

Notas

CAPÍTULO DIEZ
SEXO, SECRETOS Y AVENTURAS EN EL CIBERESPACIO
1. Internet World Stats. Estadísticas del uso de la Internet. Esta información proviene de los datos publicados por Nielsen Online, por International Tele-communications Union, por GFK, reguladores locales y otras fuentes de confianza. Copyright © Miniwatts Marketing Group.
2. En una encuesta en línea, la experta en infidelidades Peggy Vaughan descubrió que las partes heridas a menudo se sienten más traumatizadas cuando la aventura es descubierta que cuando es revelada. Correspondencia personal por correo electrónico, 7 julio 2011.
3. Ferree (2003), pp. 385–393. También, Smith (2011), p. 48.
4. Daneback, Cooper y Mansson (2005), p. 326.
5. Nelson (2008).
6. Kerner (2010).
7. Hertlein y Webster (2008) documentaron muchos efectos negativos del sexo en línea, incluyendo menos interés en el sexo en las relaciones comprometidas y descuidar el trabajo y el tiempo con los hijos.
   Un estudio sobre la conducta sexual en línea de los hombres casados reveló que aproximadamente 78% de los participantes afirmaron haber tenido un encuentro sexual en persona con alguien que habían conocido en la Internet durante el año anterior. Dew, Brubaker y Hays (2006), pp. 195–207.
8. Atwood y Schwartz (2002), pp. 37–56.
9. Steiner (1993), p. 61.
10. Atwood y Schwartz (2002), pp. 37–56.
11. Stephanie Ortigue, profesora adjunta del Departamento de Psicología de la Universidad de Ginebra en Suiza, y Francesca Bianchi-Demicheli, citadas en el *New York Times* por Rosenbloom (2011).
12. Anokhin, Golosheykin, Sirevaag, Kristjansson, Rohrbaugh y Heath (2006), pp. 167–177.
13. Wylie (2010), p. 30.
14. Carnes y Carnes (2010), p. 13.
15. Presentación de Robert R. Johnson, director médico, Sierra Tucson (2011).
16. Wise (1996), pp. 319–340; Valenstein y Beer (1964), pp. 183–184.
17. Weiss y Schneider (2006), p. 35.
18. Adaptado con permiso del «Autotest sobre cibersexo y adicción a la Internet» de la doctora Kimberly Young, www.netaddiction.com. Ver también Griffiths (2004), p. 200.
19. Carnes y Carnes (2010), p. 15.
20. Libros recomendados acerca de la adicción al cibersexo:
    In the Shadows of the Net: Breaking Free of Compulsive Online Sexual Behavior (Carnes, Delmonico, Griffin y Moriarty, 2004).
    Untangling the Web: Sex, Porn, and Fantasy Obsession in the Internet Age (Weiss y Schneider, 2006).
    Tangled in the Web: Understanding Cybersex from Fantasy to Addiction (Young, 2001).
    Getting Web Sober: Help for Cybersex Addicts and Their Families (Young, 2000) folleto.
21. Organizaciones recomendadas para el tratamiento de la adicción al cibersexo: Adictos al Sexo y al Amor Anónimos, http://www.slaafws.org/spanish; Sexo Adictos Anónimos, https://saa-recovery.org/espanol/; Sexual Compulsives Anonymous, www.sca-recovery.org; Sexaholics Anonymous, www.sa.org;

SMART Recovery, www.smartrecovery.org; COSA, http://www.cosa-recovery. org/Sp_Home.html.
22. Perel (2007).
23. Ibíd.
24. Johnson y Zuccarini (2010), p. 434.
25. Oppenheimer (2011), p. 24.
26. Ibíd., p. 27.
27. Saint-Exupéry (2000), p. 64.

EPÍLOGO
REVELACIÓN DEL SECRETO: LA VERDAD Y LAS CONSECUENCIAS
1. Dr. Frederick Humphrey, comunicación personal, septiembre 1993.
2. Blumstein y Schwartz (1983, p. 313) descubrieron que es más probable que sea una mujer no monógama, ya sea lesbiana o heterosexual, más que un hombre no monógamo, quien termine la relación con su pareja, en parte porque sea probable que esté enamorada de otra persona y «no pueda tratar a la nueva persona como alguien auxiliar a su relación existente». Otras explicaciones que ofrecen son (1) que el hombre herido perdona menos que la mujer herida y por lo tanto es menos probable que quiera regresar con su pareja; y (2) que el hombre herido es (o se siente) menos dependiente económica y emocionalmente que la mujer herida, y por lo tanto es más probable que termine la relación.
3. Dr. Bert Diament, comunicación personal, agosto 1995.
4. Dr. Len Loudis, comunicación personal, agosto 1995.
5. Pittman (1989), p. 53. Para más información acerca del impacto negativo de las infidelidades no descubiertas, ver Butler, Harper y Seedall (2009).
6. Kingsolver (1993), pp. 162–163.
7. Pittman (1989), pp. 66, 70.
8. Brown (1991), p. 53.

BIBLIOGRAFÍA

Abrahms, Janis Lieff, The restoration of trust following an extramarital affair: A cognitive-behavioral approach, *ICTN* 3(1), pp. 2, 4 (1990).

Abrahms, Janis Lieff y Spring, Michael, The flip-flop factor, *ICTN* 5(10), pp. 1, 7–8, (1989).

Abrahms, Janis Lieff y Spring, Michael, Responsibility sharing: A cognitive-behavioral intervention for distressed couples, *Behavior Therapist* 13(8), pp. 176–178, (1990).

Ahrons, Constance, *The Good Divorce: Keeping Your Family Together When Your Marriage Comes Apart* (Nueva York: HarperCollins, 1994).

Ahrons, Constance, *We're Still Family: What Grown Children Have to Say About Their Parents' Divorce* (Nueva York: HarperCollins, 2004).

Allen, E. S., y Baucom, D. H., Adult attachment and patterns of extradyadic involvement. *Family Process* 43(4), pp. 467–488 (2004).

Amato, Paul R., y Keith, Bruce, Parental divorce and the well-being of children: A meta-analysis. *Psychological Bulletin* 110(1), pp. 26–46 (1991).

Amodeo, John, *Love and Betrayal: Broken Trust in Intimate Relationships* (Nueva York: Ballantine, 1994) [*Amor y traición* (Bilbao: Desclée, 2001)].

Anokhin, A. P.; Golosheykin, S.; Sirevaag, E.; Kristjansson, S.; Rohrbaugh, J. W.; y Heath, A. C., Rapid discrimination of visual scene content in the human brain. *Brain Research* 1093(1), pp. 67–177 (6 junio 2006).

Atwood, Joan D., y Schwartz, Limor, Cyber-sex: The new affair treatment considerations. *Journal of Couple and Relationship Therapy* 1(3), pp. 37–56 (2002).

Avery, Carl S. How do you build intimacy in an age of divorce? *Psychology Today*, pp. 27–31 (mayo 1989).

Barbach, Lonnie Garfield, *For Each Other: Sharing Sexual Intimacy* (Nueva York: Anchor, 1983).

Baron, Reuben M., The SRS model as a predictor of Negro responsiveness to reinforcement. *Journal of Social Issues* 26(2), pp. 61–81 (1970).

Barreca, Regina, *Perfect Husbands (& Other Fairy Tales): Demystifying Marriage, Men, and Romance* (Nueva York: Harmony, 1993) [*Maridos perfectos y otros cuentos de hadas* (Buenos Aires: J. Vergara, 1994)].

Baucom, Donald, y Epstein, Norman, *Cognitive-Behavioral Marital Therapy* (Nueva York: Brunner/Mazel 1990).

Baumeister, Roy F., *Meanings of Life* (Nueva York: Guilford, pp. 182–206).

Beattie, Melody, *The Lessons of Love* (San Francisco: Harper, 1994).

Bibliografía

Beck, Aaron T., *Cognitive Therapy and the Emotional Disorders* (Nueva York: International Universities Press, 1976).

Beck, Aaron T., *Love Is Never Enough* (Nueva York: Harper & Row, 1988).

Beck, Aaron T., Cognitive therapy: Past, present and future. *Journal of Consulting and Clinical Psychology* 61, pp. 194–198 (1993).

Beck, Aaron T.; Freeman, Arthur; y Doris, Denise D., *Cognitive Therapy of Personality Disorders*, 2ª ed. (Nueva York: Guilford 2007).

Beck, Aaron T.; Rush, A. John; Shaw, Brian R.; y Emery, Gary, *Cognitive Therapy of Depression* (Nueva York: Guilford, 1979) [*Terapia cognitiva de la depresión* (Bilbao: Desclée, 2010)].

Black, Aaron E., y Pedro-Carroll, Joanne, Role of parent-child relationships in mediating the effects of marital disruption. *Journal of the American Academy of Child and Adolescent Psychiatry* 32(5), pp. 1019–1027 (1993).

Blumstein, Philip, y Schwartz, Pepper, *American Couples: Money, Work, Sex* (Nueva York: William Morrow 1983).

Bly, Robert, *Iron John: A Book. About Men* (Nueva York: Vintage 1990).

Borden, Mary, *The Technique of Marriage* (Garden City, N.Y.: Doubleday, Doran 1932).

Botwin, Carol, *Tempted Women: The Passions, Perils, and Agonies of Female Infidelity* (Nueva York: William Morrow, 1994) [*Mujeres tentadas: las pasiones, peligros y zozobras de la infidelidad femenina* (Barcelona: Planeta, 1994)].

Brown, Emily, *Patterns of Infidelity and Their Treatment* (Nueva York: Brunner/Mazel, 1991).

Brown, Lyn Mikel, y Gilligan, Carol, *Meeting at the Crossroads* (Nueva York: Ballantine, 1992).

Bugen, Larry A., *Love and Renewal: How to Get Past Disenchantment, the Impasse Between Romance and Lasting Love* (Oakland, California: New Harbinger, 1990).

Burns, David D., *Feeling Good* (Nueva York: William Morrow, 1980) [*Sentirse bien: nueva terapia contra las depresiones* (Barcelona: Paidós, 1990)].

Burns, David D., *Feeling Good Together: The Secret of Making Troubled Relationships Work* (Nueva York: Broadway Books, 2008) [*Sentirse bien en pareja; el secreto para hacer que las relaciones funcionen* (Barcelona, Paidós, 2009)].

Burns, David D., *Intimate Connections* (Nueva York: William Morrow, 1985).

Butler, Mark H.; Harper, James M.; y Seedall, Ryan B., Facilitated disclosure versus clinical accommodation of infidelity secrets: An early pivot point in couple therapy, *Journal of Marital and Family Therapy* 35(1), pp. 125–143 (enero 2009).

Carder, David, con Jaenicke, Duncan, *Torn Asunder: Recovering From Extramarital Affairs* (Chicago: Moody, 1992).

Carnes, Patrick; Delmonico, David L.; Griffin, Elizabeth; y Moriarty, Joseph M., *In the Shadows of the Net: Breaking Free of Compulsive Online Sexual Behavior*, 2ª ed. (Center City, Minn.: Hazelden, 2007).

Carnes, Stefanie, y Carnes, Patrick J., Understanding cybersex in 2010. *Family Therapy Magazine*, pp. 10–17 (enero-febrero 2010).

Cass, Vivienne, *The Elusive Orgasm: A Woman's Guide to Why She Can't and How She Can Orgasm* (Nueva York: Marlowe and Co., 2007) [*El libro del orgasmo femenino: la guía para alcanzar la plenitud del orgasmo* (Barcelona: Albesa, 2011)].

Cherlin, Andrew J.; Furstenberg, Frank F., Jr.; Chase-Lansdale, Lindsay; Kiernan, Kathleen E.; Robins, Philip K.; Morrison, Donna R.; y Teitler, Julien O. Longitudinal studies of effects of divorce on children in Great Britain and the United States. *Science* 252, pp. 1386–1389 (7 junio 1991).

Clínica Mayo, personal, Depression in women: Understanding the gender gap. MayoClinic.com/health/depression/MH00035 (1 septiembre 2010).

Bibliografía

Daneback, Kristian; Cooper, Al; y Mansson, Sven-Axel, An Internet study of cyber-sex participants. *Archives of Sexual Behavior* 34(3), pp. 321–328 (2005).

Dattilio, Frank M., y Padesky, Christine A., *Cognitive Therapy with Couples* (Sarasota, FL: Professional Resource Exchange, 1990).

DePaula, Bella M.; Epstein, Jennifer A.; y Wyer, Melissa M., Sex differences in lying: How women and men deal with the dilemma of deceit. In *Lying and Deception in Everyday Life*. Editado por Michael Lewis y Carolyn Saarni (Nueva York: Guilford, 1993), pp. 126–147.

Dew, Brian; Brubaker, Michael; y Hays, Danica. From the altar to the Internet: Married men and their online sexual behavior. *Sexual Addiction and Compulsivity* 13(2), pp. 195–207 (2006).

Dobson, Keith. (1989). A meta-analysis of the efficacy of cognitive therapy for depression. *Journal of Consulting and Clinical Psychology 57*, pp. 414–419.

Dyn, Barry, y Glenn, Michael, Forecast for couples. *Psychology Today*, pp. 54–56, pp.78–86 (julio-agosto 1993).

Edell, Ronnie, *How to Save Your Marriage from an Affair: Seven Steps to Rebuilding a Broken Trust* (Nueva York: Kensington, 1983).

Efran, Jay S., Mystery, abstraction, and narrative psychotherapy. *Journal of Constructivist Psychology* 7, pp. 219–227 (1994)

Eldar-Avidan, Dorit; Haj-Yahia, Muhammad M.; y Greenbaum, Charles W. Divorce is a part of my life... resilience, survival, and vulnerability. *Journal of Marital and Family Therapy* 35(1), pp. 30–46 (enero 2009).

Eliot, George, *Middlemarch* (Barcelona: Alba, 2000).

England, Paula, y McClintock, Elizabeth Aura, The gendered double standard of aging in US marriage markets. *Population and Development Review* 35(4), pp. 797–816 (diciembre 2009).

Erikson, Erik H., *Childhood and Society*, 2ª ed. (Nueva York: Norton, 1950) [*Infancia y sociedad* (Buenos Aires, Ediciones Hormé, 2008)].

Estés, Clarissa Pinkola, *Women Who Run with the Wolves: Myths and Stories of the Wild Woman Archetype* (Nueva York: Ballantine, 1992) [*Mujeres que corren con los lobos: mitos y cuentos de la mujer salvaje* (Nueva York: Vintage Español, 2000)].

Etxebarria, I., Ortiz, M. J., Conjero, S. y Pascual, A., Intensity of habitual guilt in men and women: Differences in interpersonal sensitivity and the tendency towards anxious-aggressive guilt. *Spanish Journal of Psychology* 12(2), pp. 540–554 (noviembre 2009).

Faludi, Susan, *Backlash: The Undeclared War Against American Women* (Nueva York: Crown, 1991).

Ferree, Marnie, Women and the web: cybersex activity and implications. *Sexual and Relationship Therapy* 18(3), pp. 385–393 (2003).

Fisher, Helen E., *Anatomy of Love: The Natural History of Monogamy, Adultery, and Divorce* (Nueva York: Norton, 1992) [*Anatomía del amor: historia natural de la monogamia, el adulterio y el divorcio* (Barcelona: Anagrama, 1994)].

Fitzpatrick, Laura, Why do women still earn less than men? *Time* (20 abril 2010).

Flanigan, Beverly, *Forgiving the Unforgivable: Overcoming the Bitter Legacy of Intimate Wounds* (Nueva York: Macmillan, 1992).

Franck, Dan, *Separation* (Nueva York: Knopf, 1993).

Friday, Nancy, *Men in Love: Men's Sexual Fantasies: The Triumph of Love Over Rage* (Nueva York: Delacorte, 1998) [*Sexo, varón* (Argos Vergara, 1981)].

Friday, Nancy, *My Secret Garden: Women's Sexual Fantasies* (Nueva York: Pocket, 2008) [*Mi jardín secreto* (Barcelona: Ediciones B, 1993)].

Bibliografía

Friedman, Sonya, con Sondra Forsyth, *Secret Loves: Women With Two Lives* (Nueva York: Crown, 1994).

Gerson, Randy, Genograms, family patterns, and computer graphics. Presentación en la American Association for Marriage and Family Therapy Conference. San Francisco (27 octubre 1989).

Glass, Shirley P., y Wright, Thomas L., Clinical implications of research on extramarital involvement, en *Treatment of Sexual Problems in Individual and Couples Therapy*. Editado por Robert A. Brown y Joan Roberts Field (Nueva York: PMA, 1988).

Glass, Shirley P., y Wright, Thomas L., Justifications for extramarital relationships: The association between attitudes, behaviors, and gender, *Journal of Sex Research* 29(3), pp. 361–387 (agosto 1992).

Goodrich, Thelma Jean, Turning down the temperature, *Family Therapy Networker*, pp. 86–89 (septiembre-octubre 1994).

Gorer, Geoffrey, *Sex and Marriage in England Today* (Londres: Nelson, 1971).

Gottman, John Mordechai, *What Predicts Divorce?: The Relationship Between Marital Processes and Marital Outcomes* (Reino Unido: Psychology Press, 1993).

Gottman, John Mordechai; Gottman, Julie S.; y De Claire, Joan, *10 Lessons to Transform Your Marriage: America's Love Lab Experts Share Their Strategies for Strengthening Your Relationship* (Nueva York: Three Rivers Press, 2007).

Gottman, John Mordechai, y Silver, Nan, *Why Marriages Succeed or Fail* (Nueva York: Simon & Schuster, 1994).

Gray, John, *Men Are from Mars, Women Are from Venus* (Nueva York: HarperCollins, 2004) [*Los hombres son de Marte, las mujeres de Venus* (Rayo, 2004)].

Gregory, Alex, «Male Prostitute», *The Nueva Yorker* (4 agosto 2003).

Griffiths, Mark, Sex addiction on the Internet. *Janus Head* 7(1), pp. 188–217 (2004).

Gunn, Thom, The hug. *The Man with Night Sweats* (Nueva York: Farrar, Straus, & Giroux, 1992).

Hammen, C.; Ellicott, A.; y Gitlin, M., Vulnerability to specific life events and prediction of course of disorder in unipolar depressed patients. *Canadian Journal of Behavioral Science* 21, pp. 377–388 (1989).

Harley, Willard F., Jr., *His Needs, Her Needs: Building an Affair-Proof Marriage* (Old Tappan, N.J.: Fleming H. Powell, 1986).

Heiman, Julia; LoPiccolo, Leslie; y LoPiccolo, Joseph, *Becoming Orgasmic* (Englewood Cliffs, N.J.: Prentice-Hall, 1976).

Hendrix, Harville, *Getting the Love You Want: A Guide for Couples* (Nueva York: Holt, 2001) [*Conseguir el amor de su vida; una guía práctica para parejas* (Barcelona: Ediciones Obelisco, 1997)].

Herman, Judith Lewis, *Trauma and Recovery* (Nueva York: Basic, 1992).

Hertlein, Katherine M., y Webster, Megan, Technology, relationships, and problems: A research synthesis, *Journal of Marital and Family Therapy* 34(4), pp. 445–460 (2008).

Hetherington, E. Mavis, Coping with family transitions: Winners, losers, and survivors. *Child Development* 60, pp. 1–14 (1989).

Hetherington, E. Mavis, Coping with marital transitions. *Monographs of the Society for Research in Child Development Serial*, núm. 227, 57(2–3) (1992).

Heyn, Dalma, *The Erotic Silence of the American Wife* (Nueva York: Turtle Bay, 1992) [*El silencio erótico de la mujer casada* (Buenos Aires: Ediciones de la Flor, 1993)].

Hibbs, B. Janet, y Getzen Karen J., *Try to See It My Way: Being Fair in Love and Marriage* (Nueva York: Avery, 2010).

Bibliografía

Hite, Shere, *Women and Love* (Nueva York: Knopf, 1987).

Horney, Karen, *Neurosis and Human Growth: The Struggle Toward Self-Realization* (Nueva York: Norton, 1950).

Hunter, R. C. A., Forgiveness, retaliation, and paranoid reactions. *Journal of Canadian Psychiatric Association* 23, pp. 167–173 (abril 1978).

Jack, Dana Crowley, *Silencing the Self: Women and Depression* (Cambridge, Mass.: Harvard University Press, 1991).

Janus, Samuel S., y Cynthia L., *The Janus Report on Sexual Behavior* (Nueva York: Wiley, 1993).

Johnson, Robert R., The neurobiology of misbehavior: Understanding and treating addiction, thrill-seeking, and dry-drunk behavior. Presentación en Westport, Conn. (2011).

Johnson, Susan, y Zuccarini, Dino, Integrating sex and attachment in emotionally focused couple therapy. *Journal of Marital and Family Therapy* 36(4), pp. 431–445 (octubre 2010).

Jung, Carl G., *Basic Writings*. Editado por Violet de Laszlo (Nueva York: Modern Library, 1959).

Kaplan, Bruce Eric, *Nueva Yorker Magazine* (29 marzo 1993).

Kelly, Joan B., Current research on children's postdivorce adjustment: No simple answers. *Family and Conciliation Courts Review* 31(1), pp. 29–49 (1993).

Kelly, Joan B., Children's adjustment in conflicted marriage and divorce: A decade review of research. *Journal of the American Academy of Child and Adolescent Psychiatry* 39(8), pp. 963–973 (agosto 2000).

Kernberg, Otto, entrevistado por Linda Wolfe, Why some people can't love. *Psychology Today*, pp. 55–59 (junio 1978).

Kerner, Ian, Does too much porn mess with a guy's sex skills? http://www.goodinbed.com/sex_on_the_brain/2010/08/does-too-much-porn-mess-with-a-guys-sex-skills/ (5 agosto 2010).

Kingsolver, Barbara, *Pigs in Heaven* (Nueva York: HarperCollins, 1993) [*Cerdos en el cielo* (Nueva York: HarperLibros, 1995).

Kinsey, Alfred C.; Pomeroy, Wardell B.; Martin, Clyde E.; y Gebhard, Paul H., *Sexual Behavior in the Human Female* (Philadelphia: Saunders, 1953) [*Conducta sexual de la mujer* (Buenos Aires, Ediciones Siglo Veinte, 1967)].

Koss, Mary; Goodman, Lisa; Fitzgerald, Louise; Russo, Nancy; Keita, Gwendolyn; y Browne, Angela Browne, *No Safe Haven* (Washington, D.C.: American Psychological Association, 1994).

Kushner, Harold S., *When Bad Things Happen to Good People* (Nueva York: Anchor Books, 2004) [*Cuando a la gente buena le pasan cosas malas* (Nueva York: Vintage Español, 2006)].

Laumann, Edward O.; Gagnon, John H.; Michael, Robert T.; y Michaels, Stuart, *The Social Organization of Sexuality* (Chicago: University of Chicago Press, 1994).

Lawson, Annette, *Adultery: An Analysis of Love and Betrayal* (Nueva York: Basic, 1988).

Lerner, Harriet Goldhor, *The Dance of Intimacy: A Woman's Guide to Courageous Acts of Change in Key Relationships* (Nueva York: HarperCollins, 1989) [*La mujer y la intimidad* (Buenos Aires: Urano, 1991)].

Lerner, Harriet Goldhor, *The Dance of Deception: Pretending and Truth-Telling in Women's Lives* (Nueva York: HarperCollins, 1993) [*La verdad y la mentira en la vida de las mujeres* (Barcelona: Urano, 1994)].

Lerner, Harriet Goldhor, *Marriage Rules: A Manual for the Married and the Coupled Up* (Nueva York: Gotham Books, 2012).

Bibliografía

Lovinger, Robert J., *Religion and Counseling: The Psychological Impact of Religious Belief* (Nueva York: Continuum, 1990).

Masters, William H., y Johnson, Virginia E., *Human Sexual Inadequacy* (Londres: J. & A. Churchill, 1970) [*Incompatibilidad sexual humana* (Buenos Aires: Inter-Médica, 1981)].

McAdams, Dan P., y Constantian, Carol A., Intimacy and affiliation motives in daily living: An experience sampling analysis. *Journal of Personality and Social Psychology* 45, pp. 851–861 (1983).

McCullough, Michael E., y Worthington, Everett L., Jr., Encouraging clients to forgive people who have hurt them: Review, critique, and research prospectus. *Journal of Psychology and Theology* 22(1), pp. 3–20 (1994).

McNamara, Damian, Latest evidence on PTSD may bring changes in DSM-V: Subthreshold events can lead to disorder. *Clinical Psychiatry News* 35(11) (noviembre 2007).

Mercer, Cheryl, *Grown-ups* (Nueva York: Putnam, 1988).

Michael, Robert T.; Gagnon, John H.; Laumann, Edward O.; y Kolata, Gina, *Sex in America: A Definitive Survey* (Boston: Little, Brown, 1994).

Money, John, *Love and Lovesickness: The Science of Sex, Gender Difference, and Pair Bonding* (Baltimore: Johns Hopkins University Press, 1980).

Money, John, *Love Maps: Clinical Concepts of Sexual/Erotic Health and Pathology, Paraphilia, and Gender Transposition in Childhood, Adolescence, and Maturity* (Buffalo, N.Y.: Prometheus, 1988).

Murphy, Jeffrie G., Forgiveness and resentment. *Midwest Studies in Philosophy* 7, pp. 503–516 (1982).

Nadler, Arie y Dotan, Iris. Commitment and rival attractiveness: Their effects on male and female reactions to jealousy-arousing situations. *Sex Roles* 26(7/8), pp. 293–310 (1992).

National Task Force, «Women and Depression: Risk Factors and Treatment Issues», editado por Ellen McGrath, Gwendolyn Puryear Keita, Bonnie R. Strickland, y Nancy Felipe Russo (Washington, D.C.: American Psychological Association, 1990).

Nelson, Tammy, *Getting the Sex You Want: Shed Your Inhibitions and Reach New Heights of Passion Together* (Beverly, MA.: Quiver, 2008).

Nietzsche, F. W., *The Genealogy of Morals* (trad. P. Watson) (London: S.P.C.K., 1887) [*La genealogía de la moral* (Tecnos, 2007)].

Nolen-Hoeksema, Susan, Sex differences in unipolar depression: Evidence and theory. *Psychological Bulletin* 101(2), pp. 259–282 (1987).

Norton, Arthur J., y Miller, Louisa F., Marriage, divorce, and remarriage in the 1990's. *Current Population Reports*, pp. 23–180 (Washington, D.C.: U.S. Government Printing Office, 1992).

Oppenheimer, Mark, Married, with infidelities. *New York Times Magazine*, 24 (30 junio 2011).

Parker-Pope, Tara, Marriage and women over 40. *New York Times*, well.blogs.nytimes.com/2010/01/26/marriage-andwomen-over-40 (26 enero 2010).

Perel, Esther, *Mating in Captivity: Unlocking Erotic Intelligence* (Nueva York: Harper, 2007) [*Inteligencia erótica: claves para mantener la pasión en la pareja* (México, D. F.: Diana, 2007)].

Person, Ethel Spector, *Dreams of Love and Fateful Encounters: The Power of Romantic Passion* (Nueva York: Norton, 1988) [*Sueños de amor y encuentros decisivos: el poder de la pasión romántica* (Lima: Pontificia Universidad Católica del Perú, Fondo Editorial, Sociedad Peruana de Psicoanálisis, 2008)].

Bibliografía

Pittman, Frank, *Private Lies* (Nueva York: Norton, 1989).

Quick Reference to the Diagnostic and Statistical Manual IV-TR (Washington, D.C.: American Psychiatric Association, 2000).

Random House Dictionary of the English Language, 2ª ed. íntegra. Editado por Stuart Berg Flexner y Leonore Crary Hauck (Nueva York: Random House, 1987).

Reibstein, Janet, y Richards, Martin, *Sexual Arrangements: Marriage and the Temptation of Infidelity* (Nueva York: Scribner's, 1993).

Reinisch, June M., con Beasley, Ruth, *The Kinsey Institute New Report on Sex* (Nueva York: St. Martin's, 1990) [*Nuevo informe Kinsey sobre sexo: todo lo que usted debe saber sobre sexualidad* (Barcelona: Paidós, 1992)].

Rosenbloom, Stephanie, Ambition + desire = trouble. *New York Times* (19 junio 2011).

Ross, M., y Holmberg, D., Recounting the past: Gender differences in the recall of events in the history of a close relationship, en *Self-Inference Processes: The Ontario Symposium*, volumen 6. Editado por J. M. Olson y M. P. Zanna. Hillsdale, N.J.: Erlbaum, pp. 135–152 (1990).

Saint-Exupéry, Antoine de, *The Little Prince* (Nueva York: Harcourt Inc., 2000) [*El principito* (Barcelona: Salamandra, 2001)].

Scarf, Maggie, Intimate partners. *Atlantic Monthly*, pp. 49–54, 91–93 (noviembre 1986).

Scarf, Maggie, *Intimate Partners: Patterns in Love and Marriage* (Nueva York: Ballantine Books, 2008).

Shaver, Phillip R., y Hazen, Cindy, A biased overview of the study of love. *Journal of Social and Personal Relationships 5*, pp. 473–501 (1988).

Simon, Sidney B., y Simon, Suzanne, *Forgiveness: How to Make Peace With Your Past and Get on with Your Life* (Nueva York: Warner, 1990).

Smedes, Lewis B., *Forgive and Forget: Healing the Hurts We Don't Deserve* (San Francisco: Harper & Row, 1984) [*Perdonar y olvidar: cómo curar las heridas que no merecemos* (México, D. F.: Diana, 1999)].

Smith, Brendan L., Are Internet affairs different? *American Psychological Association 42*(3), p. 48 (marzo 2011).

Spring, Janis Abrahms, *How Can I Forgive You?: The Courage to Forgive, the Freedom Not To* (Nueva York: HarperCollins, 2005).

Stanley, Scott M., *Commitment and the Maintenance and Enhancement of Relationships*. Tesis doctoral sin publicar. Universidad de Denver (1986).

Stanley, Scott M., y Markman, Howard. Assessing commitment in personal relationships. *Journal of Marriage and the Family 54*, pp. 595–608 (agosto 1992).

Steiner, Peter, On the Internet, nobody knows you're a dog, *The New Yorker 69* (20), p. 61 (5 julio 1993).

Sternberg, Robert J., y Barnes, Michael L. (eds.), *The Psychology of Love* (New Haven, Conn.: Yale University Press, 1988).

Stuart, Richard, *Helping Couples Change: A Social Learning Approach to Marital Therapy* (Nueva York: Guilford, 1980).

Stuart, Richard B., y Jacobson, Barbara, *Second Marriage: Make It Happy! Make It Last!* (Nueva York: Norton, 1985).

Tannen, Deborah, *You Just Don't Understand: Men and Women in Conversation* (Nueva York: Quill, 2001) [*Tú no me entiendes* (Buenos Aires: Javier Vergara, 1991)].

Thomas, Sandra P., *Women and Anger* (New York: Springer, 1993).

Thompson, Marjorie J., Moving toward forgiveness. *Weavings: A Journal of the Christian Spiritual Life* VII(2), pp. 16–26 (marzo-abril 1992).

Bibliografía

Thrall, Grace, *Forgiveness: At the Interface of Psychiatry and Spirituality*. Estudio presentado en el Institute of Living, Hartford, Conn. (abril 1995).

Toufexis, Anastasia, The right chemistry. *Time Magazine*, pp. 49–51 (15 febrero 1993).

Valenstein, E. S., y Beer, B., Continuous opportunity for reinforcing brain stimulation. *Journal of the Experimental Analysis of Behavior 7*, pp. 183–184 (marzo 1964).

Viorst, Judith, *Necessary Losses* (Nueva York: Simon & Schuster, 1984) [*El precio de la vida: las pérdidas necesarias para vivir y crecer* (Buenos Aires: Emecé, 1990)].

Walsh, Anthony, *The Science of Love: Understanding Love and Its Effects on Mind and Body* (Buffalo, N.Y.: Prometheus, 1991).

Weiner, Marcella Bakur, y Starr, Bernard D., *Stalemates: The Truth About Extra-Marital Affairs* (Far Hills, N.J.: New Horizon, 1991).

Weiss, Robert, y Schneider, Jennifer P., *Untangling the Web: Sex, Porn, and Fantasy Obsession in the Internet Age* (Nueva York: Alyson Books, 2006).

Whisman, Mark A.; Dixon, Amy E.; y Johnson, Benjamin, *Therapists' Perspectives of Couple Problems and Treatment Issues in the Practice of Couple Therapy*. Manuscrito sin publicar.

Williams, Warwick, *Rekindling Desire: Bringing Your Sexual Relationship Back to Life* (Oakland, CA: New Harbinger, 1988).

Winterson, Jeanette, *The Passion* (Nueva York: Vintage, 1989).

Winterson, Jeanette, *Written on the Body* (Nueva York: First Vintage International Edition, 1994) [*Escrito en el cuerpo* (Barcelona: Anagrama, 1994)].

Wise, R. A., Addictive drugs and brain stimulation reward. *Annual Review of Neuroscience* (19), pp. 319–340 (1996).

Wright, Robert, Why men are still beasts. *New Republic*, pp. 27–32 (11 julio 1988).

Wylie, Mary Sykes, The www.Addiction. *Psychotherapy Networker* 34(5), p. 30 (2010).

Young, Jeffrey E., y Klosko, Janet S., *Reinventing Your Life* (Nueva York: Dutton, 1993) [*Reinventa tu vida: cómo superar las actitudes negativas y sentirse bien de nuevo* (Barcelona: Paidós Ibérica, 2001)].

Young, Kimberly S., *Getting Web Sober: Help for Cybersex Addicts and Their Families*. Folleto electrónico (2000).

Young, Kimberly S., *Tangled in the Web: Understanding Cybersex from Fantasy to Addiction* (Indiana: 1stBooks, 2001).

ÍNDICE

Índice

Índice

Índice

Índice

Índice

Índice

Sobre los autores

La doctora Janis Abrahms Spring, perteneciente a American Board of Professional Psychology, es psicóloga clínica certificada y una experta nacionalmente aclamada en temas como la confianza, la intimidad y el perdón. Es autora de los libros *How Can I Forgive You?: The Courage to Forgive, the Freedom Not To*, que presenta un enfoque radicalmente nuevo de la sanidad de heridas interpersonales, y *Life with Pop: Lessons on Caring for an Aging Parent*, ambos galardonados. Habiendo recIbído el Premio por su Distinguida Contribución a la Práctica de la Psicología de Connecticut Psychological Association, la doctora Spring forma a miles de terapeutas cada año y es conocida por la riqueza y la originalidad de sus habilidades clínicas.

La doctora Springs obtuvo su licenciatura, *magna cum laude*, en la Universidad Brandeis, su doctorado en psicología clínica en la Universidad de Connecticut y su entrenamiento de postgrado con el doctor en medicina Aaron T. Beck, en el Centro para la Terapia Cognitiva de la Universidad de Pennsylvania. Siendo antigua supervisora clínica en el Departamento de Psicología de la Universidad de Yale, a menudo acude como invitada experta a los medios nacionales (*Good Morning America, NPR, New York Times*, el *Huffington Post*, entre otros). Lleva en la práctica privada treinta y cinco años, reside en Westport, Connecticut, y se puede contactar con ella en www.janisaspring.com. Ella y su marido, Michael Spring, tienen cuatro hijos y cinco nietos.

Michael Spring es antiguo editor de *Frommer's Travel Guides* en John Wiley & Sons. Tiene una licenciatura de Haverford College y una maestría en Literatura Inglesa de la Universidad de Columbia.

ABOUT THE AUTHOR

———

MEGHAN COX GURDON is an essayist, book critic, and former foreign correspondent who has been the *Wall Street Journal*'s children's book reviewer since 2005. Her work has appeared widely, in publications such as the *Washington Examiner*, the *Daily Telegraph*, the *Christian Science Monitor*, the *Washington Post*, the *San Francisco Chronicle*, and *National Review*. A graduate of Bowdoin College, she lives in Bethesda, Maryland, with her husband, Hugo Gurdon, and their five children.